评价与选拔

——发达国家研究生选拔制度研究

白丽新　江　莹　著

北京航空航天大学出版社

内容简介

本书选取美国、英国、德国、俄罗斯、日本5个具有代表性的发达国家的研究生选拔制度，通过丰富、翔实的文献资料和案例分析，总结其研究生教育的缘起、发展及现状，梳理其学位制度、招生类别、学科分类、选拔主体和客体、评价标准和要素，结合硕士生、博士生以及学术性研究生、专业学位研究生的不同特点，凝练其选拔模式及运行流程，阐释研究生选拔中利益相关者的相互作用，剖析研究生选拔的质量保障体系，并比较中外研究生选拔的异同，提出对我国研究生选拔可资借鉴的行动方案。

本书可供研究生招生、考试主管部门以及研究生招生单位等参考，也可供相关考生以及教育学、管理学、历史学等相关专业师生阅读。

图书在版编目(CIP)数据

评价与选拔 ：发达国家研究生选拔制度研究 / 白丽新，江莹著. -- 北京 ：北京航空航天大学出版社，2018.9

ISBN 978-7-5124-2809-6

Ⅰ. ①评… Ⅱ. ①白… ②江… Ⅲ. ①研究生教育－研究－世界 Ⅳ. ①G643

中国版本图书馆CIP数据核字(2018)第195118号

评价与选拔——发达国家研究生选拔制度研究

白丽新 江 莹 著

责任编辑 周华玲

*

北京航空航天大学出版社出版发行

北京市海淀区学院路37号(邮编100191) http://www.buaapress.com.cn

发行部电话：(010)82317024 传真：(010)82328026

读者信箱：goodtextbook@126.com 邮购电话：(010)82316936

北京建宏印刷有限公司印装 各地书店经销

*

开本：710×1 000 1/16 印张：11.5 字数：238千字

2018年10月第1版 2018年10月第1次印刷 印数：1 000册

ISBN 978-7-5124-2809-6 定价：59.00元

序　言

放眼借鉴超越　戮力兴国强国

“致天下之治者在人才，成天下之才者在教化……而教化之所本者在学校。”2013 年，习近平主席在欧美同学会成立 100 周年庆祝大会上指出：“人才是衡量一个国家综合国力的重要指标。没有一支宏大的高素质人才队伍，全面建成小康社会的奋斗目标和中华民族伟大复兴的中国梦就难以顺利实现。”最近，习主席在纪念北京大学 120 周年校庆时，更进一步提出了“教育兴则国家兴，教育强则国家强”的深刻论断，强调高等教育是一个国家发展水平和发展潜力的重要标志，对中国要办出何种大学以及如何办出世界一流大学提出了明确要求，这对于我们教育部门的同志来说，既是激励和鼓舞，又是压力和挑战，更是信任与检验。

时值我国恢复研究生教育 40 周年，白丽新和江莹同志研究国外研究生教育的新书即将出版，请我作序，欣然为之。一是对这两位同志多年倾注研究生教育研究并不懈探索的奋斗精神表示鼓励。白丽新同志曾长期在教育部从事研究生招生工作，江莹同志曾长期在南京大学研究生院工作，两位同志是研究生招生改革的参与者、践行者、见证者，擅于结合工作、学习实际进行理论研究，在《中国高教研究》《高等教育研究》《学位与研究生教育》《江苏高教》等刊物发表多篇很有见地的学术论文。二是对此项研究工作予以支持和赞赏。研究生教育作为国民教育体系的顶端，是培养高层次人才的主要途径，是落实习近平主席“教育兴国”“教育强国”的强大助力，是参与国际人才竞争和科技竞争的重要支柱，是实施创新驱动发展战略和建设创新型国家的核心要素，是科技第一生产力、人才第一资源、创新第一动力的重要结合点。没有完善的研究生教育，就很难形成强大的国家创新体系格局。因此，结合我国现行研究生招生选拔制度改革实践，放眼国外先进人才选拔理念，洋为中用意义重大。三是希望研究生教育要更加注重内涵式发展。我国自恢复研究生教育以来，始终结合国家战略和经济社会发展需求，坚持中国特色研究生教育发展道路，取得了很大成绩，建立了较为完备的学位与研究生教育体系，保证了研究生教育基本质量，研究生教育规模从小到大，已经成为研究生教育大国，基本实现了立足国内自主培养高层次人才的战略目标。40 年来，我国研究生教育经历过由小到大、快速发展的历史性跨越，目前累计招生 900 万人(未含港、澳、台)，仅 2017 年就招生 80 万人，这为我国政治、经济、社会、文化、科技的进步与发展输送了大量不可或缺的高层次人才。

当前，国际环境错综复杂，世界经济举步维艰，知识创新加快，科技变革加剧，高端人才在经济增长和科技创新中的作用进一步凸显，教育与人才竞争日趋激烈，很多国家把研究生教育作为培养和吸引优秀人才的重要途径。我国已进入全面建成小康社会的决胜阶段，改革发展任务艰巨繁重。实施创新驱动发展战略、制造强国战略和人才优先发展战略，推进"一带一路"建设，着力推动理论、制度、科技和文化创新，统筹推进世界一流大学和一流学科建设，必须以高素质人才构建新的竞争优势，以创新激发新的发展动力。

我国是研究生教育大国，但还不是强国。我国研究生教育面临前所未有的发展机遇和挑战，必须树立科学的发展质量观，大力提升高层次创新人才培养水平。我们必须看到：我国的研究生教育在选拔方式、培养模式、质量控制等方面，同新时代发展要求还是有差距的，同国外发达国家相比还落后不少，仍然面临着许多亟待改进完善之短板和问题。比如人才选拔的效率不够高、人才供给结构不太合理、创新能力不够强、顶尖人才匮乏等。这些都制约着人力资源的优化配置，影响着人才创新创业的积极性、主动性、创造性。它山之石可以攻玉，推动研究生"评价与选拔"制度建设与对比性研究，具有鲜明的理论意义和现实价值，借鉴中求突破，必将有所获益。

正是基于时代期望，本书选取美国、英国、德国、俄罗斯、日本 5 个具代表性的教育发达国家的研究生选拔制度，对其进行了深入细致的研究，为我国研究生评选与选拔制度的完善以及创新突破，提供可资借鉴的参考。

本书试图通过翔实的文献资料，图文并茂、全面系统、原汁原味地呈现发达国家的研究生选拔特点。例如，研究式地介绍美国三位一体的研究生选拔制度，即专业机构组织考试—申请人向招生单位提出申请—招生单位选拔录取，行为主体角色定位准确、功能区分明确；深入探讨作为"导师制"发源地的英国，导师在研究生教育中的地位和作用，包括双导师和导师组、大导师和小导师、学术导师和德育导师，还有遴选资格、考核标准、权利义务等相关问题；关注德国高等教育的改革与发展对世界高等教育产生的深远影响，剖析德国教育机构的均质性和等值性，以及从二级学位制度到三级学位制度、从师徒制培养模式到结构化培养模式的转化；剖析俄罗斯独具特色的四级学位制度，探索其与三级学位制度的对接、选拔方式的异同以及质量保障体系的建构；除归纳日本学术型硕士生、博士生选拔方式和特点外，还聚焦日本专业学位制度的特色、定位，专门研究专业学位研究生的选拔方式等。

我感谢白丽新、江莹两位同志的辛苦劳动和积极探索，期待着本书早日面世，能切实为广大考生、家长、研究生导师以及招生单位、教育考试机构、教育主管部门等提供参考和帮助，同时也期待着研究生教育界、社会各界更多地参与到研究生教育改革的理论与实践中来，切实推进研究生教育的综合改革，实现研究生教育的高质量发展，“更好地实施人才强国战略，努力建设一支能够站在世界科技前沿、勇于开拓创新的高素质人才队伍”。

2018 年 6 月

目　　录

第1章　美国研究生选拔制度研究

1.1　美国研究生教育的缘起、发展及现状

1.1.1　研究生教育的产生

作为世界教育强国之一，美国拥有4 000多所高等院校，这些高校可以分为公立大学和私立大学。公立大学和私立大学之间的本质差别在于经费来源和学校的控制形式。私立大学向学生收取的学费通常比公立大学高，在经费来源中所占的比例也较大。在两者的教育对象方面，公立大学更符合社会大多数公众的需求，具有“需求导向型”特点，而私立大学能更自由地选择与自身特色相匹配的人群，具有“供给导向型”特点。公立大学中，可以按照级别划分为国立大学和州立大学。美国的教育由各州负责，因此大部分公立大学都是州立大学。然而在研究生培养和基础研究领域，私立大学是先驱者。美国传统名牌大学(如哈佛、普林斯顿、耶鲁、宾夕法尼亚等)都属于私立大学。

按学制分，美国大学可以分为两年制大学和四年制大学。两年制大学主要指社区学院(Community College, Junior College or Technical College)，服务于技能提高、继续教育和职业培训，不授予学士及更高的学位，但读完后可以获得准学士学位(Associated Degree)，然后升入四年制大学继续读两年后获得学士学位。要获得学士及以上学位需要上四年制大学。四年制大学中，又可分为综合大学(Comprehensive University)和文理学院(College of Liberal Arts and Sciences)。文理学院大多是公立性质的，专注于开展人文、社会与自然科学全面培养的本科教育，采用小班形式授课，师生比较高。

在综合性大学里，又可按照学位划分为国家级研究型大学、地区级综合性大学和本科类大学。国家级研究型大学是既具有超强科研能力，又能够培养并授予学士学位、硕士学位和博士学位的综合性大学，这样的大学有200多所，在全美大学总数量上虽然只占7%，但在学生总人数上占了近30%。地区级综合性大学是指可授予学士和硕士学位的综合性大学，有500多所。

美国的高等教育是高效而健全的，在这些大学的基础上，美国产生了世界上一流的研究生教育，这是美国最高的教育方案，其强大的科技和经济实力，与发达的

研究生教育有着密不可分的关系,支撑其以力量顶峰的形式出现。[①]

从研究生教育起源的时间看,美国的研究生教育源于私立大学。美国在 1776 年独立之前的英属殖民地阶段,前后共建立了包括哈佛学院、耶鲁学院在内的 9 所学院。1776 年美国独立后,开始建立公办的州立大学,如弗吉尼亚大学。南北战争以后,美国经济的发展,特别是人口和工农业的迅猛发展,对国内的高等教育提出了新的要求。1862 年,美国联邦政府颁布了《莫里尔法案》[②](Morrill Act),该法案要求联邦政府向各州赠地,并资助每个州建立至少一所从事农业和机械工艺教育的农工学院。[③] 自该法案实施截至 1922 年,美国通过赠地和资助等共建立了 69 所学院,使得越来越多的工农子弟能够进入大学接受高等教育,从而为美国工农业的高速发展和现代化提供了充足的储备人才。1826 年,哈佛学院针对取得学士学位的大学毕业者中愿意继续深造学习的人开设相关课程,这一现象被视为美国研究生教育的开始。[④]

美国第一个开设博士生课程的是耶鲁学院。1847 年,耶鲁学院仿效德国设立哲学和文理学系的做法,同时设立了应用化学研究所,开展研究生教育和培养。1861 年耶鲁学院首次颁发了三个哲学博士学位,这标志着美国博士学位制度的正式产生。

美国密歇根大学(University of Michigan)1858 年正式开设研究生课程,创立了针对攻读文科硕士学位的研究生培养计划,至 1859 年,首次对两名学生授予硕士学位,这标志着美国硕士学位制度的正式产生。

1.1.2 研究生教育的发展

美国研究生教育至今已有一百多年的历史,从其发展的规模来看,可以分为产生期、发展期、繁荣期。[⑤]

1. 美国研究生教育的产生期

约翰·霍普金斯大学是美国历史上第一个以研究生教育为主的大学,1876 年约翰·霍普金斯大学正式成立,这标志着美国研究型大学的形成。美国在英国早期牛津—剑桥式的学院制模式与德国洪堡式的研究所模式的基础上,形成了建立在学院制基础上的研究生院制度,即美国正规化、形式化、专业化的研究生教育模式。这种体制的创立,既吸收了德国大学将研究生培养与科研相结合的优点,又创

---

① [美]伯顿·克拉克. 探究的场所——现代大学的科研和研究生教育[M]. 王承绪,译. 杭州:浙江教育出版社,2001:134.

② 莫里尔法案[EB/OL]. https://baike.baidu.com/item/%E8%8E%AB%E9%87%8C%E5%B0%94%E6%B3%95%E6%A1%88/5151627? fr=aladdin. 2017.12.29.

③ 韩萌. 美国建设高等教育强国的历程、经验与启示[J]. 天津市教科院学报,2010(1):37-40.

④ 张巍,朱艳. 从美国研究生教育的历史进程看其发展的特点及优势[J]. 吉林省教育学院学报,2006(4):45-47.

⑤ 战戈. 美国研究生教育的多样性研究[D]. 长春:吉林大学,2005.

造性地把德国的个人培养方式转变为集体与个人（导师）相结合、教学与科研相结合、科研与育人相结合的培养方式，实现了从知识传授到真理理想的探索再到制度建设的超越，是美国研究生教育能够后来居上，处于世界领先地位的一个重要因素。①

在霍普金斯大学的影响下，1888 年开始建立的芝加哥大学以及 1889 年创办的克拉克大学同样把研究生教育摆在大学的首位，突出科研精神和学术地位。而哈佛、耶鲁、普林斯顿等传统大学也开始改造为研究型大学。

1900 年，美国大学联合会（AAU）在哈佛等五所大学校长的共同倡议下成立了，该协会的主要任务是通过提高美国大学研究生院的各项标准，保障研究生教育的质量。此时，全美已有 150 所高校开设了研究生课程，50 多所高校开设了博士生课程。当年美国共授予了 382 个博士学位，全国研究生已超过 3 000 名。②

2. 美国研究生教育的发展期

第二次世界大战是美国研究生教育发展的一个重要转折点。战争强烈地刺激了美国国防、科技、教育等的发展，尤其是科学研究与研究生教育的发展。二战之后的 20 世纪五六十年代是美国经济高速发展的时期，强大的经济实力为美国大量高层次人才的培养提供了丰厚的物质保障。“近几十年来，人们形成了一种信念，即研究生教育和科研应该而且能够为社会科技发展需要服务。民族国家生存于国际竞争的环境之中。因此，美国的教育模式在复兴西方衰落的经济、发展科学与技术的愿望中获得了生命力。”③

二战之前，美国高校研究生研究的课题大多局限于科学理论的范畴，很少联系实际。二战期间，著名科学家冯·卡门率先引入航空工程研究，并在加州理工学院取得了重要成果，这一事件让美国国防部门认识到了高等学校在解决重大科学课题上的关键作用，从而将众多国防研究任务交给美国高校完成。而随着原子能理论基础研究的发展及原子弹爆炸试验的成功，更让国防部门和联邦政府意识到科学是最重要、最核心的资源，培养高层次的科技后备人才是国家强盛的重要和先决条件。因此大量的教育和研究经费随之而来，美国的研究生教育发生了新的转变，将基础理论与工程实际相结合逐步成为美国高校的科研主题。二战之后，美国的高等教育，特别是研究生教育获得了很大的发展，为美国培养出了大批适应高科技发展需求的高层次科研人才。

战后美国研究生规模的增长速度远远高于本科生规模的增长速度（见表 1-1、表 1-2），20 世纪 90 年代，部分美国著名的高等院校的研究生与本科生之比已接近，甚至达到或超过 1∶1，美国高校正朝着以研究生培养为重点的“研究型”大学

① 易红郡. 美国现代研究型大学的产生及发展[J]. 学位与研究生教育，2000(3)：70-74.

② 马洁. 对美国研究生教育的考察与思考[J]. 新疆财经，2001(1)：18-21.

③ 李帆. 美国研究生教育的历史进程及其特点[J]. 高等教育研究，1995(4)：77-82.

方向发展。

表 1-1　1900—1970 年美国本科生与研究生人数的增长情况

年　份	本科生人数/万	与前十年相比的变化/%	研究生人数/万	与前十年相比的变化/%	本科生人数与研究生人数之比
1900	23.18		0.58		39:1
1910	34.61	149	0.92	158	37.6:1
1920	58.23	168	1.56	169	37.3:1
1930	105.35	180	4.73	304	22.3:1
1940	138.85	131	10.57	223	13.2:1
1950	243.18	175	23.72	224	10.2:1
1960	322.70	133	35.6	150	9:1
1970	617.23	190	90.28	253	6.8:1

表 1-2　20 世纪 90 年代美国著名高校研究生与本科生之比[①]

校　名	研究生和本科生人数之比
伯克利加州大学	0.45:1
斯坦福大学	0.74:1
麻省理工学院	0.8:1
加州理工学院	1:1
哈佛大学	1.58:1

二战后，美国和苏联同为世界上的“超级大国”，为了争夺世界霸权，两国及其盟国展开了数十年的竞争。两国较量的实质是军事和经济的较量，而科学研究和人才培养在其中发挥着重要的作用。美国当局意识到，美国高校的研究生教育只重视于单一学科的基础研究，而当时很多新的科学技术的成就都是多种学科交叉、多种科技综合的结果。为了在争夺世界霸权中重新夺得主动权，快速改变教育领域落后于苏联的局面，1958 年美国国会通过了著名的《国防教育法》。该法案规定“为研究生提供无息贷款”（第 2 条）、“1959 年向研究生发放现代外语奖学金”（第 4 条）[②]；并规定了自 1959 年起的 5 年中，从向研究生发放奖学金的 1 500 份逐年增加发放份数。美国又在 1964 年通过决定把《国防教育法》期限延长到 1968 年，从而使获得国防奖学金的研究生从 1959 年的 1 500 名增加到 1968 年的 7 500 名[③]。《国防教育法》是美国战后研究生教育改革的主要立法依据，也是美国研究生教育

① 李帆．美国研究生教育的历史进程及其特点[J]．高等教育研究，1995(4)：77-82.

② 符娟明，迟恩莲．国外研究生教育研究[M]．北京：人民教育出版社，1992：82.

③ 陈庆华，沈跃进．美国研究生教育的历史研究[J]．学位与研究生教育，1993(1)：36-41.

发展史中的重要里程碑，自《国防教育法》颁布实施后，美国研究生教育的改革取得了一系列的新成就。自 20 世纪 60 年代始，美国研究生教育在数量上居全世界首位，以哈佛大学、耶鲁大学、麻省理工学院等为代表的一批美国著名大学的研究生教育质量也处于世界领先地位。

3. 美国研究生教育的繁荣期

1970 年起，美国扩展了研究生培养的范畴，将培养研究型的学术精英同培养社会急需的各类专门人才相结合，现代企业与大学之间或者大学与大学之间通过教育资源整合，越来越紧密地结合起来，以培养应用型、复合型和开发型人才。

相应地，行业的兴衰以及市场的需求成为美国研究生教育发展的风向标，美国研究生教育的培养重点已转向与人类生活息息相关，可能出现科学研究的突破，或者即便没有突破也可以获得利润的行业领域。

"研究生教育目标应与国家的战略发展目标保持一致，这样研究生所需的教育及科研经费就能得到国家强有力的支持。"①研究生教育是一个国家获得新知识、发展新技术的重要源泉。20 世纪 90 年代，美国政府推出了一系列新的经济与科技政策，如 1994 年 8 月 3 日发布的《为了国家利益发展科学》(Science in the National Interest)的科学政策文件，提出了美国科学技术发展的五大主要目标：(1)在世界科学前沿始终保持领先地位；(2)加强国家目标与基础研究之间的关联；(3)促进政府、工业行业和高等院校之间的合作，增加对基础科学和工程科学的投入并有效利用好各种人才、物力和财力资源；(4)为 21 世纪培养出最好的科学家和工程师；(5)提高所有美国人的文化与科技素质。该报告的发表标志着科技创新已正式成为美国国家战略。在新的经济政策与科技政策的驱动下，政府加强了对研究生教育的指导，而大学一方面通过创办工程研究中心，关注共生技术、创新技术，着重工程原理的研究和交叉学科的建设；另一方面则直接为硅谷等科技园输送了一批高层次的高新技术人才，从而加速了高科技向生产的转化。②

经过多年的努力，美国的研究生教育在吸收德国研究生教育制度精华的同时，发展出了独有的特色，形成了自己的模式，并逐步取代了德国而成为世界研究生教育的翘楚。美国研究生教育相较于德国模式的最大改进，是将研究生教育规范化和制度化；其中的研究生院制度的建立，是美国研究生培养规范化与制度化的重要举措，这使得高校研究生院成为统筹管理研究生招生、培养、学位授予的机构，促进了研究生招生规模的扩大和教学质量的提高。美国高校的研究生院分全校性的研究生院和学院性的研究生院两种形式，它建立在本科学院或院系的基础之上，是一种双层甚至多层次的纵向结构。③

---

① [美]麦克尔・Jr・佩尔扎尔，刘易斯・C・索罗门. 保持研究生计划反映国家的需要[M]. 美国研究生院委员会、工业关系学院、加利福尼亚大学洛杉矶分校，1984：9.

② J J Lagowski. Science in the National Interest[J]. Journal of Chemical Education. 1994，71(11)：905.

③ 李凤玮. 美国大学"双层体制"发展历程及特征分析[D]. 苏州：苏州大学，2016.

1.1.3 研究生教育的现状

1. 美国研究生教育的层次与类别

美国研究生教育分为硕士学位和博士学位两个层次，学术型和专业型两种类别，全日制和兼读制两类就读方式。

硕士学位的研究生教育中，学术型硕士主要包括文科硕士学位与理科硕士学位，文科硕士学位的授予对象为人文学科的学生，理科硕士学位的授予对象为理、工、农等学科的学生。学术型硕士的培养以学术研究为导向，通常的培养目标是教师或研究人员。专业型硕士是针对特定行业或职业的实际需要培养应用型人才，在相当一部分领域，专业硕士学位的取得是获得相应职业执照的前提条件。因此，到 20 世纪 90 年代，美国专业硕士学位的授予比例已达到 55%以上。[①] 专业硕士的学位名称前通常会冠以学科名称，包括工商管理硕士（即 MBA）、法学硕士、工程设计硕士、计算机科学硕士等 74 种类型。很多硕士学位是该领域所能授予的最高学位，其和上一阶段本科专业、下一阶段博士专业都不相连接。某些硕士学位的定位为以科学问题为中心的领域，如城市规划、社会工作或咨询；另一些硕士学位则倾向于更加直接地满足市场的实际需求，如注重技术的计算机科学或护理科学。这些专业的研究重心不在于科学理论或知识的发展，而在于实践应用。[②]

博士学位的研究生教育中，学术型博士以学术研究为培养目标，分为哲学博士（Ph. D.）和科学博士（DS. C.）两类，学术型博士是目前美国授予博士学位的主要类型。专业型博士（M. D.）以应用研究为培养目标，即以在完成相应的课程学习之后的职业实践应用为目标，体现高层次的职业水准，主要包括法学、教育学、工程等近 50 种类型。

美国研究生教育采取学分制，将培养过程中的学科知识、实践实习和论文写作等各个环节加以量化并折算成相应的学分，不论是全日制抑或是兼读制的学生，只要能修满既定学分即可毕业。在通常情况下，学术型硕士学位的培养年限一般为 1～2 年，博士学位的修业年限则主要取决于博士生本人的课程学习、科研能力和科研进展等情况，平均修业年限一般在 4～5 年。而专业型硕士由于生源差别较大，培养年限也具有灵活性。传统的医学、法学、神学等学科通常以本专业本科应届毕业生继续攻读硕士学位为主要生源，而新兴学科如教育硕士、工商管理硕士、公共卫生硕士等，则主要招收具备相应工作经验的在职人员。

2. 美国研究生教育规模与结构

根据美国国家教育统计局（National Center for Education Statistics，NCES）

① 刘卷. 美国研究生教育结构研究[D]. 长沙：湖南师范大学，2006.

② [美]伯顿·克拉克. 探究的场所——现代大学的科研和研究生教育[M]. 王承绪，译. 杭州：浙江教育出版社，2001：276.

发布的 *Digest of Education Statistics*、*The Condition of Education* 等报告，可以对近年来美国高等教育情况有一个大体的了解(如图 1-1、图 1-2、图 1-3 所示)。

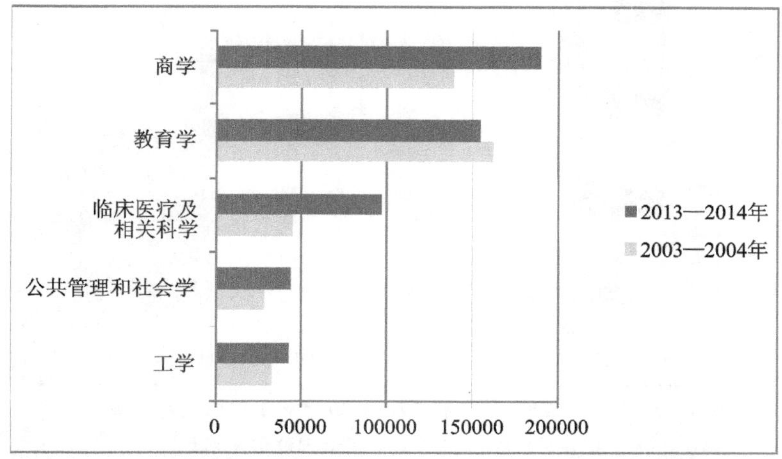

图 1-1　2003—2004 年度和 2013—2014 年度高等教育机构硕士学位授予人数最多的五个领域数量对比

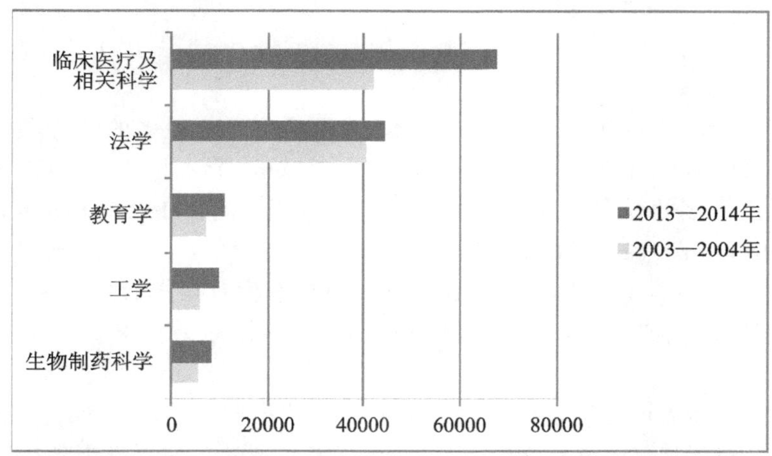

图 1-2　2003—2004 年度和 2013—2014 年度高等教育机构博士学位授予人数最多的五个领域数量对比

2014 年，Post Baccalaureate(学士以后的课程学位)入学人数共 291 万，其中全日制学生 167 万，兼读制学生 124 万。2015 年，Post Baccalaureate 入学人数共 294 万，其中全日制 169 万，兼读制 125 万。预计在 2015—2026 年，入学率将增加 12%(从 290 万人增加到 330 万人)。

2013—2014 年度，被授予硕士学位的人数为 75.5 万，被授予博士学位的人数为 17.8 万。其中，获得硕士学位最多的领域是商学(Business)，教育学(Education)和临床医疗及相关科学(Health Professions and Related Programs)等领域，

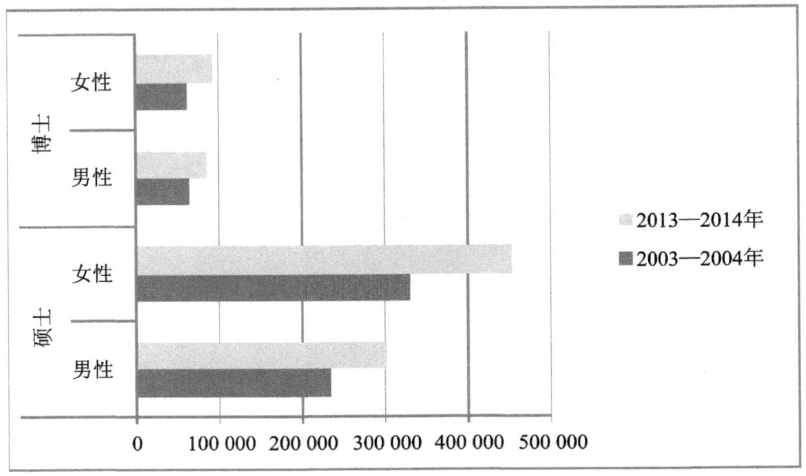

图 1－3　2003—2004 年度和 2013—2014 年度美国高等教育机构授予不同性别的硕士和博士学位数量对比

分别授予 18.9 万人、15.5 万人、9.7 万人，三者分别占比为 25%、20%、13%。2014—2015 年度，被授予硕士学位的人数为 75.9 万，被授予博士学位的人数为 17.9 万。商学、教育学、临床医疗及相关科学这三个领域的硕士学位授予数依然位居前三，分别授予 18.5 万人、14.7 万人、10.3 万人，占比为 24.3%、20%、13.6%。

2003—2004 年度和 2013—2014 年度，获得硕士学位最多的学科领域分别是国土安全（Homeland Security）、执法（Law enforcement）和消防（Firefighting）；获得博士学位最多的学科领域是在临床医疗及相关科学（Health Professions and Related Programs）和法学（Legal Professions and Studies）。此外，英国语言与文学（English Language and Literature/Letters）是学位获得人数增长最少的领域，而计算机与信息科学（Computer and Information Sciences）和商学（Business）增长人数最多。

从学位获得者的性别来看，自 20 世纪 80 年代中期以来，获得硕士学位的女性人数已经超过男性，2005—2006 年度开始，获得博士学位的女性人数也已经超过了男性人数。2003—2004 年度和 2013—2014 年度，获得硕士学位的女性人数增加了 36%，而获得硕士学位的男性人数则上升了 30%。

从录取率来看，在 2015—2016 学期，约有 28%的四年制大学有开放招生政策（即接受所有申请人），29%的四年制大学接受四分之三以上的申请人，30%的四年制大学接受半数以上的申请人，而 13%的四年制大学接受申请人不到一半。

1.2　美国研究生选拔机制

1.2.1　招生方式

研究生的入学选拔是其培养的首要环节，美国大学十分重视研究生的招生选拔工作，其招生方法是采用考试制。研究生招生过程本质上是一个资源配置的过程，大学和考生进行双向选择，大学招收高质量的学生，考生则选择个人所认可的学校。招生单位、申请人和专业考试机构是美国研究生招生选拔过程中的三个主体。不论是硕士研究生，还是博士研究生，研究生招生方式均由考试—申请—招生三个环节组成。而研究生招生工作中涉及的三个主体以分工协作的方式相互配合，专业考试机构负责组织选拔考试，申请人根据考试成绩向招生单位提出申请，招生单位审核申请人的相关资料—进行必要的考核—确定是否录取，通过专业考试机构的中介和连接，实现完整意义的招考分离。

1.2.2　报考流程

研究生招生中的“考试环节”主要包括 GRE、GMAT、LSAT 和 MCAT 这四种标准化考试。这些标准化考试多采用客观选择答题的方式，考试注重考察申请人的综合素质，每年安排多次考试，考试成绩 5 年内有效。

研究生招生中的“申请环节”由考生根据招生单位的要求进行，在指定时间之前提供申请人本科期间的课程平均成绩（GPA，Grade Point Average）、美国研究生标准化入学的考试成绩（GRE、GMAT、GCAT、LSAT）、相关专业的专家推荐信以及个人简历等申请材料。

研究生招生中的“录取环节”由招生单位（一般是大学）完成。美国的研究生招生在时间上有弹性、在方式上多样化、在标准上较灵活。申请的材料先经研究生院招生和资助办公室（Office of Admission and Financial Aid）或招生委员会初步审核，合格者的材料将转至申请攻读的学位点所在院系的招生委员会。院系招生委员会成员由本院系的教授轮流担任，以集体讨论做出或通过投票裁决录取决定。各院系根据招生计划按照一定比例确定初步的录取名单，随后再通过面试（包括电话面试、视频面试等）进一步考察筛选。各院系最终综合各种因素后做出正式录取决定并报送学校研究生招生部门。学校研究生招生部门一般不干涉录取名单，只向申请人发送录取通知。根据研究生录取的双向选择，申请人在接到录取通知后，会有一段时间可以决定是否接受被录取并通知该校招生部门。在申请环节，同一个申请人可向多个不同的学校提交申请，然后再挑选自己最为中意的大学。该机制促进了学生和学校间的双向选择，推动了资源的最优化配置。

具体招生选拔流程如图 1－4 所示。

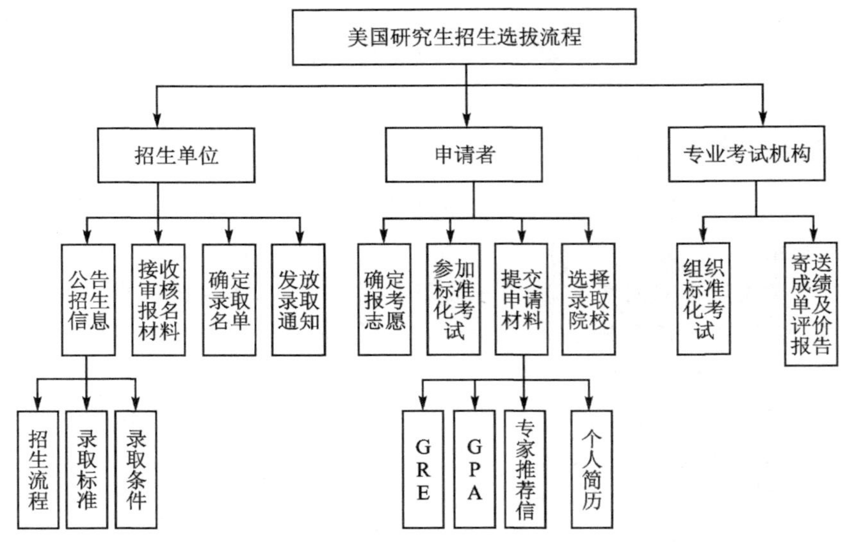

图 1-4 美国研究生招生选拔流程图

1.2.3 选拔标准

美国实行教育地方自治,全美各大学自主制定入学选拔标准,因此各高校选拔程序有所差异,相对灵活。总体来说,美国高校对研究生的选拔注重全面考察,重视申请者的背景、发展潜力、学习能力及综合素质。

美国研究生招生主要依据以下信息来考察申请者素质:

(1) 本科阶段课程平均绩点(GPA)。不管是申请硕士研究生还是申请博士研究生,均要求 GPA 至少在 3.0 以上。

(2) 美国研究生标准化入学考试(GRE)成绩。GRE 考试分为综合测试和专业测试两种:综合测试包括词汇、数学和逻辑分析三部分;专业测试主要考核申请人专业领域的基础知识和运用基础知识解决实际问题的能力。申请商、法、医科的另有要求,如申请工商类专业要 GMAT 成绩,法学专业要 LSAT 成绩,医学专业要 MCAT 成绩。

(3) 2~3 封专家推荐信(Letters of Recommendation)。推荐人要对申请者的知识能力、研究能力或专业技能、性格、学习情况以及未来潜力等方面进行说明。①

(4) 申请表、个人陈述、简历、研究兴趣及计划、学术成果样刊或摘要、社会活动证明等。

(5) 面试(含电话面试、网络面试)情况。非英语母语申请者还要交雅思或托

① Admissions Requirements[EB/OL].[2015-01-18]. http://grad.berkeley.edu/admissions/requirements/.

福、TWE(Test of Written English)成绩。部分学校还要求申请人提供写作样本，申请专业学位研究生的还需要提供工作和实践证明。

高校在对申请材料进行审核之后，会安排通过审核的申请者进行面试或视频、电话面试，通过面试最终决定录取与否。

曾任美国康纳尔大学研究生院院长的艾莉森·卡萨雷特在谈到博士生招生标准时提到过，"哲学博士是培养学者的，这种人必须很聪明并有创造性，他必须在学科知识方面有深厚的基础并显示出研究能力，必须了解自己希望做什么。专业学位申请者则通常没有研究倾向而有职业兴趣，以及具备从事专业所需要的专门技能。"①因此，研究生招生工作者通常会根据博士研究生教育的内在逻辑要求，对申请者的知识基础、创造性、研究能力、研究兴趣等素质进行综合考察。

各个学校研究生招生计划一般由学校或学院制定，通常结合学校师资、市场需求、研究经费、研究设备等情况综合考虑给各个院系分配招生指标，再根据申请者的素质和各院系教师推荐人数的情况灵活调整招生名额。此外，学校也会考虑到各院系招生计划所需要的教育成本，如实验室能容纳博士生的余地、教师可与博士生一起工作的时间、能够提供给学生的奖助学金的比例等，以及对于这些成本的收益；如果某些计划需要大量设备和大量教员的参与，则不一定要招录过多学生，或者如学生数量太少则影响到招生项目获得足够的收入等。②

在美国，硕士学位不是申请博士研究生的必要条件，特别优秀的本科毕业生(尤其是理工科)可以直接申请博士入学资格。美国硕士研究生学制为 1～3 年，学术型硕士主要培养高校教师或为攻读博士学位做准备，专业型硕士则主要培养高级的职业人才。由本科毕业生直接录取的博士生一般须修三年的课程，已有硕士学位者要修一年半的课程；在修完课程并通过博士资格考试后，进入博士学位论文写作和科学研究阶段。

美国大学的研究生院仅对申请人的报考资格进行合格性审核，考生的最终录取主要取决于申请的导师所在院系的招生委员会的决定。研究生招生名额是与录取密切相关的因素，在美国，研究生招生名额通常不受联邦政府、州政府甚至学校的限制，研究生招生名额的确定主要取决于学位授予所在的学院，学院一般会从学院师资、市场需求、研究经费和研究设备等方面综合考虑，然后分配各系的招生规模，再结合申请者的质量和各系教师推荐人数的情况适当调整招生人数。与硕士研究生招生不同的是，博士研究生与导师的关联性更大，因为教师的研究经费(以科研项目带来的经费为主，也包括政府、学校的资助拨款)是对博士研究生招生最为关键的影响因素，经费的导向作用具体体现在：有研究经费的教师都可以招生，

---

① 北京师范大学外国教育研究所. 美国和日本的研究生入学考试［M］. 北京：北京师范大学出版社，1987：22-26.

② 万圆. 美国博士生招生制度的特点与启示［J］. 研究生教育研究，2014(4)：90-95.

不论其是否被授予教授职称，只要是获得博士学位者且拥有研究经费，副教授甚至助理教授都可以招收博士生共同开展课题研究，研究经费充足的甚至可以不受限于原定的招生计划而多招生；研究经费有限的教师的博士研究生的招生数量也会有所限制；而如果教师当年没有争取到足够的科研经费，那么他的招生计划可能就会被自动停止。

在录取研究生的过程中，美国高校对申请者的选拔十分严格，已由“宽进”转为“严进”。在 2011 年的 US News 美国大学研究生录取率综合排名中，排名前 100 的大学，研究生的平均录取率为 40.4%。[①] 部分大学研究生录取率如表 1-3 所列。

表 1-3　2011 年美国大学研究生录取率

高校名称	录取率/%
加州大学伯克利分校	11.00
哈佛大学	12.20
麻省理工学院	14.20
密歇根大学	23.40
卡内基-梅隆大学	28.40
普渡大学	36.00

（资料来源：US News Word Report. http://www.usnews.com/education.）

美国研究生选拔标准的特点是多元化、综合性、重能力，更加注重考察学生的综合研究潜力，这样更能发掘出具有科学研究潜能的优秀人才。美国研究生招生选拔标准所包含的考察要素包括：创造性、研究能力、知识基础、研究兴趣、个人品质、个人经历等[②]。对于博士研究生申请者来说，在硕士研究生选拔标准的基础上，对其创造性、知识基础、研究能力、研究兴趣会提出更高的要求。

申请者的以上各项素质将依据其提交的材料以及面试、沟通的相关情况来考察，具体为：

创造性考察由招生委员会通过对专家推荐信、申请者已有研究成果以及与相关人员沟通等得出的信息进行判断，GRE 综合测试中的分析写作项目也一定程度反映了申请者分析信息的能力，这与创造性也是紧密关联的。而个人简历中反映出的专业背景是否足够多元化同样也有助于对其创造性的判断。

研究能力的考察主要借助于申请者的研究成果或作品、GRE 综合测试结果或相关专业标准化测验情况和专家推荐信，其中研究成果或作品是最能够衡量申请

① US News Word Report. http://www.usnews.com/educaton.

② 万圆. 美国博士生招生制度的特点及启示[J]. 研究生教育研究. 2014(4):90-95.

者的研究能力的，特别是某些特殊专业，需要申请者提供相应的作品以证明其实际能力，如：申请建筑学专业的可能需要递交设计图纸，申请音乐专业的可能需要递交所创作或演奏曲子的磁带等。

知识基础的考察主要通过本科阶段修读课程及其成绩、所就读的本科院校的质量、研究生标准化入学考试成绩以及推荐人的陈述综合判断。

研究兴趣的考察可通过申请人个人的自述和专家推荐信中的推荐人陈述进行了解，有时候招生工作者也会向申请者所就读学校的教师电话询问关于该生对所做方向的兴趣和愿望，更注重招收合适的申请者，以提高学业的完成率。

个人品质则可以通过专家推荐信、与相关人员的沟通以及对申请人的现场面试进行考察，而申请人个人的经历则可以通过其简历得以了解。

除了能通过 GRE、GPA 明确考察的知识基础等要素外，创造性、研究能力、研究兴趣、个人品质等要素很难通过标准化和量化的手段来进行测量。美国教育考试服务中心（ETS）研发了个人潜能指标测评（Personal Potential Index，PPI）系统作为帮助招生委员会评价申请者的辅助手段，该系统于 2009 年 7 月实施，可以用于评价学生考试、学习成绩以外的申请人个人综合品质，涵盖了知识与创新能力、交流技能、团队工作能力、毅力、策划与组织能力以及道德与诚信 6 个一级指标，每个一级指标又各自包含了 4 个二级指标，形成 24 个评价项目。① 该系统不仅可以根据各项指标量化打分，还可以结合上述指标对学生的实际情况做出书面描述，最终给出录取建议。目前美国大多数院校都采用了 PPI 测评系统，将其纳入了学校研究生招生选拔的基本环节，测评系统给出的测评报告也已逐步被全世界大部分国家和地区接受和认可，体现出了重要的现实意义。

1.2.4　案例分析

1. 麻省理工学院的研究生选拔

麻省理工学院的研究生院共 5 所，建筑及城市规划研究生院、工科研究生院、人文社会学研究生院、管理学研究生院、科学研究生院。其研究生招生工作涵盖这 5 所研究生院，共提供 46 个课程项目，学生可以根据自己的兴趣和需要选择课程项目。

麻省理工学院要求所有申请者在线申请，将申请材料提交到申请系统。学校为申请者提供了两个平台，一个是麻省理工学院斯隆商学院的在线申请系统，一个是麻省理工学院自己开发的在线申请系统“GradApply”。学校通过开发申请系统，有效简化了申请过程，从而为潜在的学生提供最好的体验。

每个项目都有各自的招生时间，但除了商业管理类，其他课程项目招生时间大

① 陈瑶，邵福球，高进军. 美国研究生招生的新评价手段——“个人潜能指标测评”（PPI）评介[J]. 学位与研究生教育. 2010(3)：74-77.

体相似。通常情况下，申请系统 9 月份开放申请，12 月至来年 1 月截止申请。1—3 月，相关部门审查申请材料，根据需要进行面试，并做出录取决定。录取通知日期一般不晚于 4 月 1 日。

每个项目也有各自特定的招生要求。若要申请生物系的硕士学位计算机科学与分子生物学硕士(Master of Engineering in Computer Science and Molecular Biology)，需要的申请材料包括个人陈述、三封推荐信、成绩单、英语水平考试成绩、GRE 得分。英语水平考试成绩针对非英语国家的申请者，雅思的最低标准为 6.5 分，托福的最低标准为 90 分(iBT)、577 分(PBT)。

若要申请媒体艺术与科学硕士(Master of Science in Media Arts and Sciences, SM)，则需要个人陈述、三封推荐信、成绩单、英语水平考试成绩、简历、作品集(包含出版物、论文、奖励、设计和其他作品)，但不需要 GRE 成绩。其中，雅思最低标准为 7 分，并且不接受托福考试成绩。

麻省理工学院的选拔标准高，录取十分严格，申请者所提交的证明材料不但要体现出色的学术成绩，还要有能够表明申请者专业前景的有力证明，同时要求有社会责任感。非英语母语的学生须在每学期开学时，参加麻省理工学院组织的英语能力测试(EET)，有的研究生将在这一过程中被淘汰。

2. 加州大学伯克利分校的研究生选拔

加州大学伯克利分校是世界一流的研究型大学，其博士生招生入学政策倡导生源的多样化，在博士研究生教育方面也很有名气。首先，伯克利分校研究生院委员会以招收高素质的、具有多样化背景的申请者为目的，积极采取措施推广博士研究生招收项目；其次，研究生院委员会通过各种奖学金(如 GSI、GSR 等)资助和支持学生，增强学生群体的多样性；第三，研究生院委员会特别要求博士研究生项目评选委员会仔细权衡各种定性和定量标准，择优录取博士生；最后，针对招生经验不足或学生多样化缺乏吸引力的项目，及时从该领域已有的其他成功项目中汲取经验。[①]

伯克利分校研究生院委员会(Council of Graduate Schools)认为，GRE 考试成绩是博士研究生入学申请的必要和重要条件，但应当在未来的发展中考虑针对不同的项目设定不同权重，同时还需要对申请者的家庭背景、教育背景和生活经历等进行综合考虑，这样的举措在很大程度上有助于学校招收各类学生(如单亲家庭学生、贫困地区学生、有身体缺陷学生等)，进而增强教育的多样性。加州法律要求不得将种族、宗教、性别、肤色、国籍作为学生入学的分类标准。伯克利分校不仅注重提升国际留学生的比例，促进研究生种族的多样化，而且更加重视扩大弱势群体研究生数量，如实施开展了残疾学生项目(Disabled Students' Program)，以减少学生

① 陈玥，翟月. 美国一流研究型大学博士生教育内部质量保障体系研究——以加州大学伯克利分校为例[J]. 外国教育研究，2017(7)：18-29.

因身体残疾而难以进入伯克利分校的不利影响，从而解决残障学生的公平机会难题。①

1.3　美国研究生选拔中的行为主体

1.3.1　多元治理三主体

美国的研究生招生管理体制最突出的特点就是分权，政府、大学、民间组织形成多元治理三主体，如图 1－5 所示。

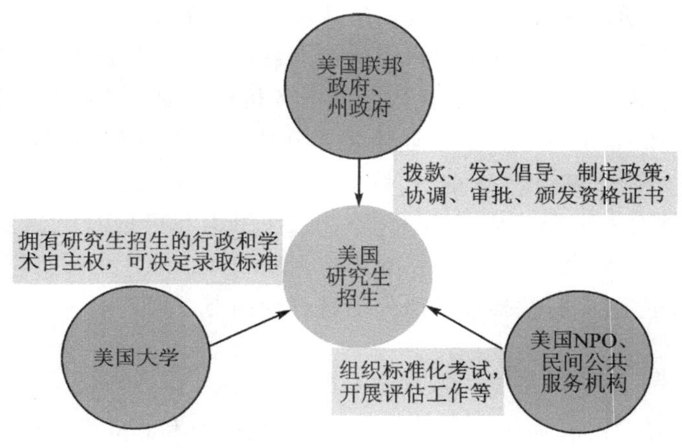

图 1－5　美国的研究生招生管理多元治理三主体

美国 1776 年独立后颁布了许多法令，但针对教育问题却很少提及，一直到 1791 年《人权法案》的颁布，其中第十条明确指出："宪法未曾给予联邦或未曾禁止各州行使的权利，都保留给各州或人民"，此条款便成了美国教育分权的法律依据，促使美国教育分权制逐渐形成。

美国联邦政府对研究生招生制度干涉较少，隶属联邦内务部的教育署对教育事务没有法定的约束力，一般运用发文倡导、制定政策、调查统计、政府拨款等手段对研究生招生进行微调，这也主要是出于国家宏观调控的需要，如美国国家教育统计中心的成立，制定与修正《高等教育法》等；各州对高等教育和有关学位计划进行的协调和审批，由州政府成立的教育协调委员会实施，教育协调委员会还负责教育质量保障和资格证书的发放。

美国卡内基高等教育委员会报告描述了"大学自治"，其中有一项内容是"大学

① 陈玥，翟月．美国一流研究型大学博士生教育内部质量保障体系研究——以加州大学伯克利分校为例[J]．外国教育研究，2017(7)：18-29．

具有选择学生的权利”,因此针对研究生招生,大学应当拥有绝对的自主权。大学的董事会具有相对独立性,对包括招生规模、招生对象、招生方式、招生流程、入学标准等招生过程拥有严格的把控权。大学每年的研究生招生规模是根据各自的生源情况、师生配置比数、教育基础设施承载量、导师科研项目等因素自行决定的。具体而言,美国研究生招生培养的职能部门包括研究型大学的研究生院、综合性大学和专业学院的研究生学位点。研究生招生反映了学术和行政的双重性质:前者主要体现在录取标准的认定上,后者主要体现在招生的管理上。研究生院和院系在招生工作相互分工中,研究生院主要通过行政权,负责政策的制定、监督与执行工作,具体包括初审报名材料、检查材料是否齐全、复审初步确定的录取名单等;院系主要行使的是学术权,即在不违反招生政策的前提下,院系在招生录取上可以拥有更多的话语权,包括各院系可根据专业特点自主调整录取标准和考察重点等。

美国的非营利组织(NPO)和民间公共服务机构在研究生招生中所起的作用,随着这些组织和机构的日益壮大而越来越重要。比较典型的有:美国大学协会(AAU)、美国研究生院协会(CGS)、教育考试服务处(ETS)、医学院入学委员会(AAMC)、法学院入学委员会(LSAC)等。这些组织和机构对研究生考试中的部分行政性事务进行协调,对研究生培养机构直接或间接地产生影响,避免了教育分权制下出现无序竞争,有效推进了研究生教育的和谐发展。

1.3.2 高等学校

美国的高等学校从所有权的归属上分为公立大学和私立大学两大类。私立大学因经费主要来源为校友捐赠、社会募款、学费收入、投资收入等,不是由政府投资,因此对政府的依赖性小,拥有高度的自治权。而与私立大学相比,公立院校的经费来源则包括了政府财政拨款,因此需要承担相应的社会责任,但又并不完全被政府所支配,因而公立院校与政府之间便形成了一种伙伴关系。在这种关系中,“每一方都是一个组织层级,而相对于对方,每一方都维持着半层级式的伙伴关系,与对方处于半独立、半领导的关系中”。①

由于受大学自治权限制和约束,美国政府主要通过立法、政策等宏观手段介入教育,对学生的培养施加影响,对学校的运行予以监督。卡内基高等教育委员会报告中对大学自治的相关描述,就是对大学具有选择学生权利、大学对研究生招生拥有绝对自主权的直接表达。如学校将根据自身的实际情况,自主决定各自的招生规模、招生对象、招生方式、招生流程、入学标准等。针对如何有效保障研究生招生和培养质量的问题,则是由 61 所大学(含 2 所加拿大大学)组成美国大学协会(简称 AAU),通过协会对研究生培养高校准入制度、教育质量监督、学位授予标准等

① 杨晓波.责任与自治:美国公立高校和政府的关系[J].高等教育研究,2003(3):102-106.

进行统一规范来实现。①

美国大学采用校、院、系的三级管理制度，以系的自治为管理基础，学校层面主要负责处理教学科研以外的其他事务，学院在中间起协调作用，各职能部门只有执行权，没有决定权。美国大学对研究生教育只负责宏观层面的管理，包括对研究生教育和培养的整体规划，协调处理研究生培养与外部环境之间的关系等。研究生院是研究生培养的职能部门。研究生院在招生工作中主要负责政策层面的工作，规定和管理相关问题，监督政策的执行，具体包括初审报名材料、检查材料是否齐全、复审初定的录取名单等工作。学系是研究生培养的基本单位，在不违反招生政策的情况下，学系在招生录取上拥有更多的自主权和话语权。各系可在校学术委员会制定的录取标准的基础上，结合各专业的培养特点，自主增加录取标准。如麻省理工学院对申请生物科学应用专业者，要求已获得自然科学硕士学位；普林斯顿大学为考查申请者的专业研究能力和潜能，要求申请哲学系古典哲学专业的学生提交一篇哲学论文。此外，学系还可根据专业培养的目标，选择招生录取的考察重点。如哈佛大学商学院除在专业上要求严格外，还重点考察申请者的个人素质、学术水平和领导才能。

1.3.3　研究生导师

1. 导师的资格认定

美国在导师聘用方面的制度较为灵活。许多高校常根据不同学科的发展要求，在相关企业、其他院系、其他学校，甚至其他国家聘请导师。美国大学，尤其是研究型的大学，从事教学科学研究的教师通常都获得过博士学位，接受过系统的科学训练，熟悉科学研究的方法和过程，因此只要聘用教师的大学有权授予博士或硕士学位，这些教师往往就已经具备了指导研究生的资格。在科研经费充足的前提下，不仅是教授，就连副教授和助理教授都同样可以指导包括博士生在内的研究生。②

2. 导师的确定与选择

美国的研究生招收由大学、研究中心按照院系和专业统一招录。在入学的半年至一年内，研究生不确定其导师和研究方向，主要任务就是学习相关基础课程。院系通过由教授兼任研究生顾问，了解学生的具体情况，同时给他们提供对课程选修、学习期限、导师选择的建议。通过这段时间，研究生在学习期间逐渐熟悉了教师，而教师也在教学的过程中观察和了解了学生。这就为研究生与导师双向互选打下了良好的基础，尽量避免了盲目选择或选择失误，对后续的深入培养非常有好处。②

① 李传波，潘峰. 自主与自律：美国博士生招生申请机制的显著特征[J]. 学位与研究生教育，2014(4)：69-72.

② 龚志宏，牛惊雷. 美国大学研究生导师与研究生指导委员会探析[J]. 高教发展与评估，2006(3)：52-54，73.

学生在半年或一年后选定自己的导师，导师与其他3～4位教师组成研究生指导委员会，导师任委员会主席。如果是博士研究生，除导师外的指导委员会的其他成员通常由自己确定。美国非常重视综合性交叉学科，因此针对边缘学科和交叉学科（如生物、物理等）的指导委员会，会多增设一些成员。此外，如哲学、宗教、历史、法律等部分人文学科，由于学科的需要，指导委员会的成员数量也可能略多一些。一般而言，指导委员会的成员尽可能会涵盖到指导该专业学生论文涉及的各个学科，如农艺学研究生指导委员会要求由一位农艺学家和一位生物化学家组成。研究生选择导师通常会从自己的兴趣和导师的学术方向，以及导师的研究项目是否有资助两个方面进行考虑。导师的选择一般有两种方式：第一，学生把自己的兴趣和要求告诉系里的研究生指导委员会，在委员会的帮助下选择导师；第二，学生事先与指导老师当面沟通，如果教师同意，则由该教师指导该生在以后的学习时间里开展研究。在正式开始撰写论文之前，研究生可以按照规定提出要求更换导师。某些如社会行政管理、企业行政管理及图书馆学等学科领域，硕士学位往往是该学科最高的终结性学位，可以只选定一位导师对研究生进行指导，而不一定需要组成研究生指导委员会。①

3．导师和指导委员会的职责

导师必须认真负责地指导研究生，定期检查学生学习情况，听取汇报（一般每月1～2次），研究生的汇报内容包括科学研究的进展、论文撰写的情况、研究中遇到的问题与下一步计划等。通过师生商讨，导师会针对性地提出意见，指导学生的下一步研究方向。而对于导师本身，则要求能够积极开展科研、从事专业工作，掌握学科最新动态，在公认的专业渠道经常发表研究成果，因此导师通常是优秀的教师或才智出众的学者。在美国，导师的实际指导常常由于专业不同而呈现出多样性。如生物科学或工科、实验科学的导师会经常同学生一起开展研究。而对工作量大、理论性强的专业（如文科），更加重视对学生独立工作能力的培养，大量工作主要由研究生独立完成，包括必要的试验研制研究工作、论文撰写等。这也是美国大学研究生教育的一大特色。

而研究生指导委员会则依据研究生院对研究生学习和毕业提出的要求，为学生提供制定学习计划、选修课程咨询、确定研究课题等方面的指导。硕士研究生指导委员会主要是参与审批学习计划，决定学生是否需要继续选课或可以开始研究项目。博士研究生指导委员会制定的博士生学习计划则发挥了更大的作用。博士生学习计划包括听课、参加讲座和研讨会、自学与科学研究等，其核心目标是培养学生具有创造性的学术能力，为博士生能够在较短时间内在学术上做出有意义的贡献打下基础。博士生培养计划是导师和研究生指导委员会帮助学生完成学业的指南和依据，它有助于指导学生结合实际情况选修相应的课程，通过必要的考试，

① 龚志宏，牛惊雷．美国大学研究生导师与研究生指导委员会探析[J]．高教发展与评估，2006(3)：52-54，73．

开展科学研究与论文撰写。[①]研究生指导委员会负责审查研究生的学习和研究工作情况，检查、评阅和审查论文完成情况，给出推荐意见。一般一年召开 1～2 次例会，检查计划实施与进展情况。此外，指导委员会还负责决定学生资格考试的内容，并主持考试。当导师和研究生都认为研究工作已完成时，则由研究生向指导委员会提出答辩申请，获批后由指导委员会确定答辩时间。

4. 导师指导方式

美国研究生教育有专业式和协作式两种主要模式。

专业式模式强调的是导师与学生在教学和科研中的关系，包括课程教学过程中教授与被教授的关系，科研过程中指导与被指导的关系。在教学方面，教师给研究生授课，开展课堂讨论，提高学生的知识与技能，领导与组织研究生完成研究工作，布置与修正作业。这种教授与被教授的关系，既为教学与科研的结合提供了前提条件，也能够帮助学生更快捷、更有效地掌握该专业领域必备的知识技能，为选择科研课题、完成科研项目提供相应的知识基础。由于不同的课程通常由多位教师分别教授，所以研究生在完成学业的同时所接触和接受指导的是一个教师集体，而不仅是入学时所选定的一位导师。[②] 美国研究生课程的教学形式较为多样，可以是教授讲，也可以是全班讨论或者研究生轮流讲。院系、研究所还经常举行各种形式的讨论会，并提倡学生参加本学科全国性的学术会议。教师通过启发式教学，注重锻炼提高学生的自学能力、独立研究能力和创造性。科研方面，导师对研究生在修业计划制定、课程研讨和科学研究、论文撰写等培养过程的各个环节予以指导。学术学位研究生教育通常采取此种模式，导师的指导偏重于提高研究生的学术水平，培养其科学精神和素养。

在协作式模式中，大学与企业各派一名教师（或员工）指导学生，他们与研究生共同确定课程计划，选定并指导其完成科研课题，指导其撰写论文等。研究生课程由双方各派相应的教师讲授，因此对于既是教授又是企业经理的导师，他们所带来的教学案例常常来自亲身实践。专业学位研究生教育通常采取此模式，导师的指导强调理论与实践的结合。

5. 导师的权利与制约

导师在美国研究生招生过程中拥有很大的自主权，导师组成的招生委员会对研究生招生做出录取决定。学校研究生院作为管理部门往往仅规定入学的一些基本要求，招生委员会负责具体专业的录取标准。各院系还可以突破研究生院规定的基本要求，协商降低相关分数。如若招生委员会认为申请者足够优秀，即使单方面成绩不达标（如英语）亦可破格录取。在不违反招生政策的前提下，招生委员会承担着审查申请材料的责任和拥有做出录取决定的权力。招生委员会的“集体负

① 李盛兵. 研究生教育模式嬗变[M]. 北京：教育科学出版社，1997：88-89.

② 龚志宏，牛惊雷. 美国大学研究生导师与研究生指导委员会探析[J]. 高教发展与评估，2006(3)：52-54，73.

责制”是美国主流的招生评审方式，招生委员会根据事先确定的评审规则，共同讨论、集体决定。此外，还有一种“单一负责制”的选拔方式，即导师获得课题与经费后，由导师根据个人的判断拍板筛选博士生人选，并全权负责。

导师的自主权实际上会受制于集体决策、市场机制和处罚机制共同产生的制度约束力。在集体决策方面，美国大部分院校采取的是招生委员会的选拔方式，委员会成员的身份是保密的，名单不对外公布，他们也必须言行谨慎以免泄露身份，因此由招生委员会共同协商、投票决定录取的机制将制约导师个人的力量。就市场机制而言，研究经费的导向很大程度上制约着导师的招生计划，导师既需要自己寻找科研项目和经费，也需要聘请博士生共同开展研究——如果招收的学生产出不了高质量的研究成果，项目便很难顺利完成。因此对博士生的招生也是一种投资博弈，从投入产出效益的角度，导师自然而然会严格把关，招收真正有研究能力的学生。美国的处罚机制同样会约束导师的招生行为，如果有申请者提出录取过程不公正的申诉甚至诉诸法律(美国多数大学均设立学术诚信监控委员会)，学校学术诚信监控委员会将进行调查评估和仲裁。如果导师确实存在违反招生规定的行为，其学术生命就基本结束了，同时还会追究校长和董事会的责任。

1.3.4 考试机构

美国研究生招生中的“考试”环节是指考生自行参加全国统一的标准化测验。美国与研究生招生相关的标准化测验包括 GRE、GMAT、LSAT 和 MCAT 这四种标准化考试，分别由 ETS(Educational Testing Service，即教育考试服务中心)、GMAC(Graduate Management Admission Council，即管理学专业研究生入学考试委员会)、LSAC(Law School Admission Council，即法学院研究生入学考试委员会)和 AAMC(Association of American Medical College，即美国医学院联合会)四个评价机构承办。

这四个机构组织的标准化测验包括综合类测试和专业类测试，其分类、发展、特点等信息可查阅本章附录。这些测试一方面使得对考生的评价更加客观和高效，另一方面还能协调各校存在的差异，并提供多次考试的机会，从而为学生提供尽可能多的申请选择，消除“一考定终身”的弊端，让学生递交最好的成绩。

由此，也可以看出由考试机构组织的美国招生入学考试的诸多特征。

首先，考试内容重视对考生能力的考察。在题型设计上，美国研究生入学考试侧重于阅读、逻辑分析、分析写作，这些题型注重考查考生的学习能力和学习资质，这些能力需要一个积累的过程，不是一朝一夕就能获得的。

其次，考试录取标准强调综合衡量。研究生入学考试的分数在美国研究生院录取工作中是非常重要的客观因素，但在申请研究生入学的过程中，也会需要其他客观性相对较弱的材料来展示考生以前的学习成果、未来的学习方向、综合素质等，比如本科阶段的成绩、专家推荐信、所在学校和院系的竞争力等。总之，GRE

和其他相关材料共同作为录取考核的依据，尽可能保证录取的公平公正。

第三，入学考试管理主体的民间化。美国教育考试服务处(ETS)、美国法学院入学管理委员会(LSAC)和美国医学院委员会(AAMC)等，都是非营利性质的，政府部门无权对其管理和运作进行干涉，这也造就了其应有的独立性。它们作为第三方机构，研究教育政策，为学习者提供优质的服务，激发他们的学习潜能，通过公平有效的测试评估为所有学习者提供学习机会，为美国教育的发展提供了充分、专业、准确的智力支持。此外，由于美国政府不参与研究生招生工作，招生权属于各招生单位，因而不存在全国统一的录取分数线，各个招生单位可根据考生的报考人数、试题的难易程度等实际情况来确定各自具体的分数线。

最后，考试对象的广泛化和国际化。美国在全世界 180 多个国家和地区设立了考试中心，其研究生的入学考试是面向全球的，其对招生对象的民族、国籍、年龄等也没有过多的硬性规定。美国国际教育协会(IIE)《2016 美国门户开放报告(Open Doors Report)》的调查数据显示，2015—2016 年度，美国高校国际学生人数已达到 1 043 839 人，首次超过 100 万，比上一年增长了 7.1%。来自中国、印度和沙特阿拉伯的留学生占美国国际学生总入学人数的 53%左右。留学生不仅为美国课堂带来了国际视野，帮助美国学生准备全球职业生涯，也为美国的科学研究和经济发展做出了很大的贡献，根据美国商务部的统计，国际学生为美国经济带来近 360 亿美元的增长。

1.4　美国研究生选拔的质量保障体系

1.4.1　社会评估

美国的全国性民间协会以及新闻媒体、学术机构等定期开展评估活动，对学校、学科和学位授权点、学生进行同行评估、社会评估、综合评估等各种形式的评估，并定期向社会公布评估结果、发布大学的排名。这些机构独立于政府，鉴于其评估的可信性和权威性，评估的结果会影响到政府对学校的拨款；而研究生尤其是博士生的质量高低对学校的整体与专业水平影响是巨大的，因此这些民间协会开展的评估活动使大学院系加强了对研究生教育的管理，有力地保障了研究生生源及教育质量。

1. 鉴定机构

美国高等教育鉴定(Accredition)是指由民间协会派出鉴定人员到学校实地考察，鉴别教育质量是否低于最低标准；凡是经过鉴定认可的学校和专业由民间协会向社会公布名单，从而取得社会的信任。

鉴定机构包括全国性鉴定机构、地区性鉴定机构和专业鉴定机构。①

全国性鉴定机构(National Accreditor)有两类,共计十一所。一类是负责对职业院校(Vocational and Professional Institution)实施认证的机构,如远程教育与培训联合会认证委员会;另一类是负责对信仰性院校(Faith-based Institution)进行认证的机构,如基督教圣经学院认证联合会。其中,1975 年成立的中学后教育鉴定委员会(COPA)是美国最高级别的民间鉴定组织,负责制定鉴定标准和准则,并按照标准对鉴定机构进行资格审查和认可,同时起到协调各鉴定机构的作用。

地区性鉴定机构(Regional Accreditor)负责对全国所有拥有学位授予权的高校实施院校鉴定。美国负责院校鉴定的地区协会主要有中部院校协会(MSA)、新英格兰院校协会(NEASC)、西北部院校协会(NWA)、中北部院校协会(NCA)、南部院校协会(SACS)、西部院校协会(WASC)六个地区协会,它们覆盖了美国六大地区全部学校的鉴定工作。

专门职业性鉴定机构(Specialized and Professional Accreditor)是由学校专业教育工作者和各行业协会组织专家组成的,既对单一学科的高校进行鉴定,也对高校内部各学科领域的专业(Program)或学院(school)进行鉴定。如美国律师协会(ABA)负责有关法律教育计划的鉴定。专业鉴定一般与专门职业资格证书相关联。许多州政府要求资格考试的参加者是毕业于鉴定过的院校或鉴定过的相关专业的。

高校可同时接受几种不同的鉴定,如由全国或地区鉴定机构对整个院校进行认证,或由若干专门职业性鉴定机构分别对高校校内各个专门职业性专业和学院进行鉴定,前提是高校必须向政府说明其主要的鉴定机构。

美国高等教育认证协会(Council for Higher Education Accreditation, CHEA)负责对上述鉴定机构进行认可(Recognition),CHEA 是美国认可的唯一从事高等教育认证的非官方组织。它接受并认可了 6 个地区院校协会下属的 8 个认证委员会、11 所全国认证机构中的 5 所、61 所专门职业认证机构中的 42 所,共 55 所地区性、全国性及专门职业性认证机构。认可的目标是审查并验证机构的质量和能力,规范其认证行为,以此提高美国高等教育的质量。

2. 学术团体、专业协会等组织

学术团体评价作为同行评价,早在 20 世纪中叶对研究生教育学位点的质量评价中就已出现,并在此后迅速地发展,主要包括了:美国科学院(NAS)和美国工程院(NAE)下属组织的美国国家研究委员会(NRC)等学术组织;美国研究生院协会(CGS)、美国大学协会(AAU)的附属机构研究生院联合会(AGS)和美国州立大学及赠地学院协会等。

---

① 美国高等教育的质量评估机制[EB/OL].[2017-12-31]. http://www.docin.com/p-20359448.html?docfrom=rrela.

联邦政府没有统一的研究生教育管理行政机构，美国公认的权威机构是民间的美国大学联合会（Association of American Universities，AAU）。AAU 成立于 1900 年，该协会最初由 14 所最早开展研究生教育的大学组成，目前有 62 所会员大学，每年授予全美约半数的博士学位。该联合会成立的目的是将这些大学的校长和研究生院院长组织起来，就研究生教育发展等相关问题定期进行讨论，并着重在三个方面发挥作用：第一，在 AAU 范围内设立共同的研究生招收标准；第二，形成 AAU 大学的博士学位内涵；第三，提高研究院所的质量。AAU 成员主导着学术前沿、创新前沿，为保证国家经济、国家安全和秩序的良好运行提供解决方案。

与鉴定机构不同，这些专业协会和学术团体组织的教育质量评估活动侧重于两个方面，一是评估范围为对美国培养研究生较多的学校，二是评估对象为分学科的博士教育质量评估。其作用有三，一是能够确保院校和专业的质量；二是在院校和专业达到基本水准后，可以进一步提高质量；三是对院校或专业是否充分满足接受公共基金的条件、达到获得许可证的法定要求以及部分满足学分转移的基本条件等予以公开证实。虽然此类评估活动并不是很频繁，但由于评估机构具有较高的学术地位，以及评估对象的高层次性和评估学科的广泛性，其评估结果仍然具有较大的影响力。

3. 新闻媒体

近年来，新闻媒体、出版商等承办的各类排行榜（Ranking）日益增多。排行榜根据特定的指标体系，按照学校或专业的资源和能力进行排名。如学术声誉、师资资质、时政、录取新生、校友赞助、毕业率等是院校排名的典型定量指标。经校长、院长、教师及其他学者等对各项指标评分、汇总、组合后最终排名。

目前，美国最有影响力的排行榜是《美国新闻与世界报道》周刊（*U. S. News & World Report*）组织的全美大学排名和研究生院的评估。其结果不仅影响着美国企业对产学研伙伴的选择及非营利机构的资金流向，影响着美国学生及家长的择校意向，还影响着美国政府的教育决策与拨款，因而受到全美乃至全世界的瞩目。

4. 私人团体

除了上述评估活动之外，美国还有一些私人团体甚至个人也进行着各种各样的评估活动。其中，较为活跃的是美国加州大学北岭分校的政治学教授哥曼（Jack Gourman）领导的约 50 人的团队。1967 年，由国家教育标准局（NES）出版的《哥曼报告》问世，对高等学校进行了评价和排名。从 1980 年开始，《哥曼报告》分别对本科和研究生进行教育质量评估。在研究生教育评价上，分学科对上万个研究生计划进行评比、按学院排名，并结合课程、师资、教学、管理、保障条件和总体质量等列出在国际上和美国领先的学校。他们主要通过本人去学校了解收集资料，以及从各种公开出版的材料、某些大公司对高等学校的内部评价资料和某些不公开身份的人提供的资料等渠道收集评价活动的资料，这使得《哥曼报告》成为在研究生教育评价领域最具有权威性的评价报告之一。

1.4.2 政府评估

1. 联邦政府

美国的地方和州政府早于中央联邦政府，美国的教育史也早于国家历史。伴随着这一特点不仅是美国的政治制度采用了由基层市县推举州领导，再由各州推举中央政府的模式，教育方面也采纳了地方主持、州政府领导约束、联邦政府援助的高等教育管理模式。根据美国宪法的规定，联邦政府不直接参与研究生教育质量的评价，每个州对当地的高等教育负责任。美国联邦教育部(USDE)于 1979 年成立，其主要职能是服务与援助，而不是行政领导。这种既有适应性又富灵活性的体制为美国教育的健康自由发展奠定了基础。随着科技的进步，教育对国家政治、经济、文化的影响越发明显。任何国家都不可能完全放手地方政府对教育进行自我筹划而不给予引导、帮助和制约，因而美国通过提供经费、资格认可、信息收集等方式间接参与研究生教育质量评价，并逐步形成了独特有效的引导机制。

首先，联邦教育部通过对鉴定机构的认可，可以间接对高等教育的质量评估施加影响。一般会对鉴定机构至少在教育计划、师资、教务、学生成就、学位与证书、设施设备与供应、财政与行政管理、后勤服务、投诉等方面制定评估标准。教育部长通过委任非政府成员组成认可委员会，由认可委员会提出对鉴定机构的认可建议，认可期限一般不超过 5 年。

其次，联邦教育部会共享所收集的信息，既将信息纳入高等教育综合数据系统(IPEEKS)以供分析和研究，又将信息提供给社会公众以了解学校情况。IPEEKS 系统包含了全面的学校和学生数据，有学校特性，教职员工，全职教师的工资、任期、福利，学生注册、学生完成学业率、毕业率，财政统计，图书馆等。可供社会公众了解的信息包括院校和专业认证、州许可证、师资和员工、学位和专业、学费和助学金、学生成就、伤残学生服务、学生投诉方法、校园犯罪等。

第三，联邦教育部通过对学校财政和行政管理提出要求，发挥对教育质量的影响和作用。教育部对学校财政和行政管理的最低标准是：学校确实提供了其在出版物和手册中宣称的各项服务，学校行政管理能遵守联邦助学金项目指定的规章和准则，确实尽到了退款、还债等学校财政责任，学校财务经审计证实健全，以及确实达到了因学校类型不同而各异的其他的各种财政最低标准。

联邦教育部、州政府和非官方认证机构在教育评估工作上虽然各司其职，但其间也难免会有重复脱节的地方。为此，联邦教育部自 20 世纪 90 年代以来，牵头加强了对认证机构的认可、州许可证评估以及非官方认证三方面的协调与合作。这也被称为美国教育的“三元组合(Tried)”。①

① 潘康明. 美国远程高等教育质量认证制度研究[D]. 重庆：西南大学，2009.

2. 州政府

根据美国宪法的有关规定，州政府比联邦政府在研究生教育方面拥有大得多的管理权限，同时在研究生教育评价方面也需要承担更多的责任。

州政府负责对本州高等教育和有关学位计划进行审批，也会规定该地区鉴定组织对研究生教育质量评估的评估内容、必需的评估措施及使用的理由。这是州政府影响和参与研究生教育质量评估的一种方式，而有时州政府会直接利用鉴定组织的评估结果来代替审批。除此之外，州政府还负责对鉴定过程进行检查，并广泛收集数据信息，以监督学校或研究生项目的质量。

评估内容包括财政稳定性、管理能力、院校发展的可持续性等。根据不同的评估对象，可分为州的许可证评估（Review For State Licensure）和州的绩效评估（State Accountability Review）两种。州许可证评估主要面向私立学校，是指私立学校都须先获得许可证，之后才能在州内授予学位和证书；州绩效评估主要面向公立学校，关注的重点是学生学习成果和学校对学习质量的提升。

评估程序一般划分为三个阶段。首先是学校选择评估机构，根据评估的质量标准开展自评、准备材料。其次是评估机构审查学校的评估材料，包括检查材料、组织专家小组到校实地考察、与教职工座谈等，然后依据质量指标体系形成考察报告和推荐意见。考察小组由专家和关注高等教育的公共人士自愿组成，没有报酬。最后是将评估学校或专业的名单公布在官方刊物上。在评估前后，评估机构均要到学校定期检查。这种评估过程与我国高校的教学工作评估过程类似，评估的结果也不是终身的，美国大学的质量评估一般按 5～10 年循环。

州政府通过与社会鉴定组织和高校密切合作，直接参与对研究生教育质量的评价，这种评价并非政府的行政命令，从而能使其在发挥政府作用的同时，既提高了社会鉴定的权威性，也可充分调动各高校的主动性和积极性。①

1.4.3　高校内部评估

1. 高校自评机制

高校内部的自评机制与美国高等教育的客观实际密切相关，它既是美国研究生教育质量评价的重要力量，也是研究生教育质量保障的基础。其一，私立的高等教育机构发展迅速并成为该地区乃至全世界高等教育的领军者，私立院校拥有自己的办学经费和所在州颁发的特许状，虽然在很大程度上可以不受政府的制约，但为了保持在招生、社会支持等方面的地位和优势，它们必须建立客观完善的评价机构，以对办学质量进行自我监督，从而在日益激烈的高校竞争中获得各方认同。其二，尽管受到来自市场和社会力量的各种冲击，美国高等教育古老的学术自由传

---

① 美国高等教育的质量评估机制[EB/OL].[2017-12-31]. http://www.docin.com/p-20359448.html?docfrom=rrela.

统,因其源自中世纪强调高深学问、高度自治和学术自由的深厚基础,依然没有丢失。尤其是研究生教育,作为研究生培养机构的高等学校,特别是高校的院系和教授,仍享有很大的管理自治权和学术自由,他们在研究生教育质量保障体系中发挥着重要的核心作用。

为提高研究生教育质量,美国大学内部通常会成立专门委员会,主要职责是制定评价指标、开展评价活动和提交评价报告,委员会每五年定期重新评价一次研究生学习项目。一般由高校提出要求,邀请同行专家检查和审查学校某专业的工作,审核报告将提交给学校校长。不同高校的评价程序和方法有所不同,如西弗吉尼亚州立大学成立了五年项目审查委员会(Board of Governors Five-Year Program Reviews),其评价活动主要包括优秀项目与合格项目评价,评价标准涵盖教师(Faculty)、入学情况和学生、课程、资源和评价信息四个方面,并在这些指标下建立二级指标,根据实际情况,将各指标划分为优秀(Exemplary)、良好(Good)、不合格(Inadequate)三个评价等级。

高校的自我评价不仅顺应了外界对高校的要求,同时也是各高校向外界展示教育质量、维护学术自由、保护自治主权、促进质量提升和自我改善的重要手段。因此全美各高校,尤其是大多数美国重点大学,都设有评价委员会和各自专门的自我评价程序,定期对研究生计划的质量进行检查。

2. 研究生淘汰制度

美国大学聚焦于研究生的学习成果评估,实行严格的淘汰制度。① 招生录取、培养过程、论文写作过程等研究生教育的各个环节都建立有分流淘汰机制,一定的淘汰率,成为大学教育质量、教育水平提高的可靠保障。淘汰机制形成的外在因素是校外机构定期进行的大学评估,内在因素是大学的自强自律。如果说招生时的录取标准是用于录取前的人才选拔标准,那么淘汰机制可以理解为一种后置的人才选拔标准,即对于已经入校的学生,层层筛选,最终留下可以申请学位的优秀学生。

博士研究生通过了招生录取筛选的第一步后,还要经历博士资格考试、开题和论文答辩三个环节,任何一个环节没有通过都将被淘汰出博士生的队伍。《美国重新规划 Ph. D.》指出:“美国许多院系的博士生淘汰率都超过了 50%,由于淘汰的学生数量过多,有的院系干脆就不统计关于淘汰学生的准确数据。”

美国的博士资格考试制度始于 20 世纪 70 年代后期,通常包括两门基础理论的综合考试和一门专业基础与应用的综合考试。在考试形式上各个大学有所不同,有笔试、口试或混合测试。考试内容涵盖面广泛而深入,有时甚至比论文答辩还要广泛。资格考试主要考查学生对所学专业知识的全面掌握程度和对所学博士

① 樊秀娣.美国高等教育质量评估机制的特色与启示——访美国加州大学总校院校研究负责人常桐善博士[J].大学(研究版).2016(12):4-11.

课程的理解力，因此要求学生有很宽的知识面。博士资格考试一般在入学的一年后、两年内进行，尽管在内容和形式上每个学校各有不同，但考试的目的大都是一致的。如笔试主要考查学生的四个方面：(1)理解能力，即学生是否有足够实力理解专业论文和理论在实践应用上的深层次含义；(2)评估能力，即学生能否判断出不同理论和方法论的价值；(3)运用能力，即学生能否运用所学理论解决实际问题；(4)分析和综合运用能力，即学生是否能用清晰而有条理的方法拟定出切实可行的计划，并能以此分析解决某个具体问题。博士生资格考试承担了检验学生知识和研究能力的作用，它不仅包含了硕士研究生阶段的学习内容，更包含了博士研究生阶段所学习的课程内容以及在此基础之上的实际应用能力，这充分显示了其合理性与重要性。

对于硕士研究生，在培养过程中要通过层层考核与考查才能获得硕士学位。首先要通过学习资格鉴定考试以检验新生入学前已进行了必要的课程预习，其次要通过日常的课程考试和期末考核。而在论文撰写之前，学生还需要通过涉及多个学科的综合考试——这是为了考核学生掌握了足够广度和足够深度的本专业知识以及相关学科理论。以上三个环节全部通过之后，硕士生才可以有资格进入论文写作与答辩的环节，综合考试有两次机会，如果均未通过，则会被淘汰。通过综合课程考试之后，如果论文通过答辩，即可获得学位。普通学校研究生院的淘汰率达到 10%～15%，名牌大学因管理更加严格（如哈佛大学）甚至达到 30%～40%。[①] 如果硕士研究生准备继续攻读博士学位，还必须参加各个系的资格考试(Diagnostic Examination)，以检测是否具备了攻读博士学位的能力。[②]

在美国研究生教育的淘汰制下，被淘汰的学生并非就无路可退，整个体制其实还有较完善的善后措施以保障淘汰学生的出口通畅，如学分互认与转换制度、司法保障制度、补偿救济制度等。

学分互认和转换制度是指在高校研究生院之间可以自由转换和认可相应的学分，但前提是学分转换和认可的研究生院必须都是认可范围内的。当学生因为被淘汰而需要转专业或转学时，已获得的学分可以完整地转到互为认可的其他研究生院，而只要能在该研究生院修完规定的学分，学生同样可以获取相应的学位。

美国是教育法治高度发达的国家，学校的司法保障制度非常完善，各大学还制定了《学生司法宪章》，其中的学生申诉制度、高校听证制度、教育仲裁制度等是对学生合法权益的有力保障。学生申诉制度是指学生可以依照法律规定，在其合法权益受到侵害时向高校提出申诉理由和处理请求。高校听证制度是指高校在做出影响学生权益的重大决定时（如淘汰、不予核发毕业证、学位证等），不得仅依照相关规定和证据片面地认定事实，也不能剥夺学生为自己辩护的合法权利，必须公平

① 李超平. 美国研究生教育探视[J]. 中国研究生，2003(5)：54.

② 曹麦玲. 中美师范教育硕士研究生培养比较研究[D]. 西安：陕西师范大学，2002.

公正地听取学生意见。教育仲裁制度是指当学生认为学校侵犯其合法权益时，可以依法向专门的机构申请仲裁，并由教育仲裁委员会依据教育法律法规对学生与高校之间产生的纠纷予以调解和裁决的一系列制度。教育仲裁制度能够快速调解且保障公平公正，兼有司法和行政的双重特征。

美国政府、高校和社会还会为被淘汰学生的创业和就业提供很多补偿救济措施。如政府为他们提供了雄厚的资金支持，定期发布各类就业创业信息、提供政策咨询、为就业岗位提供信息指南、为创业项目提供技术扶持和创业担保等。高校则大力开展创业就业实践活动，并加强创业和就业教育的学术研究。社会团体、社会基金、私人企业等也会为被淘汰的学生提供全面、多样性的帮助，在创业教育、技术扶持、融资贷款等方面给予有效的支持和引导。①

1.5 美国研究生选拔对我国研究生选拔的启示

1.5.1 扩大高校办学自主权

我国的高等教育迈入了以提高质量为核心、走内涵式发展道路的新阶段，高校的办学自主权应进一步扩大。在高校作为独立的招生单位也应当相应地放权下移，校级招生管理部门应以“服务”代替“管理”，做好“放管服”角色的转变和工作职能的调整，即学校研究生院或研究生部门的招生录取相关权限下移至各院系各学科点，各院系各学科点招生录取的权限则应当转移到由学科教授组成的各院系招生委员会。

放权应与监管同步。在加大放权力度的同时，国家应探索建立新的管理监督体制和工作运行机制，创新管理服务方式，更多地运用法律法规、政策标准、经费拨款、信息服务等手段，改善宏观管理，加强过程监管，确保放而有益、放而不乱，从而激发高校的生机活力，给研究生教育提供良好的发展平台。

1.5.2 建立第三方考试机构，实现招考分离

在我国目前的研究生入学考试管理体制和运行机制中，教育部要统一负责包括考试命题、考务组织、甚至考后招生的全过程监控，不仅降低了效率和效益，也影响了高校的办学自主性和工作活力。我们可以借鉴美国的经验，将研究生入学考试调整为实施标准化考试，一方面，建立第三方专业考试机构，对研究生入学标准化考试的考试科目、开展形式、命题内容、组织实施等进行详细的规划，建立题库；另一方面，招生单位也可以从标准化入学考试中脱离，将自命题科目的考试统一归入复试中进行。招生与考试功能分离、机构分离，可以清晰界定各方权责，分化相

① 张健，姜彦福，雷家骕.美国创业学术研究及其对我们的启示[J].外国经济与管理，2003(1)：126-129.

关权利，减小滥用权利的不良影响，促进考试更加规范、科学和全面。

1.5.3　录取标准多元化，注重全面考察

美国高校在进行录取时，既有严格的专业要求，也特别重视综合素质以及学生的个性和发展潜力。录取的考生不但要求各门专业课成绩要出类拔萃，在文艺、体育、社会活动等方面也要表现出色，同时还要具有道德感、责任心、领导才能等。美国研究生入学标准化测试考查知识面非常广，既有对考生已有知识能力的考核，也有对考生学习研究潜能的测试，能够较为准确地了解考生的基本素质。

此外，录取标准既要严格又应表现出多样化的特点，注重学生群体的差异性，从而有利于促进学术交流与合作，增进不同文化之间的理解，开拓学生的视野与培育学生的创新精神。

1.5.4　建立合理的淘汰机制

我国要建立一流大学，保障人才培养质量，就必须建立淘汰机制，走“严出”之路。在招生、课程学习、导师指导、科学研究等研究生教育的各个阶段，都应该建立合理的淘汰机制，明确提出规范性要求，从而有力保障教育质量和水平。加强对课程的严格考核，防止出现“营养学分”；开展综合考试鉴定，将学生平时学习与年度资格鉴定有机结合、统筹考虑。

此外，要及时跟进相应的配套措施，形成合理的淘汰率，比如建立和完善学分认证和互换、校际交流、学生申诉、救济补偿等制度。

1.5.5　加强内部质量管理和外部质量评估的结合

高校应该主动开展多种形式的研究生教育质量评估活动，并推动全校师生积极参与；应通过各种渠道对学生入学、学校师资、课程建设、教学配套设施、学业完成等情况进行跟踪调查，通过内部测评起到自我完善、自我优化、自我提高的目的，同时也为外部质量评估活动提供切实可靠的数据资料来源。

与此同时，还应积极发挥社会力量在研究生教育质量评估活动中的推动作用，通过这一途径在研究生教育中引入竞争机制。鼓励成立非营利性的民间评估组织，采取行政方式或法律手段保障其评估的权威性和影响力，使其逐步成为独立于高等院校和国家政府的第三方力量，不受任何利益关联方的干涉或钳制[①]，从而保证认证主体的多元化和认证结果的客观公平有效。

1.5.6　推进研究生教育的信息化管理与服务

高校应根据不同的办学特色和需求，建立各自的管理服务网络平台，并贯穿研

① 黎军，李璧强. 美国研究生教育质量保证体系的特色及启示[J]. 黑龙江教育(高教研究与评估)，2010(9)：32-33.

究生教育的入学申请、招生录取、新生报到、学籍注册与变动、课程管理、学位答辩申请、毕业与学位授予、劳务报酬发放、科研项目申请、经费管理等各项学业和事务环节中。在系统中设定研究生、指导教师、管理人员等不同角色，赋予相应的不同权限，组合成分工明确、权责分明、管理严格的在线式网络管理服务体系。

附录1：综合类标准化测试——普通GRE及其考试机构

GRE考试包括普通GRE(General Test)和专项GRE(Subject Test)两类。其中，普通GRE考试适用范围广泛，不以某一专业或学科门类作为测试背景，而是所有专业使用同一种试卷，试题内容覆盖大学、中学知识以及某些其他常识。该考试考查学生的语言能力、定量能力和分析能力等，是各类研究生院(除管理类学院，法学院)要求申请者必须具备的一个考试成绩，也是高校及教授对申请者是否授予奖学金所依据的最重要的标准，随着GRE的不断改革，已有为数不少的商学院同意把GRE成绩作为其招生依据。

GRE董事会由研究生院联合会、研究生院协会(CGS)、教育测试中心ETS共同组成。ETS是GRE董事会的执行代理机构，它执行董事会的政策决议，负责GRE测验、出题和评卷、寄送成绩报告，以及向董事会提供有关测验和教育的信息、技术咨询和专业建议等，但是它并不对考生是否有资格成为研究生做出决策。GRE董事会在选择组成成员时，力求能反映各个研究生院的最大影响，同时也努力寻求来自工业界专业人员的意见。①

普通GRE包括言语推理(Verbal Reasoning)、定量推理(Quantitative Reasoning)和分析写作(Analytical Writing)三部分。分别测试从事高一级学习所必须具备的基本能力，即对词的阅读理解能力、对数量的逻辑推理能力和对问题的批判性分析与写作能力，从而有效遴选学术阅读经验丰富、善于思辨和推理的申请者。多数院校把参加普通GRE考试作为硬性条件。

言语推理部分，考查考生理解阅读材料并运用推理能力的水平，主要包括：分析一段论述文字并推导结论、据不完全的数据做推导、识别作者的前提/假设条件和视角、理解语言文字的多层次含义、挑选重要观点、区别主要论述和次要/相关论述、总结全文、理解文章结构、理解词句和段落篇章的含义、理解不同词和概念间的关系等。

定量推理部分，考查考生运用算术、代数、几何、概率以及统计学中的基本概念和技能来解决问题的能力，主要包括：读懂量化信息、解读并分析量化信息、运用数学模型解题等。

分析写作部分，考查考生逻辑推理和分析写作的技能，主要包括：清楚有效地

① 王磊，孙绍荣. 美中硕士研究生招生考试若干方面的比较[J]. 煤炭高等教育，2002(1)：30-32.

阐明复杂观点、用贴切的事理和事例支撑观点、考查/验证他人论点及其相关论证、支撑一个有针对性的连贯的讨论、控制标准书面英语的各个要素等。

普通 GRE 考试在全球 160 多个国家和地区拥有约 1 000 多个考点，方便考生根据自己的情况选择考点。目前在大多数地区，全年都可进行 GRE 机考。在无法实现机考的地区，新 GRE 考试采用纸笔考试的形式。

机考的测试时间约为 3 小时 45 分钟，试卷结构如下：①

测试内容	题　量	分配时间
分析写作（One section，包括两项分开的限时任务）	一项“Analyze an Issue”task； 一项“Analyze an Argument”task	每项 task 30 分钟
言语推理（Two sections）	每个 section 20 题	每个 section 30 分钟
定量推理（Two sections）	每个 section 20 题	每个 section 35 分钟
Unscored	多变的	多变的
Research	多变的	多变的

在 GRE 试卷的分析写作部分之后，设有不计入考生分数的实验部分，但是在试卷中不会明确告知考生具体哪部分是实验部分是实验部分。实验部分是出于 ETS 的研究目的，为了采样题目的正确率百分比，从而为未来的出题提供更多的数据和思路。

笔试的测试时间约为 3 小时 30 分钟，试卷结构大致如下：

测试内容	题　量	分配时间
分析写作（Two sections）	Section 1：“Analyze an Issue”task Section 2：“Analyze an Argument”task	每项 task 30 分钟
言语推理（Two sections）	每个 section 25 题	每个 section 35 分钟
定量推理（Two sections）	每个 section 25 题	每个 section 40 分钟

ETS 为考生提供了考试准备材料，包括考试内容、策略、技巧、题目、答案分析等内容，同时也为考生准备了练习册，并允许考生到考场熟悉设备。借助先进的考试系统和人性化的考试服务，考生可以运用自己最习惯的答题策略和方法，发挥出最高的水平。

GRE 测验历经 70 多年的改革发展，始终在向着更加科学、有效的方向前进。尤其是进入 20 世纪 90 年代后，国际化、全球化出现，研究生教育也在全世界范围内蓬勃发展。因此，如何在保证 GRE 考试的信度和效度的前提下，尽可能地将评价的核心聚焦于考生各方面的能力，减少语境、习俗、文化对考生考试的干扰，秉持多元文化认同的原则，成为改革的重要因素。另外，“以人为本”的观念进一步普

① Educational Testing Service. Computer-delivered GRE® General Test Content and Structure[EB/OL]. http://www.ets.org/gre/revised_general/about/content/computer/,2017.

及,对"效率""标准化""客观"等技术主义、科学万能论的质疑,让人们越来越质疑以客观题为主要形式的 GRE 考试是否能有效地鉴定考生的推理能力、分析能力、写作能力、创造力和批判性思维等方面的能力。同时,教育技术的进步、计算机的普及也为 GRE 考试的进一步改进奠定了基础。①

1. 20 世纪 90 年代的改革:主观题和计算机考试的引入

1997—1998 年的改革内容如下:②

(1) 在原有的语言题、数量题和分析题的基础上,增加写作题和数学推理题两大部分,即从原有的三个部分增加为五个部分。

(2) 在此基础上,提供两大考试包:一个考试包包含语言题、分析题、写作题和数量题;另一个考试包包含语言题、分析题、写作题和数学推理题。每位参加考试的考生仅需完成一个考试包即可,至于选择哪一个考试包,由考生的目标研究生院决定。

(3) 同时,GRE 考试将采用计算机考试的方式,由计算机软件控制顺序出题,考生必须按顺序答题,不得来回选择翻页。另外,在 1998 年,学科测验中的"教育学"和"政治学"考试由于参加考试的人数过少而废止。

其中,新增加的写作题主要考查的是考生的写作能力,而非具体的知识内容。它包括两个部分:第一部分要求考生就某一具体问题陈述观点,时长 45 分钟,它主要考查考生能否在指定时间内就某一问题形成论点集中、逻辑通顺、论证合理的短文;第二部分要求考生就某一具体观点进行批判,时长 30 分钟,它主要考查考生能否在指定的时间内有力地分析某一论点的优劣。考生可以选择其中的一个部分进行作答。另外,考生可以选择计算机答题,也可以选择用纸质稿答题。新增的数学推理题考查的范围主要是大学数学,包括微积分、函数曲线、概率与数理统计、几何以及有限数学等;旨在考查考生在数学模型、问题解决的策略、逻辑推理、估算等方面的能力。考试的形式也不再是多项选择题,而是要求考生进行书面作答。

2. 21 世纪的改革:按部分考试的出现和比率分的继续调整

对 GRE 考试而言,新世纪以来最重要的变化包括:③

(1) 综合测验由按题作答变为按部分作答。综合测验由 1997—1998 年改革形成的五大部分——语言题、数量题、分析题、写作题和数学推理题,变为三大部分——语言部分、数量部分和分析性写作部分。在每一个部分中,考生可以自由地选择答题顺序。

(2) 语言和数量部分的比率分满分调整为 170 分,分析性写作部分的比率分

---

① 陈露茜. 对美国研究生入学考试(GRE)的历史研究[J]. 清华大学教育研究,2014(1):102-110.

② Ann Wilard. New GRE General Test to be Introduced. Political Science and Politics 28,1 (Mar.,1995):112- 113.

③ Educational Testing Service. A Snapshot of the Individuals Who Took the GRE Revised General Test: Aug. 2011 -Jun. 2012[EB/OL]. http://www.ets.org/s/gre/pdf/snapshot.pdf, 2012.

满分调整为 6 分。2011 年的改革对 GRE 的计分方式进行了调整：原先 GRE 综合测验每部分的满分为 800 分，分差为 10 分，总分为 2 400 分；2011 年改革后，将语言和数量部分满分调整为 170 分，分差为 1 分；分析性写作部分的满分为 6 分，分差为 0.5 分。

综上所述，GRE 经过不断的改革和调整，考试内容和制度设计越来越倾向于考查考生的创新能力、分析能力、沟通能力及逻辑思维能力等综合素质。

GRE 测试内在地契合了研究生科学研究的要求，同时采用标准化考试的模式，真正注重发掘学生的各项综合能力。它重点考查的不是某一门课程的知识，也不是某一个学科的知识，而是一种通用的、普遍的能力知识；同时这种能力的获得不是仅靠考前短时间的记忆、背诵就可以获得的，它需要考生在一个较长的时间跨度内通过努力学习才能获得。[①]这些能力不仅对研究生阶段的学习至关重要，对终生学习能力的获得同样至关重要，而这正是研究生入学考试所需要考查的核心内容，也体现了研究生教育的核心价值——对人的理性能力的提升，这也是我国研究生入学考试改革所需的核心价值导向。基于这些特点，应试者一般不会在短期内出现较大波动，从而使测试的效度和信度得以保证。GRE 测试成绩可以保留五年，学生可在此有效期内申请学校。

附录 2：专业类标准化测试——专项 GRE、GMAT、LSAT、MCAT 及其考试机构

专项 GRE 是与学科相关的高级测验，用以考查申请者在专业领域的资格。不是每个申请者都需要参加专业测试，视不同学校、不同专业与个人申请情况而定。一般来说，申请研究生专业与本科专业不一致的申请人，需要参加专业测验来证明自己的专业能力。专业考试的内容与大学课程息息相关，更加注重对考生专业能力水平的测试。尽管不是硬性要求，但申请者提供专业测验成绩会为申请加分，同时当竞争更激烈时，专业测验也有助于奖学金和助学金的获得。测试结果可以显示出学生在准备过程中的优点和缺点，有助于导师的指导和教学安排。专业测试一年在全球举行三次，分别在四月、九月和十月。总测试时间为 2 小时 50 分钟，没有分时段的 section。

下面以生物、化学、英语文学、数学、物理、心理学专业类型为例，说明专项 GRE 考试的主要内容和大致结构：

(1) 生物(Biology Test)。共有约 190 道选择题，分为三个部分，细胞和分子

---

① D. E. Powers. Effects of Coaching on GRE Aptitude Test Scores[J]. Journal of Educational Measurement, No. 22, 1985.

生物学(cellular and molecular biology),有机体生物学(organismal biology),生态学和进化(ecology and evolution)。每一部分内容占试题的33%～34%。

(2) 化学(Chemistry Test)。共有约130道选择题。涉及大学化学课程的主要内容。其中,分析化学(analytical chemistry)约占15%,无机化学(inorganic chemistry)约占25%,有机化学(organic chemistry)约占30%,物理化学(physical chemistry)约占30%。

(3) 英语文学(Literature in English Test)。共有约230道选择题,内容集中在诗歌、戏剧、传记、散文、短篇故事、小说、批评、文学理论和语言史等方面。考试题型分为事实题和分析题两类,事实题要求学生了解文学或历史事件的特征,将作品放到作者写作的时代背景下考查,进行文学评论,或者确定作者作品的风格等。分析题侧重于考查学生阅读诗歌、戏剧、小说、散文的能力,往往要求学生阅读某一段落的散文或诗歌,并回答有关意义、形式和结构、文学技巧和风格等方面的问题。

(4) 数学(Mathematics Test)。共有约66道选择题。试题主要是针对希望攻读数学专业研究生的考生,侧重于数学专业的知识和技巧。约有1/2的问题涉及微积分及其应用,1/4涉及基本代数、线性代数、抽象代数和数论,剩余1/4则涉及本科阶段学习的其他数学知识。

(5) 物理(Physics Test)。共有约100道选择题,其内容主要涉及大学的物理课程。其中经典力学(classical mechanics)约占20%,电磁基础(electromagnetism)约占18%,物理光学及波动现象(optics and wave phenomena)约占9%,流体力学及统计力学(thermodynamics and statistical mechanics)约占10%,量子力学(quantum mechanics)约占12%,原子物理(atomic physics)约占10%,狭义相对论(special relativity)约占6%,实验方法(laboratory methods)约占6%;其余9%主要涉及近代物理学的内容,包括拉格朗日和哈密尔顿力学、原子和质子物理、低温物理及空间物理。

(6) 心理学(Psychology Test)。共有约205道选择题。共分为六个部分,第一部分是生物(biological),占17%～21%,第二部分是认知(cognitive)占17%～24%,第三部分是社会(social),占12%～14%,第四部分是发展(developmental),占12%～14%,第五部分是临床(clinical),占15%～19%,第六部分是测量/方法/其他(measurement/methodology/other),占15%～19%。

专业考试的内容与大学课程息息相关,更加注重对考生专业能力水平的测试。尽管不是硬性要求,但申请者提供专业测验成绩会为申请加分;同时当竞争更激烈时,专业测验也有助于奖学金和助学金的获得。

2. 研究生管理科学入学考试——GMAT

GMAT(Graduate Management Admission Test)是研究生管理科学入学考试,其主要目的是考查考生在管理方面的能力,为普通管理项目、会计学、艺术管理、行为科学、经济学、财政、保健事业、国际贸易、信息工程学和工商管理等研究生院选拔合格人才，每年进行 3 次。

GMAT 由分析性写作（Analytical Writing Assessment）、综合推理（Integrated Reasoning）、定量推理（Quantitative）、文本逻辑推理（Verbal）4 个部分组成，分别考查考生的辩证思维能力、表达观点能力；对不同来源、多种形式的信息进行评估的能力；分析数据和归纳总结的能力；阅读和理解书面材料，审视推理论据，以及改正书面材料使其符合标准书面英语规范的能力。GMAT 考试能较真实地反映应试者的英语水平，因而受到越来越多的专业和学校的重视和好评。不论在美国还是欧洲，只要用英语教授 MBA 的学校都采用 GMAT 作为入学考试。

3. 法学院入学资格考试——LSAT

LSAT（Law School Admission Test）是法学院入学委员会（Law School Admission Council 简称 Law Services）负责主办的法学院入学资格考试。隶属于法学院入学委员会的法律院校都要求其申请者提供 LSAT 成绩。LSAT 测试内容共有 5 个部分，包括阅读理解、逻辑推理及分析推理三个方面的内容，每部分时间为 35 分钟，写作部分另加 30 分钟。主要测试考生准确阅读并理解复杂文章的能力；组织有关信息并得出合理结论的能力；批判性的推理能力；对他人的推理进行分析和评价的能力。

4. 医学院入学资格考试——MCAT

MCAT（Medical College Admission Test）是由美国医学院委员会组织发起的，每年进行两次考试。考试内容包括生物系统的生物和生物化学基础，生物系统的化学和物理基础，心理、社会和生物行为的基础，关键分析和推理技巧四个部分，旨在测验学生的专业学科知识，运用专业知识解决有关问题的能力，以及对医学专业极为重要的学习能力和推理能力。几乎所有美国医学院校和许多加拿大学校都要求提交 MCAT 考试成绩。

第 2 章　英国研究生选拔制度研究

2.1　英国研究生教育的缘起、发展及现状

2.1.1　英国高等教育及研究生教育的发轫

英国的研究生教育最早可以追溯到中世纪的高级学位教育，现代意义上的学位制度也产生于中世纪的大学。12 世纪末，英国从欧洲大陆引进了学位制度，包括学士学位、硕士学位和博士学位三个等级，其中，硕士和博士学位属于高级学位。此处的硕士学位、博士学位与现代意义上的硕士学位和博士学位是不同的概念，中世纪的英国大学只从事教学活动，并不具有研究性。其职能主要是传播科学文化知识，培养高级职业人才。

12 世纪 60 年代，英国的第一所大学牛津大学成立；13 世纪初，剑桥大学成立。英国的高级学位教育，便产生于这两所英语世界中最古老的大学。这两所大学在创立之初都沿袭了巴黎大学的教育模式，主要在宗教、神学和一些人文学科中招生，学生在 14 岁进入大学，经过 4 年学习，18 岁获得学士学位。只要学生成功取得学士学位，就可以进入硕士阶段进行学习。获得学士学位是学生进入硕士阶段学习的唯一途径。

在最开始，中世纪大学是一种学院自治的教授和学习中心，以宗教为中心，主要目的是提供职业培训，培养牧师等各种神职人员以及社会所需要的高级职业人才，比如各层次的教师、律师、医生等，因此中世纪大学教育通常分文、法、神、医四科进行。

随着中等教育与大学教育的分化以及中等教育的发展，学士学位逐步变成了大学的第一级学位，并渐渐成为大学教育的重心。而硕士学位和博士学位日渐没落，到了 19 世纪，只要保持每年的注册并交付一定的费用即可获得学位。

这一时期的高级学位教育只有教学性，不进行科学研究。此外，由于受到神学的禁锢，此时期的学位教育发展十分缓慢，学科分化不显著，专业性不强。因此，中世纪的高级学位教育并不能算作现代意义上的研究生教育，但不可否认，它与现代研究生教育有着密不可分的联系，是现代研究生教育的原始形态。

2.1.2 英国近代高等教育的变化与研究生教育的确立

在 16 世纪和 17 世纪的英国，社会发生巨大变革，文艺复兴思潮传播，反抗罗马教皇的新教运动、新兴资产阶级为发展经济而向国王夺权的英国内战等事件，促使高等教育发生了一系列变革。

受到人文主义思潮的影响，古典哲学、希腊文化等内容逐渐进入了大学课堂。18 世纪初自然科学的发展，使其教学受到了一定的重视。1619 年，牛津大学在天文学科和地理学科中设立了教授职位；随后，1621 年又在自然哲学、道德哲学两门学科中设立了教授职位。剑桥大学于 1663 年设立数学教授职位，为科学巨匠牛顿提供了施展才能的舞台；1702—1750 年，剑桥大学设立了化学、天文学、实验哲学、解剖学、植物学、地质学、几何学等教席。① 设立教授职位，对教学质量的保障起着很大的作用。

英格兰教会的出现，使政教合一，大学里宗教控制减弱，朝廷控制逐渐取代天主教势力，尤其是伊丽莎白一世女王时代，给了大学许多特权，加强了大学的独立自主性。

19 世纪，在工业革命的影响下，英国的生产力得到了迅猛的提高，自然科学发达，功利主义流行，新兴高等教育开始发展。此时，英国教育的领导权逐渐由教会转移到政府，政府开始直接管理教育，干预教育的发展，英国高等教育迎来了更大的变革，主要体现为新大学运动、大学推广运动的开展。

新大学运动以伦敦大学的建立为起点，打破了牛津和剑桥垄断高等教育的局面。诗人托马斯·坎贝尔在 1825 年提出要建立一所主要为中产阶级服务的“大伦敦大学”(Great London University)。1828 年伦敦大学学院在伦敦市高尔街创办。作为一所新式大学，伦敦大学不是宗教教学，招生不分教派，在课程设置上主张理论联系实际，主要设置语言、数学、物理、心理和道德、法律、历史、政治经济学、医学等课程。伦敦大学学院的非宗教性招致牛津和剑桥的保守势力以及国教会的反对。1828 年 6 月 21 日，国教会人士筹划在首都建立以普通教育为目标的学校，它不仅继承了牛津和剑桥大学的传统，也承认英格兰教会对学院的统治地位。筹议中的这所学院在 1829 年成为现实，1831 年正式招生。1836 年伦敦大学学院和国王学院合并成立伦敦大学。1851 年，大约 60 所医学院和 29 所普通学院附属于该大学。①

在伦敦大学的带动下，19 世纪后半叶英国的很多工业城市还创设了一批城市学院，曼彻斯特学院(1851)、南安普顿学院(1862)、纽卡斯尔学院(1871)、利兹学院(1874)、布里斯托尔学院(1876)、谢菲尔德学院(1879)等即创办于这一时期。新大学运动不仅直接改变了英国高等教育的传统和结构，而且还为现代科学技术知识

① 王保星. 外国教育史[M]. 北京：北京师范大学出版社，2008.

进入高等学校提供了机会,为广大中产阶层子弟提供了接受高等教育的机会。①

大学推广运动兴起于19世纪40年代,主要表现形式是全日制大学以校内或校外讲座的方式为非全日制学生提供大学教育。伦敦大学、剑桥大学和牛津大学在19世纪50年代的大学推广运动中发挥了重要作用。1873年剑桥大学在列斯特、诺丁汉两座城市及德贝郡开设课程,1878年成立“地方讲座委员会”,1876年伦敦大学成立大学教学推广学会。大学推广运动开设课程广泛,涉及文学、历史、经济、哲学和科学等学科门类。1891—1892年,牛津、剑桥和伦敦大学开设的大学推广课程达457门,其中191门是关于自然科学的,159门是关于历史和政治经济学的,104门是关于文学、艺术或建筑学的,3门是关于哲学的。19世纪的大学推广运动拉近了一般民众与大学的距离,加强了大学与社会的联系。①

19世纪60年代,英国的研究生教育在德国大学的影响下开始逐渐形成并发展。这一时期,英国大学开始学习德国模式,承担科学任务,培养科研后备人才,即研究生,研究生教育从此起步。1862年,伦敦大学设立了第一个科学博士学位(DSc.),1878年,达勒姆大学(University of Durham)设立科学硕士学位(MSc.)。1918年,英国开始实行统一的学位制度。与此同时,政府也开始提供研究生教育经费,并逐年上涨。国家学位制度的规范化和政府的经费支持,标志着英国研究生教育的确立,也促进了它的发展。此后,英国研究生教育逐渐以科学研究为重心,以为社会培养高级科研人才为目标,与社会的联系越来越紧密。

2.1.3 英国现代高等教育的改革和研究生教育的发展

第二次世界大战之后,英国的高等教育进入大发展时期,规模迅速扩大,管理体制逐步健全。这个时期,英国高等教育进行了大力的改革,在此影响下,研究生教育的结构也发生了很大的变化。

1963年,英国政府发表的《罗宾斯报告》(*Robbins Report*),揭开了英国高等教育大发展的序幕。报告探讨了英国高等教育如何为社会服务这一重要问题,它明确提出:“高等教育的目标是改变培养传教士、法官、律师和医生的传统,为人们提供在社会生活竞争中需要的技术和才能;国家办学的方针首先是使那些有能力、有条件、有愿望接受高等教育的人获得接受高等教育的机会(后被称为罗宾斯原则)。”②

在《罗宾斯报告》之后,英国政府又发表了《斯万报告》(*Swann Report*),该报告建议研究生教育的重心应该有所改变,即从原有的以哲学博士研究生培养为重点转向授课式硕士研究生的培养,授课式硕士(Taught Master,又译作授课型硕

---

① 王保星.外国教育史[M].北京:北京师范大学出版社,2008.

② 刘晖.从《罗宾斯报告》到《迪尔英报告》——英国高等教育的发展路径、战略及其启示[J].比较教育研究,2001(2):24-28.

士）由此产生。授课式硕士改变了单一的以研究、撰写论文为重心的培养模式，成为英国政府大力推进的研究生教育的新重点。

20 世纪 60 年代末 70 年代初，英国创办了“开放大学”（The Open University）。开放大学秉承了英国高等教育的传统理念：大学独立自治、学术自由、知识传承和科学研究，并为了适应时代的需要，增加了社会服务的职能。英国开放大学作为远距离业余高等教育的先驱，极大地推动了大学教育的机会平等，为人的素质提高和专业发展做出了难以想象的贡献。正如开放大学使命中所阐明的：“对人的开放、对地点的开放、对方法的开放和对观念的开放。通过向所有希望实现其抱负和潜力的人提供高质量的大学教育来扩大受教育机会和促进社会正义。通过学术研究、教学创新和合作伙伴关系，开放大学寻求成为服务型、远距离，在设计、内容和传播方面的世界领袖。”[①]经过 30 多年的不断探索和创新，英国开放大学取得了显著的成就，它的诞生不仅是英国 20 世纪教育改革成功的典范，而且已成为世界成人教育史上重要的里程碑。

1965 年，英国教育和科学大臣克罗斯兰（Anthony Crosland）提出建立新型多科技术学院（Polytechnic），实现高等教育“二元制”（ Binary System，又译作双重制）的构想。他将英国高等教育分成传统大学和由多科技术学院和其他学院组成的公共高教机构两大部分，并对两个部分的地位和职能做出了明确说明以区分两者。传统大学是独立的自治机构，对自己的内部事务享有充分的自主权，拥有独立的学位授予权。多科技术学院和其他学院则受地方的领导和管理，并接受督学处的监督，由全国学位授予委员会统一授予学位。政府提出建立多科技术学院的初衷主要是希望建设能够满足其政策需求和社会教育需求，直接服务产业的高等教育“公共部门” (Public Sector)。通过政府强有力的引导和资源整合，多科技术学院采取开放式的教育模式培养人才，在满足社会企业界用人需求、实现高等教育大众化和普及化等方面取得了显著的成果。除了高校之外，多科技术学院也慢慢开始培养研究生。

“二元制”的出现是其教育类型在发展过程中“自治传统”（Autonomous Tradition）类与“服务传统”（Service Tradition）类分化的结果。“自治传统”类教育强调高校在学术创造和知识传播方面的价值与目标，重视教育中的基础科学和研究领域，对社会的影响一般通过间接途径；“服务传统”类教育则直接指向社会需求，多指向教育中的应用性学科领域，与产业和国民需求有更为直接的联系，与专业职业类教育比较接近。多科技术学院面向市场，致力于培养应用型人才，因而得到了英国政府的重视和支持。[②]

从 1981 年到 1983 年，英国高等教育研究会在雷沃休姆基金会的资助下，连续

---

① 韦润芳.英国开放大学再认识：理念篇[J].中国远程教育，2010(4)：15-23.

② 孙敏.英国多科技术学院调研报告(上)[J].世界教育信息，2013(9)：41-44.

发表了十多份关于高等教育的调查研究报告，这些报告被称为《雷沃休姆报告》(*Revohume Report*)。《雷沃休姆报告》的主要内容包括：采取灵活多样的方式，增加高等学校的入学途径；调整高等教育课程的内容和结构；进一步改进高等教育的管理；加强高等学校内部的专业化管理，提高教学质量和科研水平。此外，还提出了对高校学生的资助方式，即以贷款和助学金相结合的方式代替原来的助学金资助方式。《雷沃休姆报告》为正在酝酿中的高等教育改革揭开了序幕，对英国高等教育的改革和发展产生了重大影响。①

1992 年，英国议会通过了《继续教育与高等教育法》(*Further and Higher Education Act*)，多科技术学院升级为大学，拥有独立颁发学位的资格以及与大学相同的地位，这也标志着运行了 20 多年之久的英国高等教育二元制体制被一个统一的高等教育体制所取代。② 由多科技术学院升格而成的大学被称为"1992 后大学"(Post－1992 University)。"1992 后大学"更加强调教学和服务，注重实践，与国家发展紧密联系。"1992 后大学"对 20 世纪 90 年代英国高等教育的诸多变化产生了重要的影响，不仅使得长期形成的二元制高等教育划分走向终结，使所有大学在法律面前得到平等认可，还促进了英国高等教育由大众化阶段步入普及化阶段的进程。在教学管理上，不仅具有较强的行政特点，还具有明显的市场色彩，可以说是以市场为导向的首批先驱。

经历了第二次世界大战后的大发展，到了 20 世纪 80 年代，研究生教育开始趋向稳定，增长速度明显减慢。1968 年，英国研究生的人数为 37 994 人，1979 年为 72 489 人，约 10 年间增长 93%；1980 年的研究生为 200 826 人，1990 年有 125 000 人，只增加了 24%。③ 其中，政府对研究生教育经费的大幅度缩减是造成研究生教育发展速度下降的最重要原因。1973 年世界性经济危机爆发后，政府无力负担日益增长的高等教育经费，采取大幅度削减的措施，制约了研究生教育的发展。此外，人口出生率的下降也使得研究生教育的规模逐渐缩小。

为了适应英国经济社会环境的变化，英国研究生的培养模式也相应地做出了改变。最初，英国对研究生的培养目标是造就学术精英，到了 20 世纪 90 年代，社会对学术型研究人员的需求逐渐趋向饱和，研究生的培养急需适应社会对人才的新需求，帮助国家恢复经济。20 世纪 90 年代末期以来，英国相继出台了大量政策，明确要求研究生教育在发展学生学术能力的同时，还需培育研究生的就业能力及自身发展能力，如职业规划能力、面试技巧、可迁移技能、团队协作能力，等等。1998 年，英国高等教育质量保障署颁发的《高等教育学术质量保障与标准的实施条例·研究生教育分册》(*Code of Practice for the Assurance of Academic Qual-*

① 王保星. 外国教育史[M]. 北京：北京师范大学出版社，2008：423-424.

② 李学隆. 英国多科技术学院发展历程研究(1965—1992)[D]. 保定：河北大学，2009.

③ 冯增俊. 现代研究生教育研究[M]. 广州：广东高等教育出版社，1993：79.

ity and Standards in Higher Education）明确要求研究生教育应注重培养研究生除研究能力之外的其他能力和技能。2001 年，英国人文艺术学科研究委员会发表的《研究型研究生技能培养要求声明》（*Skills Training Requirement for Research Students*）要求所有艺术与人文学科研究委员会资助的博士研究生在学期间都应致力于自身学术能力、自我发展技能、交流能力、团队合作精神、职业管理能力等的提高。①

2.1.4　英国研究生教育的现状

1. 高等教育总体规模

根据英国高等教育统计局（HESA）的最新统计，2015—2016 年度，英国接受高等教育总人数（包括所有本科生和研究生）为 2 280 830 人，比 2014/15 年度的总人数增加了 1%，增加 14 750 人。其中研究生总人数为 532 975 人，全日制研究生 305 120 人，非全日制研究生 227 850 人，②如图 2－1 所示。

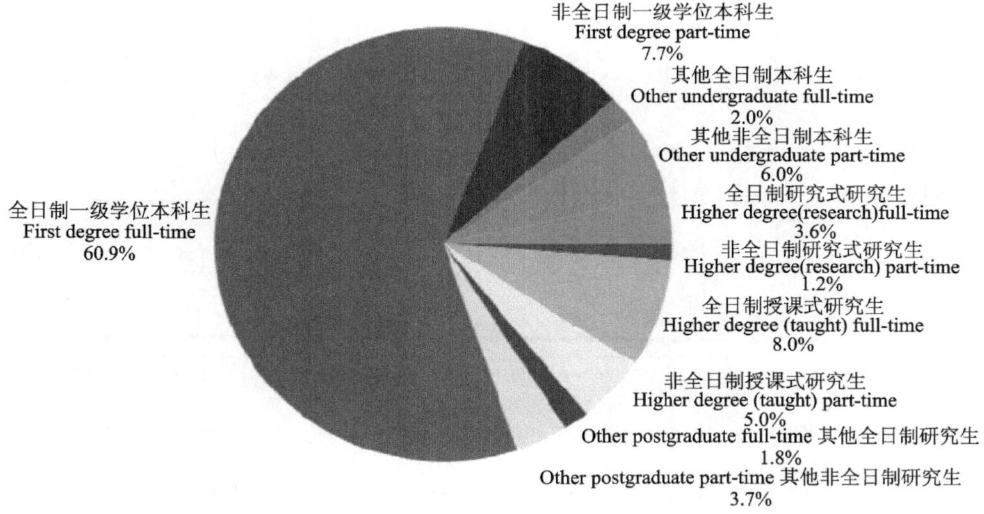

图 2－1　2015—2016 年度不同等级及模式的接受高等教育学生统计

2015/16 学年的入学人数中，57%的研究生为女性。其中，全日制研究生男女人数分别为 137 830 人、167 205 人。非全日制研究生男女人数分别为 91 120 人、136 670 人。

从 2015/16 年度入学学生的年龄分布来看，学生的年龄因学位等级而不同：全

① 蒋家琼. 研究生体验调查：英国研究生参与教育质量保障的基本途径[J]. 2014(6)：105-109.

② HESA. Higher education student enrolments and qualifications obtained at higher education providers in the United Kingdom 2015/16[R]. 2017-01-12.

日制本科生中有62%为20岁以下，而20岁以下的全日制研究生只占1%。50%的全日制研究生年龄处于21岁到24岁之间。在非全日制学生中，61%的学生年龄在30岁及以上，其中，本科生中，年龄在30岁及以上的学生占56%；研究生中，年龄在30岁及以上的学生占69%。

生源分布上，2015—2016年度，英国本土的学生共332 755人，欧盟国家的学生共45 340人，154 390人来自欧盟以外的国家，另有490人未知。其中，来自中国的留学生远远超过其他海外国家，并呈现增长趋势。2015—2016年度，中国留学生人数比2011—2012年度增长了12 500人。而在这五年间，香港的学生人数增长最多，印度的学生人数减少最多。①

2006—2016十年间，英国研究生入学人数保持平稳，没有较大变化。而第一学位(first degree)入学人数总体呈上升趋势，其他本科生(other undergraduate)入学人数自2008/09年度以来大幅下降，如图2-2所示。

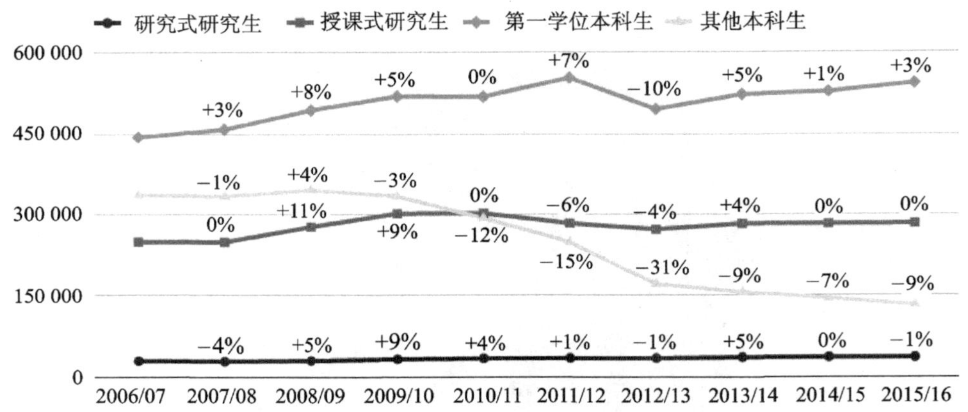

图2-2　2015/16年度与2006/07年度高等教育入学人数对比

2006—2016十年间，研究式研究生(postgraduate research)毕业人数也无较大变化，授课式研究生(postgraduate taught)毕业人数在2011/12年度之前一直处于增长趋势，2011/12年度之后，人数渐趋稳定。此外，获得的一级学位(first degree)本科毕业生人数也呈增长趋势，如图2-3所示。

2. 高等教育等级与层次

英国有自己独特的教育系统，其学位按照等级进行划分。英国高等教育质量保障署于2001年颁布了《英格兰、威尔士、北爱尔兰高等教育资格框架》(*the Framework for Higher Education Qualification in England, Wales and Northern Ireland*)和《苏格兰高等教育资格框架》(*the Framework for Higher Education Qualification in Scotland*，下文简称《框架》)。《框架》将高等教育学历学位分

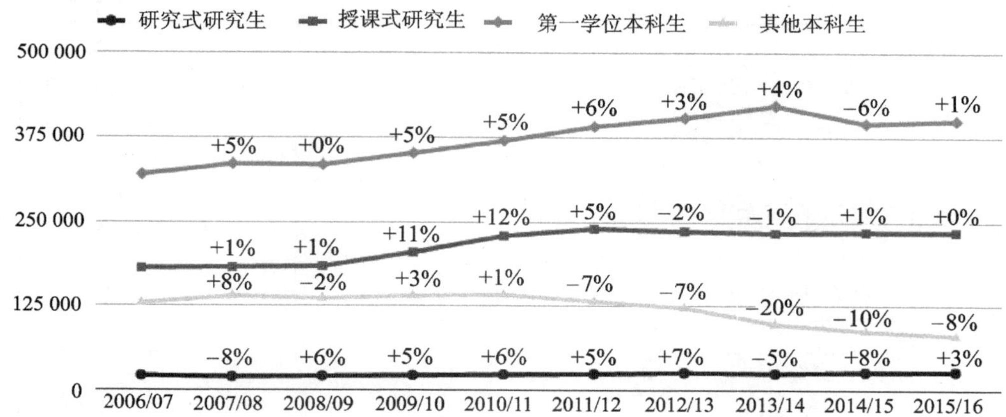

图 2-3　2015/16 年度与 2006/07 年度高等教育毕业人数对比

为 5 级，其中研究生前的阶段分为 3 级，依次是证书级（C - Level）、中级（I - level）、荣誉级（H - level），而将研究生阶段的学历学位分为 2 级，依次是硕士级（M - level），博士级（D - level）[①]。

经过七年的运行，英国高等教育学历学位框架发挥了不可替代的重要作用，但也发现了一些存在的问题。在高等教育学历学位框架改革咨询小组的协助下，通过与高等教育部门及其利益相关部门的广泛咨询和研讨，开发了新版《英格兰、威尔士和北爱尔兰高等教育资格框架》（*the Framework for Higher Education Qualification in England, Wales and Northern Ireland*），在 2008 年 8 月正式开始实施。新版的框架将英国高等教育学历学位分为 4～8 五个等级和三个层次，其中硕士学位在第 7 级，博士学位在第 8 级，如表 2-1 所列。

表 2-1　高等教育框架硕士层次资格体系[②]

（Typical higher education qualifications within each level）

研究生教育层次与资格体系			
	每一层次代表的高等教育资格	FHEQ 等级	相应的 FQ - EHEA 周期
博士	博士学位（Doctoral degrees） （如哲学博士 PhD/DPhil、教育博士 EdD、工商管理博士 DBA、临床心理学博士 DClinPsy）	8	第三周期资格

① 吴学忠．英国高等教育学历学位框架建设及启示[J]．内蒙古师范大学学报（教育科学版），2014(1)：1-3.

② QAA. the Framework for Higher Education Qualifications in England, Wales and Northern Ireland[EB/OL]. http://www.qaa.c.uk/Publications/InformationAndGuidance/Documents/FHEQ08.pdf.

续表 2-1

<table>
<tr><th colspan="4">研究生教育层次与资格体系</th></tr>
<tr><th></th><th>每一层次代表的高等教育资格</th><th>FHEQ 等级</th><th>相应的 FQ-EHEA 周期</th></tr>
<tr><td rowspan="5">硕士</td><td>硕士学位(Master's degrees)
(如哲学硕士 MPhil、文学硕士 Mlitt、
研究硕士 MRes、文科硕士 MA、科学硕士 MSc)</td><td rowspan="5">7</td><td rowspan="2">第二周期资格</td></tr>
<tr><td>综合硕士学位(Integrated master's degrees)
(如工程硕士 MEng、化学硕士 MChem、
物理学硕士 MPhys、药学硕士 MPharm)</td></tr>
<tr><td>研究生文凭(Postgraduate diplomas)</td><td rowspan="3"></td></tr>
<tr><td>研究生教育证书
(Postgraduate Certificate in Education)</td></tr>
<tr><td>研究生证书(Postgraduate certificates)</td></tr>
</table>

该框架中,硕士又分为硕士学位(Master's degrees)、综合硕士学位(Integrated master's degrees)、研究生文凭(Postgraduate diplomas)、研究生教育证书(Postgraduate Certificate in Education)、研究生证书(Postgraduate Certificate)五种学术资格。博士层级包括博士学位(Doctoral degrees)一种学术资格。

框架中不同的学术资格针对英国硕士不同的学习阶段,起到了资格认定的作用。硕士学位(Master's degree)需要修完 180 学分才能获得。综合硕士学位(Integrated master's degrees)是本硕连读的学位,修读该学位的同学没有本科学位证书,直接获得硕士学位。除以上两种学位为正式的研究生学位之外,其他均为非研究生学位,而是相应文凭的资格认定。研究生文凭(Postgraduate diplomas)只需修得 120 学分即可获得。其课程设计主要面向已有大学学士学位,而想强化专业知识技能的人,尤其是已有工作经验但想提高其教育资格者。研究生证书(Postgraduate Certificate)修得 60 学分即可获得。获得这两种证书后,学生可以继续硕士后面阶段的学习,但不能作为硕士最终阶段的证书。教育研究生证书(Postgraduate Certificate in Education)是毕业生在应聘教师时需要持有的学位,学生完成 1~2 年的教育培训课程,通过每个课程模块的评估之后可获得该学位。教育研究生证书是高级教育学位资格,与职业直接相关。

3. 学科分类

从 2002 年开始,英国高等教育统计处与大学招生委员会这两个机构通过协作发展了一个具有普适性的学科专业分类体系,简称为 JACS(the Joint Academic Coding System),这一体系是研究生教育和普通高等教育通用的。①

① 许为民,张文军,林伟连,等. 英国学科门类设置情况[EB/OL]. [2015-06-06]. http://evaluation.chd.edu.cn/info/1009/1120.htm.

目前,JACS 最新版本为 JACS3.0,共由 19 个学科群组成(见表 2-2),细分学科可登录官方网站查询(https://www.hesa.ac.uk/support/documentation/jacs/jacs3-principal)。

表 2-2　JACS 学科群

JACS 学科群	英文翻译
牙科医学	Medicine & dentistry
医学及相近科目	Subjects allied to medicine
生物科学	Biological sciences
兽医科学	Veterinary science
农学及相近科目	Agriculture & related subjects
自然科学	Physical sciences
数学科学	Mathematical sciences
计算机科学	Computer science
工程与技术	Engineering& tèchnology
建筑学,建筑和规划	Architecture, building & planning
社会研究	Social studies
法律	Law
商务和行政管理	Business & administrative studies
大众传媒和文献	Mass communications& documentation
语言	Languages
历史和哲学研究	Historical & philosophical studies
创造艺术及设计	Creative arts & design
教育	Education
组合学科	Combined

不同学科领域入学人数也发生了不同的变化。

研究生入学人数变化显示,医学专业的人数在 2015/16 年度增加了 4 415 人,商业和管理研究以及教育专业的研究生入学人数则有大幅度的下降,分别减少了 2 975 人和 2 770 人(如图 2-4(a)所示)。

研究生入学人数的百分比变化显示,兽医科学专业在 2014/15 至 2015/16 年度增长最多,为 130%。相应地,农学及相近科目下降幅度最大,为 28%。(如图 2-4(b)所示)。

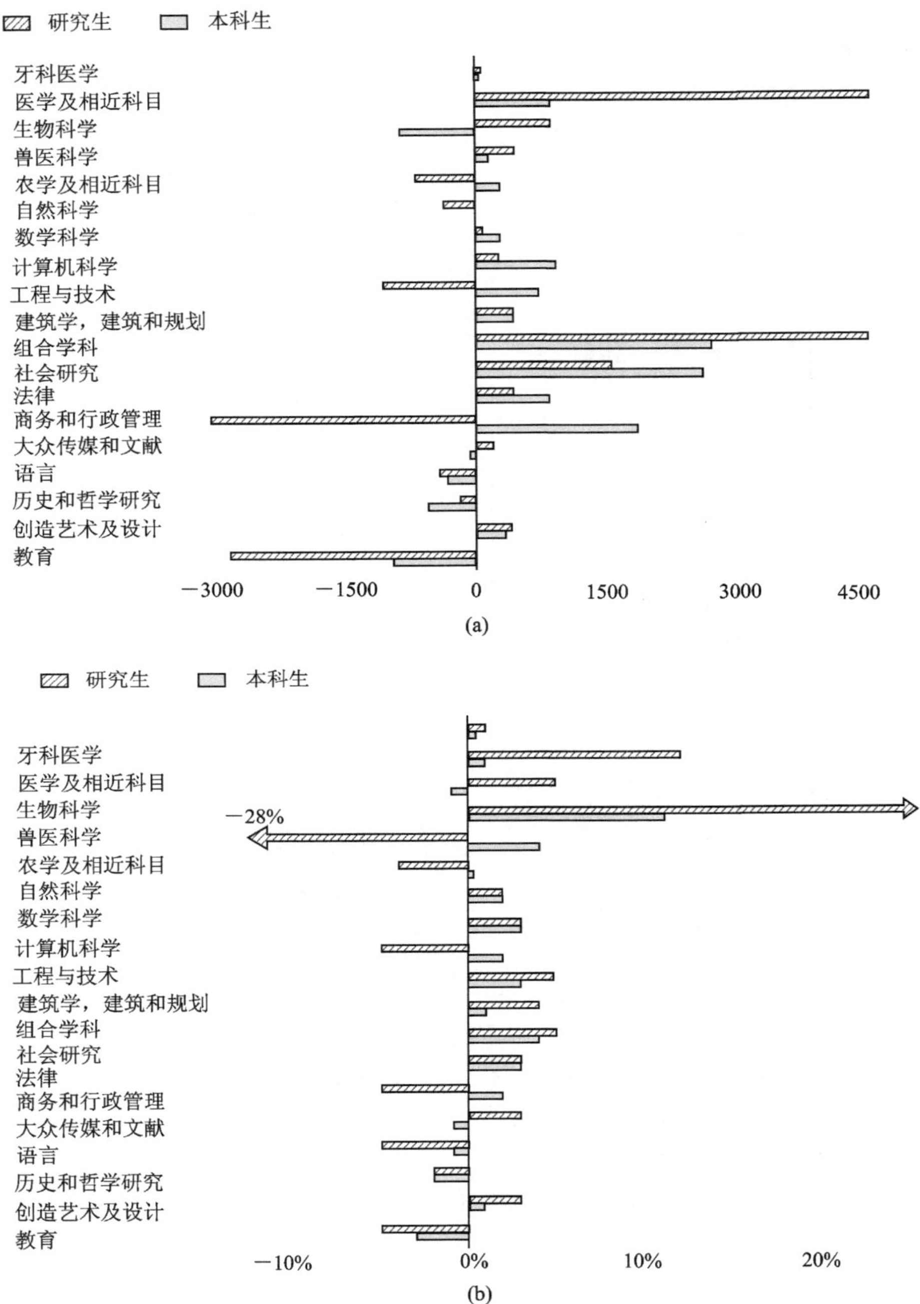

图 2-4 2014/15—2015/16 年度学生入学第一年不同学科领域和学位等级的绝对变化率

4. 招生主体

英国培养研究生的教育机构主要有高等教育机构(即大学)和科学研究机构,其中,高等教育机构具有学位授予权。本研究主要研究主体为具有研究生学位授予权的英国高等教育机构。

2016 年的英国高等教育统计局(简称 HESA)的统计显示,提供研究生教育的英国高等教育机构(HE provider)共 166 所,其中,英格兰有 132 所,有研究生 440 385 人;威尔士有 10 所,有研究生 25 200 人;苏格兰有 19 所,有研究生 56 715 人;北爱尔兰 5 所,有研究生 10 675 人。[①](笔者根据官网数据统计)

英国的大学提供研究生教育,同时也是研究生招生的主体。除了颁发学位的机构外,还有几百所学院和其他机构,它们没有授予学位的权力,但提供可授予公认学位的完整课程。这些机构的课程由具有学位授予权的机构进行验证。

根据不同学者的研究和英国高校实际情况,可以将英国的高等学校分为以下五类。不同类型高等学校大都保留了建立初期的特色,大家可以很清晰地从英国高等学校的分类中看到它们的发展脉络。

第一类是古典大学,又称为中世纪大学(Medieval Universities),指 17 世纪以前成立的大学,以牛津大学和剑桥大学最为知名。古典大学历史悠久、声誉卓著,一直被认为是英国高等教育金字塔的顶端。

第二类是近代大学。这类大学建立于 19 世纪上半叶,当时,工业的发展需要大量的技术人才,而古典大学强调培养绅士、重视纯学术的传统已经不能满足社会的需要,社会对大学的期望越来越高,在这样的背景下,近代大学应运而生。目前,英国规模最大的大学——伦敦大学就是近代大学中的杰出代表。

第三类是新大学,专指 20 世纪 60 年代由国家创办的大学。新大学主要位于中小城市,主要目的是为激增的中学毕业生提供更多读大学的机会,其次是为了改革高等教育,防止过早或过分的专业倾向。这类大学具有鲜明的地方特色,重视技术教育,注重开设专业的技术培训课程。

第四类是由多科技术学院升格而成的大学,又被称为“1992 后大学”(Post-1992 university)。这类学校注重实践教育,主要面向工商界,培养技术和服务人才。

第五类是开放大学。开放大学于 1969 年经英国皇家特许令批准,并于 1971 年正式成立,是实施远程开放教育的高等学校。作为一个独立、自治的国家高等教育机构,开放大学主要致力于大学本科教育,也培养研究生,还提供非学历教育,包括继续教育、职业技术教育和社会教育。目前,已有超过 300 万的学生在开放大学学习过,其中三分之二是在职学习,有三分之一的学生入学资格低于普通大学入学要求

① HESA, Students, Qualifiers and Staff data tables [EB/OL]. [2017-09-12]. https://www.hesa.ac.uk/data-and-analysis/key-tables.

的2A水平。开放大学以“对学习者开放、学习地点开放、学习方法开放和观念开放”为根本宗旨，被誉为是“英国教育史上的一次伟大革新”。[①]

5. 罗素大学集团

英国的罗素大学集团(Russell Group)被称为英国的“常春藤联盟”，由英国24所一流的研究型大学组成。其成员包括：剑桥大学(University of Cambridge)、牛津大学(University of Oxford)、纽卡斯尔大学－英国(Newcastle University－UK)、曼彻斯特大学(The University of Manchester)、帝国理工学院(Imperial College London)、伦敦大学学院(University College London)、伦敦政治经济学院(The London School of Economics and Political Science)、伦敦国王学院(King's College London)、谢菲尔德大学(The University of Sheffield)、布里斯托大学(University of Bristol)、诺丁汉大学(The University of Nottingham)、南安普顿大学(University of Southampton)、伯明翰大学(University of Birmingham)、利兹大学(University of Leeds)、利物浦大学(University of Liverpool)、华威大学(The University of Warwick)、爱丁堡大学(The University of Edinburgh)、格拉斯哥大学(University of Glasgow)、卡迪夫大学(Cardiff University)、贝尔法斯特女王大学(Queen's University Belfast)、约克大学(The University of York)、杜伦大学(Durham University)、埃克塞特大学(University of Exeter)、伦敦大学玛丽皇后学院(Queen Mary－University of London)。

这些高校均由国家资助，成立大学联盟的主要目的是确保各成员大学拥有最优化、最卓越科研资源配置，提高联盟的科研水平，生产出世界最高标准的科学研究成果，提供研究报告支持国家立场，最大限度地促进英国经济和社会发展。

罗素大学集团拥有强大且密集的科研资源，包括全英大部分科研经费以及欧盟的高比例研究基金，这让他们能够对健康的老龄化、清洁能源和粮食安全问题等我们面临的重大挑战进行更基础性、应用性和转化性的研究。2008—2009年度罗素大学集团共获得全英大学三分之二以上的科研经费，62%的高等教育资助委员会科研经费，68%的研究委员会科研经费，74%的英国慈善组织科研资助，详情如图2-5所示。

此外，在2008—2009年度，获得英格兰高等教育资助委员会的研究经费排名(不包括苏格兰和威尔士在内)前十五名的高校，均是该集团成员。其中号称“金三角”的剑桥大学、牛津大学和伦敦大学获得的科研经费更是占英国大学科研经费的40%以上。此外卡迪夫大学获得威尔士地区近50%的研究经费，而爱丁堡大学和格拉斯哥大学则分得苏格兰地区达50%以上的金额。[③]

---

① 孙林霞. 成人教育的典范：英国开放大学[J]. 继续教育. 2010(2):60-63.

② 武学超. 英国罗素大学集团卓越科研能力提升的策略与启示[J]. 国家教育行政学院学报，2012(11):91-95.

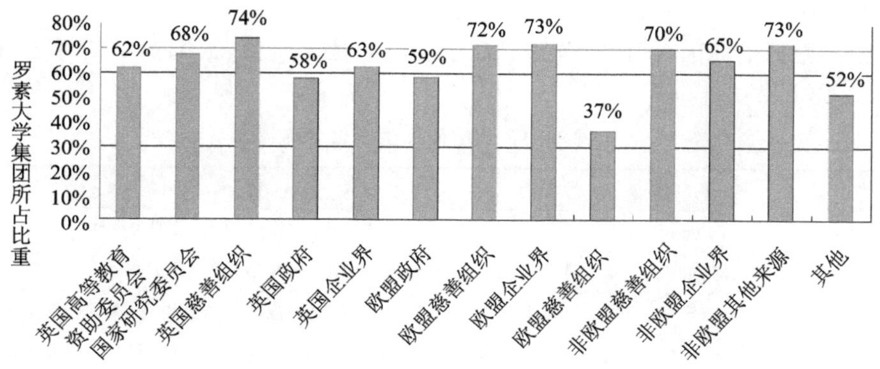

图 2-5　2008—2009 年度罗素大学集团各科研经费来源占英国高等教育各科研资助总量的比重①

罗素大学集团在享受着高比例的研究经费的同时，也创造着巨大的经济效益。2015，《发展引擎：罗素大学集团研究的影响》(*Engines of growth: The impact of research at Russell Group universities*)的报告根据由科学计算得出的"知识经济生产公式"算出，罗素大学集团每投资 1 英镑就能获得 100 英镑的知识产出。报告还指出，罗素大学集团 2015 年贡献了 210 亿英镑的国民经济总产值，因此，罗素大学集团又被称为"英国经济发展的引擎"。②除了经济上的影响之外，罗素大学集团在开发新技术、产品和服务，改善生活质量和健康，促进社会平等，激发公众参与度，丰富文化生活方面，都产生了重要的影响，这些影响在未来几年甚至数十年之后会带来更广泛的经济效益。2017 年最新研究显示，罗素大学集团每年向国民经济注入近 870 亿英镑，对国家经济财富的总贡献相当于全英国 8 个月的国家医疗系统(National Health Service(NHS))支出。③

由此可见，好的教育投资是经济竞争力不可或缺的组成部分，也是未来经济增长的关键。

2.2　英国硕士生选拔

2.2.1　硕士生类型

英国的研究生学位课程分为两种类型，分别是授课式(Taught)课程和研究式(Research)学位课程。在此基础上，通常将硕士分为授课式硕士(Taught Master)

---

① The Russell Group of Universities. Economic impact of research at Russell Group universities [R]. The Russell Group of Universities, October 2010.

② 张睦楚.英国罗素大学集团发展契机与面临的危机[J].比较教育研究，2017(04)：61-68.

③ RUSSELL GROUP. Economic Impact of Russell Group Universities[EB/OL]. [2017-09-02]. http://www.russellgroup.ac.uk/news/economic-impact-of-russell-group-universities.

和研究式硕士(Research Master)两大类。

由于翻译的原因,国内对英国研究生类型叫法不一致,故列出对应译名,以供读者参考(见表2-3)。

表2-3 英国研究生学位名称

学位名称	译名
Taught Master/Master by course	授课式硕士/授课型硕士/授课类硕士
Research Master/Master by research	研究式硕士/研究型硕士/研究类硕士
Taught Postgraduate/postgraduate taught	授课式研究生/授课型研究生/授课类研究生
Research Postgraduate/Postgraduate Research	研究式研究生/研究型研究生/研究类研究生

授课式硕士“以课程学习为主,包括课堂讲授、专题讨论、考试及连续性评估、学位论文等”[①]。专业的学术导师以授课、做专题报告和上辅导课等各种形式对学生进行指导,在此基础上,通过论文的写作提高研究能力和自学能力等研究生必备的能力。课程包括核心的必修课程,加上一系列可选模块,最后需要提交毕业论文,当学生的课程成绩和论文成绩均合格时,便可获得毕业证书。

研究式硕士以学术研究为主,学生在导师的指导下,自己选定研究课题并开展研究。学生要想顺利毕业,必须完成研究任务并通过毕业论文答辩。攻读研究式硕士,可为继续攻读Ph、D打下坚实的基础,如帝国理工大学的研究硕士(MRes)学位项目,亦可视作是四年PhD的第一年。

2.2.2 硕士生选拔模式和标准

英国硕士研究生的招生采取考核制,没有统一的硕士入学考试,各个院校自主确定录取条件和标准。申请授课式硕士时,通常需要通过学校的招生系统递交规定的申请材料并通过审查即可,少部分学校和专业需要面试。研究式硕士以学术研究为主,故对学生的研究能力要求较高。学生在申请时,除了递交材料,还需要撰写研究计划(Research proposal),并选择导师,与导师进行面试。

在选拔过程中,英国高校注重对研究生素质能力的考察和培养。在英国质量保障局(QAA)于1999年修订、2004年9月再版的《确保高等教育学术质量和标准的实践准则——研究生科研项目》(*Code of Practice for the Assurance of Academic Quality and Standards in Higher Education, Section 1: Postgraduate Research Programmes*)中,对获得研究生学位需要达到的能力有一个统一宽泛的要求:“(1)具备原创、独立和批判的思考能力;(2)要能够全面系统地获取所研究领域的研究方法和前沿内容;(3)具备认知和验证问题并系统地阐述和检验假设问题

① 朱见林.英国硕士教育的现状及启示[J].科技经济市场,2008(11):132-133.

的能力；(4)有批判分析和评估所发现问题的能力。”[①]此外，对个人的交流技能、合作技能等均做出了相应的要求。

2001 年，英国研究理事会(The Research Councils，RCUK)和英国艺术与人文研究会(the Arts and Humanities Research Board，AHRB)发布了《研究生技能培训要求联合声明》(*Skills Training Requirements for Research Students：Joint Statement By the Research Councils/*AHRB)，认为“研究生应当具备研究能力、适应能力、管理能力、个人效能、沟通能力、团队工作能力和职业管理能力，并强调可迁移能力是研究生必须具备的一种重要能力。”从而为英国所有高校和所有学科开展高标准的研究生教育提供了清楚一致的参照。[②]此后，英国高等教育质量保障署(QAA)发布的《个人发展计划——高等院校政策和实践指南》(*Personal Development Planning*，PDP)和英国政府发布的《为成功做准备：培养具备科学、技术、工程和数学技能的人才——对〈罗宾斯报告〉的回顾》(*SET for Success：The Supply of People with Science，Technology，Engineering and Mathematics Skills：The Report of Sir Gareth Roberts' Review*)都强调要加强可迁移能力的培养。[③]可以看出，当今英国研究生的培养目标，已经从单纯的学术人才培养，转变为学术和实践人才并重的研究生培养。

2.2.3　硕士生报考和录取流程

英国各院校的招生流程大体相似，主要分为考生申请和招生院校考核两个环节，是一个双向选择的过程，具有很大的灵活性，能充分发挥院系、导师、申请者三个方面的积极性。

申请者通过各个学校自己的招生系统进行申请，一般只要获得学士学位即具备申请资格。不同大学开放申请时间有所差别，如帝国理工学院，授课式硕士一般在入学前一年 11 月中旬开始开放申请，如欲申请奖学金，通常应在 7 月 1 日前完成申请。同时便开始审核材料，实行滚动录取模式，录满为止。视专业不同，整个申请和录取的过程可能一直持续到来年 8 月份。申请者可以同时进行多所学校和专业的申请，根据录取结果择优进行选择。

申请者通常需要提交学历证明、本科成绩等级、论文计划等材料。英国的学士

---

① QAA. Code of practice for the assurance of academic quality and standards in higher education，section 1：Postgraduate research programmes [R]. 2004. 34-35.

② Skills training requirements for research students：joint statement by research council/AHRB[EB/OL]. [2017-04-20]. http://www.leeds.ac.uk/rsa/assets/pdfs/research，traininganddevelopment/students/JointSkillsStatementJSS.pdf.

③ SET for success：the supply of people with science，technology，engineering and mathematics skills [EB/OL]. [2017-04-22]. http://webarchive.nationalarchives.gov.uk/+/http://www.hm-treasury.gov.uk/d/robertsreview_introch1.pdf.

学位证书分为五个等级：一级学位（A first-class degree）、二级甲等学位（Upper second-class degree）（又译作二级A等、二类A等）、二级乙等学位（Lower second-class degree）（又译作二级B等、二类B等）、三级学位（Third-class degree）和及格（Pass）。获得前四个等级的都会被授予荣誉学士学位。罗素大学集团等名牌大学的研究生一般要求学生本科成绩为二级甲等学位以上①。若申请者本科毕业时获得了第一、第二等级的荣誉学士学位，大多只需通过导师的面试即可被录取。若学士学位等级较低，则申请者必须由两位学者进行推荐，通过招生单位的考核，同时还要经过系主任或导师的面试后才能入学。如帝国理工学院，最低要求二级乙等荣誉学士学位以上，大多数项目均要求二级甲等荣誉学士学位以上。对于海外留学生，英国高校还有要求，帝国理工学院的语言要求分标准（Standard）和较高（Higher）两种水准，研究生绝大多数项目的语言要求均为标准水准，要求如下：

- IELTS：总分6.5以上，单项不低于6.0分；
- TOEFL：总分92以上，单项不低于20分。

招生单位或导师在对申请者的考核过程中，会根据申请材料以及面试情况考察申请者是否具备必要的素质或能力。笔者结合各院校申请要求，总结出具体的考察要素和考察依据的关系，如表2-4所列。

表2-4　英国研究生招生的考察因素及考察依据

考察要素 考察依据	本科成绩等级	推荐信	研究成果	论文计划	个人陈述	面试	与相关者沟通	简历
研究能力	√	√	√	√				√
适应能力					√	√	√	
管理能力		√		√				
个人效能	√	√	√	√	√			
沟通能力						√	√	
团队工作能力		√	√				√	√
职业管理能力		√						√
个人品质		√			√	√		√

2.3　英国博士生选拔

2.3.1　博士生类型

英国民间通常把博士分为6种类型，分别是传统哲学类博士（Traditional Ph.

① 刘坤.英国本科教育的几点启示[J].教育教学论坛，2014(1)：105，59.

D)、论著类哲学博士(Ph. D by publication)、新路线博士(New route Ph. D)、专业博士(Professional doctorate)、基于实践的博士(Practice-based doctorate)、课程博士(Taught doctorate)。后 5 种均是基于传统的哲学类博士衍生出的博士类型,有一定的专业针对性。

1. 哲学博士(Traditional Ph. D)

哲学博士是英国传统的博士学位,主要培养高等教育领域内从事学术研究的人,强调学科知识的深度,侧重于培养学生的研究能力。候选人需要具有独立自主的科研能力,其科研成果应达到具有知识的原创性和学术出版物的水平。此外,这类博士生需要接受可迁移能力的培训以及相关研究技能的培训,最终将获得这两种技能。

哲学博士主要是为英国学术界培养未来的学者和科研人员,并继承了英国传统类博士培养的精髓。拥有哲学博士学位相当于获得了进入学术圈的许可证,因此,哲学博士是要将博士候选人培养成为理想的学者,博士生需要创造新知识,并对新的和已有的观念进行批判性思考和整理,在对所学领域进行写作、教学等工作时采取认真负责的态度。

虽然哲学博士候选人的最低要求是获得优秀的本科学位,但对实际经验没有更进一步的要求。然而,哲学博士的毕业论文要求非常严格,其论文必须对某一学科或研究领域的知识做出原创性的贡献。

2. 论著类哲学博士(Ph. D by publication)

论著类哲学博士的学业同样建立在科研项目的基础上,但它检验成果的方式和传统哲学博士有所差异,它要求学位获得者发表经过同行评议的已出版或即将出版的学术论文及论著。

出版物是评估博士生学术成就的一个重要标准。论著类哲学博士强调出版物的质量和水平,并且是衡量博士水平的一个必需标准,也是获得博士学位的唯一途径。对于论著类哲学博士学位的出版物的规定,每所学校都有自己的标准。

论著类哲学博士具有独立管理的学术结构,并且拥有提交博士成果和后继评估的独特机制。许多科研机构只为教职员工或某些校友提供这种学位类型。1996 年,仅有 51%的研究机构开设该类博士类型,而到 2004 年这个比例上升到 80%。[①] 尽管如此,与获得哲学博士和专业博士的人数相比,获得论著类哲学博士的实际人数并不多。

3. 新路线博士(New route Ph. D)

新路线博士的设立是为了弥补哲学博士过于注重学术的不足,于 2001 年开始施行,它进一步强调深化各学科之间的知识交合,注重研究能力的培养及高层次的

---

① Howard Green, Stuart Powell. Doctoral Study in Contemporary Higher Education [M]. London: Society for Research into Higher Education & Open University Press, 2005:69.

技术训练。这类博士大多在非理工科的学科中设立，并且只有被英国大学科研评估(RAE)评定达到5级以上的科目才可以开设。

新路线博士的培养包括三部分：科研方法和专业研究课程，可迁移性基本能力训练，论文研究。作为一种新培养模式，其在培养目标方面，以培养工商业领域从事管理和应用研究的人才为主，注重应用知识和技能的训练。在培养过程中强调将导师个别面授与小组教学、讲座和辅导等相结合。授课阶段的课程内容是相关专业的硕士课程，课程成绩算入最后的总成绩。如果不写博士论文，学生可以完成要求较低的硕士论文，但只能取得硕士学位。①

4. 课程博士(Taught doctorate)

课程博士的培养主要通过课堂讲授来进行，课程学习的成绩会计入最后的总成绩。课程博士的科研成果同样要求有创新性，需要通过参加与课程相关的研究项目来实现。他们的研究项目一般相对较小，最后提交项目报告，并接受面试，面试合格则相当于论文答辩成功。

5. 专业博士(Professional doctorate)

专业博士学位主要针对具有丰富实践经验的在职人员，主要分布在教育、心理、医药、商业管理和工程等学科。培养的是能在某一行业领域进行研究的职业者，从而让他们通过研究获得更好的职业发展。

专业博士的学习内容包括各类模块式的讲授课程和受监督的科研项目两部分。科研项目更偏重应用和基于工作需要的研究，比传统哲学博士的规模要小，被认为是课程博士学位的发展。

大多数专业博士生都是在职人士，因此，上课形式通常不是全日制的，且课程时间非常灵活。专业博士的学习以实际运用为目标，博士学位的获得是建立在一系列独立的成果和一些必备的技能之上的，因此对学位的评估也是多种多样的。除了要求研究的原创性之外，还要求候选人对有贡献性的项目工程做出研究。

6. 基于实践的博士(Practice-based doctorate)

基于实践的博士这一概念始于20世纪90年代，是由关于音乐作曲的博士学位慢慢发展起来的。“基于实践的”主要侧重于具有创造性的艺术领域，且通过实践过程而为知识做出创造性贡献。基于实践的博士学位的最大的特点在于其对知识的贡献方式与其他博士学位不同，它需要产出具有创造性的作品，并对该作品进行评价。

此类博士的学术成果可以为不同形式的作品，因专业不同而有所不同，包括：书写论文(字数少于传统哲学类博士)；一篇或多篇文章(对于文学专业的学生)；一组作品(对于艺术和设计类的学生)；一个或更多表演作品(对于戏剧或音乐研究的学生)。如何评估其作品成为保证此类博士学位质量的一个重要因素，一般来说，

① 芭芭拉·科姆.通向博士的路径：在精英选拔与规模扩张之间[J].北京大学教育评论，2009(4)：2-11.

是聘请该领域经验丰富的同行前辈，以评判该成果作品是否达到高水平或者能够对该领域有所创新。这种人为的不确定性和主观性，造成该学位培养在英国并没有国家级的一致认同标准，而是各个研究机构各自创立不同的标准。[①]

2.3.2　博士生选拔模式和标准

和硕士一样，英国博士生的选拔也采取考核制，没有统一的博士生入学考试，由学院或学科根据导师意见自主审核招收，不同院系、专业的选拔标准也有所差异，导师在招生过程中有很大的决定权。录取结果通常是基于学术需要、招生名额以及申请人与导师研究的契合度。

每个申请人都需要提交自己的研究计划（Research Proposal），并由导师进行面试。研究计划是非常重要的考核材料。从研究计划中，导师和招生委员会能够考查学生的语言能力，已有的知识和研究背景，是否有提出问题和解决问题的能力，是否有能力和计划去完成这一项宏观的长达几年的博士研究计划，导师还能够确定学生的研究方向是否同他（她）在一个领域。

英国高校对博士申请者的学历没有硬性要求，可以是大学本科毕业生，但一定要有很好的学习成绩，一般应该获得一级荣誉学士学位；也可以是硕士学位或者哲学硕士学位的获得者。博士申请者会被要求提交一篇论文计划，既可以是申请者根据自己的学术兴趣做出的研究计划或设想，也可以是已经完成的论文，还可以是就本专业导师的研究课题的某一方向提出的研究构思或建设性意见，有时还要出示曾经获得的荣誉证书，其目的都是为了向导师、院、系学术委员会证明自己在某一专业领域内，已掌握了必要的基础理论知识和专业知识，具备了必要的学术素质。

以牛津大学教育学院的博士生选拔为例。牛津大学作为世界一流研究型大学，其对博士的招收和培养体现出精英化的理念。牛津大学教育学院进行博士生选拔时，将学生的综合素质作为选拔基准。除需具备优秀的学术背景（Academic Achievements），还需要兼具发现问题并提出解决方案的研究潜质（Future Potential）、流畅的写作技巧及良好的人际沟通能力。英国经济与社会研究委员会（Economic and Social Research Council，ESRC）在《博士生学术训练与发展》一文中认为，研究能力位于博士生“知识脊椎”的中心，综合能力才是构建博士生教育的“知识走廊”。[②]具体来说，包括以下几个方面。首先，申请人应具有高标准的入学基分，包括获得一等或至少二等荣誉学位（或国际同等资质），GPA3.6分以上，或课程平均成绩在68分以上。[③]其次，个人陈述和研究计划作为研究能力的“硬件证

① 孙玉琳，陈欣．英国博士研究生教育：类型和特征[J]．外国教育研究，2011(12)：39-43.

② Economic and Social Science Council. Postgraduate Training and Development Guidelines 2009[EB/OL]. [2017-09-12]. http://www.esrc.ac.uk/skills-and-careers/studentships/doctoral-training-centres/postgraduate-training-guidelines/.

③ 注：英国硕士生课程50分为及格，60分为良好，70分为优秀。

明”,是评估申请人是否有能力和资格完成原创性研究课题的重要指标,旨在考查候选者对研究问题的学术准备情况和实施计划的可行性。第三,通过体现书面写作能力的批判性文章、论文或书评,检测申请者对教育学领域的知识构建、理解能力以及文字表达能力,同时审核学生多样化的研究技能和写作水平。第四,通过面试(interview)的方式,考查学生的专业知识、沟通能力、反应能力、思维的逻辑性、严密性以及对价值观的判断等。[①]

总之,英国博士生的选拔更加注重考核每位学生的潜在素质和综合能力,而不仅仅是考查入学成绩或论文数量等硬性指标。这样的选拔方式,有利于创造性综合型精英人才的培养。

2.3.3 博士生申请和录取流程

博士生的申请通常在入学前一年即可开始,英国博士生有多个入学时间,申请时间也不是固定的。

有意向申请博士生者,首先要确定自己的研究方向并认真撰写研究计划;其次,提前在学校网站上了解导师们的研究方向和相关信息,考虑各教授的研究领域和研究经费,并及时发邮件与意向导师进行联系,寻找合适的导师人选。

选择导师是博士生申请过程中的重要环节。学生提前联系导师,导师会明确告知今年是否还有招生名额。比如伦敦政治经济学院每年一个系只会招收 8 个博士生,一个导师通常只会分到 1 个名额。有些学校,会对每个导师每年能够带的博士生进行规定。如果同学想要申请奖学金,提前联系导师也能够得知。

导师会对申请人进行面试,面试没有统一的模式,可以是现场面对面面试,也可以是电话面试、视频面试等,灵活多样,由院系和导师自主安排。在面试时,导师和学生之间的沟通会使两者互相了解对方的学术背景与能力,还有性格等其他方面的信息,以便于今后学习过程中师生之间的合作。

如果导师确认他们有兴趣考虑正式申请,申请人即可在招生官网上提出正式申请。

申请流程与硕士大体相似,申请人在学校招生官网上进行注册并按照要求提交申请材料,由相关工作人员进行审核处理,所有入学申请均须经研究生招生办公室最后批准。

2.4 英国研究生选拔中的行为主体

2.4.1 高等学校

英国的教育行政体制属于地方分权制,高等院校在法律和政府的监督评估的

---

① 韩萌.英国一流大学博士生培养机制及其启示——基于牛津大学教育学院的经验[J].高等教育研究,2016(8):97-98.

约束下，自主履行教学、科研和社会服务的功能。在英国，“大学在招生上享有绝对的权力，在录取一个新生之前，每一所大学都要求他（她）证明其有足够的智能和足够高的学业水平去从事他（她）所选课程的学习”①。因此，英国没有全国统一的研究生入学考试，英国高校在招收研究生时基本都不采用考试的方式，而是各高校采用自己认为合理的形式和政策进行选拔录取，不同高校有各自的招生条件和流程，不同专业的招生标准和学费政策等也有所差别。

一般来说，古典大学（如牛津大学、剑桥大学等）主要以培养研究型人才为主，强调学生对专业知识要有深入的把握与理解，能够独立进行科学研究，学生将来主要进入高等学校和科研院所进行教学与研究工作；近代大学（如伦敦大学等）和新大学（如约克大学等）主要是以培养复合型人才为主，除了要求学生对专业知识有一定的了解外，还要求学生有较强的适应能力、协调组织能力等，主要培养学生成为统筹与管理国家科技工程、企业技术创新项目等方面的综合性人才；而多科技术大学则主要以培养应用型人才为主，强调学生要具有解决实际问题的能力，主要培养学生成为工业、经济等领域的应用型人才。②

英国高校大多都已建有自己的招生平台和系统，便于对考生进行新管理、审核和咨询管理。考生则可以通过互联网提交自己的报名信息、申请材料，查询自己的报考状态并进行在线咨询和提问（如图 2－6 所示）。

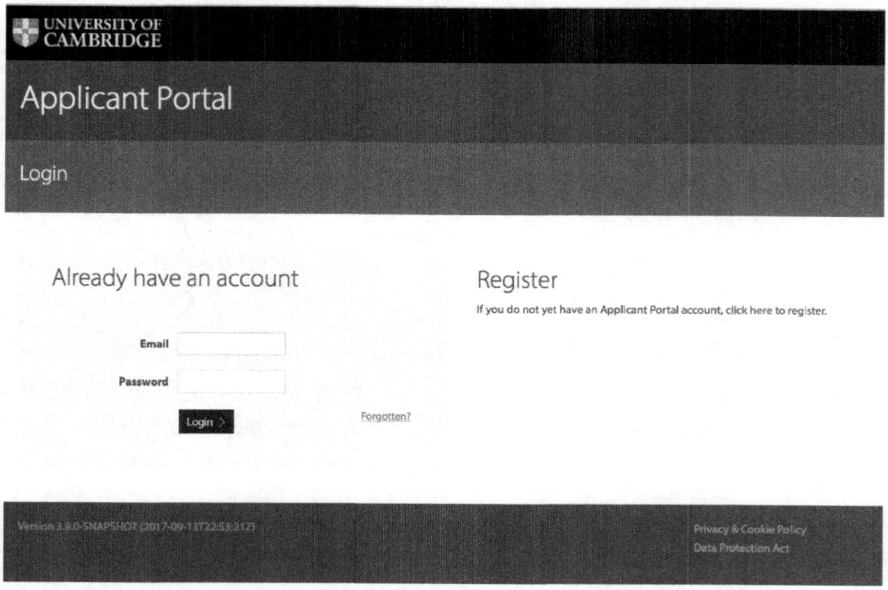

UNIVERSITY OF CAMBRIDGE

Applicant Portal

Login

Already have an account

Email

Password

Login >

Forgotten?

Register

If you do not yet have an Applicant Portal account, click here to register.

Version 3.9.0-SNAPSHOT (2017-09-13T22:53:21Z)

Privacy & Cookie Policy

Data Protection Act

图 2－6　剑桥大学申请人门户

① ［英］邓特. 英国教育［M］. 杭州：浙江教育出版社，1987：176.

② 王绪琴，朱红. 英国博士研究生招生模式及其借鉴意义［J］. 黑龙江高教研究，2013(10)：53-55.

高校通常由研究生招生办公室(Graduate Admissions Office)等专门的招生机构来负责研究生的招生和录取。研究生招生办公室会公布最低的入学标准,各个院系可能会在此基础上提高标准。如果申请人来自英语国家,则其学术水平、经济承担能力、填报的院系志愿(最多5个)是评选中比较看重的。此外,招生部门也会将开放申请时间及申请费用告知申请者。

申请材料提交之后,招生办公室会把资料整理备案并递交给相关院系、专业,由系(Department/Faculty)里的老师负责挑选和评估;初选过后,可能会安排面试,系里做出最后决定,并反馈给研究生招生办公室。申请人可以通过登录已经注册的个人申请账户查询是否被录取。如果申请人在选拔过程中未被录取,学校会通过邮件或信件及时告知申请人,而申请人的个人账户也会及时跟进录取结果。

2.4.2 研究生导师

1. 招生自主权

英国牛津大学是国外导师制的发源地。牛津大学导师制最初产生于14世纪,由温切斯特主教威廉·威克姆在他建立的新学院中首次推出。导师制以个别辅导为主要模式,强调对学生的个别辅导。目前,大多数英国高校培养研究生的教育模式都是这种以学院制为基础的导师制(Tutorial System),导师在英国的研究生选拔和教育的过程中占据着重要的地位。

由于在日后的教学过程中,导师和学生会一对一地进行课程探讨和研究,因此,导师的意见在选拔过程中往往起着决定性的作用,这在研究型研究生的选拔中表现得更为明显。对于研究生申请者,导师会通过他们的研究计划、个人陈述等材料来考察他们的研究能力、研究兴趣和研究方向等。而在申请的重要环节面试中,有招生权的导师既可以组成面试小组,也可以由导师个人单独进行面试,导师可以详细询问申请者学术方面的经历,围绕研究计划、适合的学习小组以及未来职业生涯规划等问题与学生进行深层次的沟通交流,考察学生的沟通能力、反应能力、学术态度、研究思维等。面试的内容、考察的标准与倾向会因招生的类型不同而不同①,导师会根据自己的招生要求和标准选择心仪的学生,学生跟随与自己研究兴趣和方向相同的导师进行学习,这就为日后建立和谐的师生关系打下了良好的基础。

在英国研究生的招生过程中,导师拥有很大的自主权。一方面,英国大学对招生导师的要求比较低,对职称没有太多的硬性要求,大学教师基本都有招生权。"在英国,一般而言,所有的教职员工,从讲师到资深教授,都可从事指导硕士研究

① 王绪琴,朱红.英国博士研究生招生模式及其借鉴意义[J].黑龙江高教研究,2013(10):53-55.

生、博士研究生乃至博士后的研究工作"[①]。导师制是英国高等教育，特别是研究生教育的一大明显特点，在招生环节上，导师在是否录取某个申请者这一问题上，基本上拥有相当有分量的话语权。即便某个申请者具备了良好的学术素养，但在面试中导师对其的印象或感觉不好，也可以行使否决权。

2. 导师的考核

尽管由于教师课程自主权的关系，英国高校的导师在招生时拥有很大的权威性，但导师并不会滥用自己的权利。在不断的进化中，导师制已经是一项较为完善的制度，它和英国高校的其他制度一样，有自己的制度体系和规范，并且在不断地运行之中。英国高校在招生环节给了导师很大的权利，但在培养和毕业论文环节会加大考核与限制力度来避免"录人唯权""录人唯亲"等现象，在选拔导师时，也对导师的素质、能力等各方面制定了很高的选拔标准和要求。

英国大学对导师的选聘和任职资格有着明确的规定，主要要求如表 2－5 所列。

表 2－5　导师任职资格要求[②]

教学经验要求	高等教育教学经验
	设计和规划教学和学习活动的经验
	对学生进行评价并将评价信息反馈给学生的经验
	为学生创造高效的学习环境的经验
	促进学生学习活动的经验
	对自己的教学实践和个人发展做出评价的经验
	通过科研、学术活动或相关专业活动来改进教学的经验
科研要求	提供科研成果，如出版物、软件、科研奖励等
	列出曾被邀请出席或参与的学术会议、承担的学术职务、曾参与的学生委员会和其他相关活动，并提供有效证明
	上交一份近期可行的科研规划
其他要求	愿意担任导师工作，具有良好的人际协调能力
	有能力并愿意参与学院的各种组织管理工作

所有的导师申请人在申请时需要提供与上述教学经验相关的数据、资料、证书等材料，以便证明自己有资格进行申请。若不符合导师的任职资格要求，便不能担任学生导师。

① 陆益民，黄险峰. 英国研究生导师制度及借鉴[J]. 广西大学学报(哲学社会科学版)，2006 年 10 月增刊：13，116.

② Learning Institue University of Oxford. Guidelines for Applying for Teacher Accreditation[M]. Oxford：Pergamon Press，2006：5.

英国高校对导师的工作职责和考核要求同样有具体的规定，如每学年最少开设32次学术讲座，每学期的讲座要在六周之内完成；根据学院的班级协调人员的要求，每年至少教四个班级的课程等①。

导师的职责主要有以下几个方面：(1)指导研究生确定研究课题；(2)在研究工作进行过程中，对关键问题给予指导；(3)保证研究生应有的工作条件；(4)关心研究生的研究进程；(5)对学生进行非学业的帮助，审定研究生的研究成果，并对研究生的水平做出评价。②

英国多数高校的研究生往往不只有一个导师，而是双导师或者导师组。双导师包括一个“大导师”和一个“小导师”，“大导师”一般具有教授职称，主要是全面管理学生、为学生制定研究计划、指导学生的研究并检查研究进度；“小导师”一般是协助“大导师”培养研究生，主要对研究生的学习进行具体指导，提供专业方面的补充知识，为学生提供书面意见。导师组是指一个学生有两个以上的导师，其中一人为主导师，职责与“大导师”相似，全面负责管理及指导学生的研究。其余的导师为副导师，其职责与“小导师”类似，协助负责研究生培养计划的落实工作，一些交叉学科、新兴学科往往是由几位导师共同指导。每位导师都有各自明确的权利和职责，避免了未来指导过程中权责不清的状况发生。此外，还配备专门导师负责研究生生活、学习和心理方面的指导。

以罗素大学集团的谢菲尔德大学为例，研究生一般配备有3个导师：

总导师是学院学科领域的专家，负责全面管理学生、学校任务分配和选课等。

学术导师侧重学生的科学研究，从入校之日起学生就可以选择自己想要研究的课题和相关的导师，导师对研究生的研究方向和方法进行具体指导，为学生列出阅读书目清单，提供专业方面的知识。学术导师定期与学生见面，给予课题研究上的宏观导向，介绍最新科学进展，提高学生对学科领域的求知欲与兴趣，并对学生的学习状况、学习内容与学习方法进行动态跟踪，根据学生的具体情况因材施教，给予指导与修正。学生在导师的指导下，查找资料、独立思考、科学研究与实验，灵活运用学过的知识解决工程实际问题。

德育导师关心学生的思想品德、日常生活以及各种技巧的培养等。他们的任务是向研究生提供生活、学习和心理方面的指导。此类导师跟学生的交流通常友好亲切，气氛融洽。当高校与研究机构有合作研究项目时，研究生除了校内导师外，还配有校外合作导师，共同指导研究生的研究项目。

导师本人在年终考核总结中需要对导师工作进行总结。为监督导师的工作，校方会配备第三方监督员(Third Party Monitor)来监督导师辅导学生的状况，各院系也会有专门的纪律委员会对导师的工作进行定期的考核与监督。如在牛津大

---

① The Tutorial[EB/OL]. [2017-09-10]. http://www.greyfriars.ox.ac.uk/academic.html.

② 杨慧.英国大学研究生师生关系的特点及启示[J].吉林省教育学院学报(下旬)，2014(11)：43-44.

学，导师的领导与管理工作由各学院独立负责，学院每学期都进行考核活动，并收集学生关于学业的反馈信息。在伦敦城市大学，学校要求导师每学期至少与学生进行两次正式谈话，在谈话中完成对学生的了解和指导。每次谈话结束之后，导师都需要填一份考察表，内容包括学生的学习进展情况、上课的出勤情况、课程学习与课程作业，包括小组讨论、实验、课程设计、小论文和其他作业等存在的问题和困难，以及影响学习的其他问题，包括经济、身心健康、宿舍、个人问题以及家庭问题等和建议，此表在老师和学生签字后上交院系办公室。此外，导师在年终时还要结合学生的学习等全面情况给出对学生的综合评价，院系会对此进行考核以评价导师的工作。

对导师的严格要求保障了教学水平和质量的提升，高效的导师资源也在一定程度上决定了学生未来的发展水平，优良的导师对于在导师制教学中创设和谐的师生关系，提高学生的学习积极性，促进学生智力水平的提高都起着重要作用。教师课程自主和学校考核制度相互结合，有效地保障了研究生的教育质量，既加强了教师权威，避免了人情困顿，又加强了师生双方的民主和平等。

2.4.3　申请者

由于英国高校在研究生招生时不设置入学考试，申请者可根据自身情况自主选择学校，申请者和学校双方都拥有更多的选择权和自主权，对申请者更加公平，学校在选择生源时也更加平衡。

申请者在报考目标院校时，首先需要根据目标院校要求进行报名，通常情况下，申请者要登录大学的招生网站进行报名并提交相关材料。以剑桥大学为例，若想申请剑桥大学，申请者需要在剑桥大学招生官网注册个人账号，对自己感兴趣的研究生课程提出申请，并提交申请材料。材料主要包括：推荐信、成绩单、研究计划、雅思或托福成绩、GRE 或 GMAT 成绩、奖学金申请推荐信、曾经发表的论文和经费来源（针对已经申请到其他经费支持的申请人）。

不同的学位课程，其申请时间和需要准备的申请材料都有所不同。如要申请剑桥大学应用数学（applied mathematics）这一授课式学位课程，申请者首先要在规定时间内（9 月份至来年 4 月份）通过申请人门户网站进行申请，并提供学位等级、研究计划、语言等级等方面申请材料和证明文件，并支付一定的申请费用。

除了必要的申请材料之外，有时申请者需要提前选择导师并接受导师的面试。申请者可以事先查询所申请学位项目的导师，了解他们的研究方向和学术成就，并选择与自己研究方向一致的导师，尝试与导师进行联系沟通。

若申请非全日制研究生，申请者还需要达到其他的一些申请条件，如提出的研究课题必须适合非全日制研究；必须居住在学校附近以达到出勤要求；需要提供一封雇主的信（如果有的话），以确认申请人有充足时间在学校修读课程；必须参加所申请的学系的面试，等等。

2.5 英国研究生选拔的质量保障体系

研究生教育质量关系到英国高等教育在全球市场的竞争地位。在知识经济时代，英国高校建立了一套较为完善的、国际化的教育质量标准和选拔保障体系，政府、社会、高校、学生、导师都参与到了研究生教育质量管理体系之中。在英国研究生质量保障体系中，有内部和外部两方力量。外部力量主要来自于政府的管理和社会的监督，内部力量主要来自于高校自身。

2.5.1 英国政府

英国政府采取立法、行政及财政拨款等措施，通过制定相关政策来保障和推动研究生质量的监督和评估，而不是直接参与研究生教育质量的监督和评估。英国政府制定的这些政策，赋予了研究生质量监督和评估机构一定的权利和责任，从而保障研究生的选拔质量。

立法是最基本的监督和管理手段，英国政府出台了一系列法律法规加强对研究生教育质量的宏观调控，如1991年，英国政府颁布的《高等教育——一个新的框架》(*Higher Education :A New Framework*)白皮书指出，应把教育评估工作放在首位，高校内部在建立完善的质量保障机制的同时，应建立起由企业界、金融界、学术界及拨款委员会代表所组成的质量监管系统。2011年，英国政府再次颁布了《高等教育白皮书——将学生放在体系的中心》(*Higher Education*: *Students at the Heart of the System*)，白皮书明确指出，应将学生放在教育的核心位置，学校及相关机构应传递给学生更多的知识及经验，并不断加强教学、评估、反馈，以帮助学生更好地为未来的职业生涯做准备 。①

此外，英国政府还通过控制财政拨款数额来加强高校提高研究生教育质量的意识，如通过高等教育基金委员会提供经费支持，质量评估结果为优的高校可以获得更多的经费，而评估结果不理想的高校则获得较少的经费。

2.5.2 教育质量评估机构

英国研究生教育的外部质量监控制度较为完备，第三方的中介机构直接参与大学教育质量的监督管理，对高校研究生教学及科研水平进行评估，并对部分课程专业资格进行认证的工作。其中高等教育质量保障署(Quality Assurance Agency，QAA)全面负责英国高等教育机构的质量保障工作；拨款机构负责进行科研水平评估(Research Assessment Exercise，RAE)；专业协会和法定认证机构则负责

① Lee H C. The Shift of the University Paradigm and Reform of the Korean University Systems[J]. Higher Education Management and Policy, 2005 (1):102.

某些专业课程学生的执业资格认证。

1. 高等教育质量保障署(QAA)

英国高等教育质量保障署(QAA)是负责对英国高等教育的标准和质量进行监测、咨询的独立机构,在加入欧洲高等教育质量保证协会和高等教育质量保证机构国际网络后,QAA 在国际质量保证的发展中也发挥着领导作用,被认为是欧洲唯一完全符合所有欧洲高等教育质量保证标准和指南的质量保证机构。英国高等教育质量保障署通过建立学术规范体系和质量评估体系来保障研究生的质量。

(1) 学术规范体系

学术规范体系包括《高等教育学术质量与标准保证的行为准则》、《英格兰、威尔士、北爱尔兰与苏格兰高等教育资格框架》、《学科基准文件》以及《专业项目说明》。

《高等教育学术质量与标准保证的行为准则》(*Code of Practice for the Assurance of Academic Quality and Standard of Higher Education*)的第一部分即为"研究生研究专业的行为准则",在院校安排、研究环境、招生录取、导师指导、学业进展与安排检查、研究和其他能力的培养、反馈机制、评估、学生投诉和申诉九个方面确定了一整套系统的原则,为各院校自觉、积极而系统地保障其研究生培养项目的质量与标准提供了参照。

《英格兰、威尔士、北爱尔兰与苏格兰高等教育资格框架》(*The Framework for Higher Education Qualification*)主要规定了高等教育的各种学位、文凭和证书的命名以及学位获得者应具备的能力和知识,有助于雇主、学校、家长和学生了解获得某一学术资格所需取得的学术成绩以及应具备的素质,同时也为高等院校和高等教育质量保障署工作人员设置各种标准与开展评估活动提供了重要的依据。但《英格兰、威尔士、北爱尔兰与苏格兰高等教育资格框架》只是对学位作一般规定,没有规定学位的具体要求。

《学科基准文件》是对不同学科的性质范围、需要掌握的知识技能以及教学、学习方法的说明,同时对各种具体类型的培养项目(如商业与管理学科的通才型、专才型、MBA 等)提出更具针对性的知识要求,为同行评议和外部评估提供了统一的尺度,从而为不同院校同一学科学术质量的比较提供了便利。

《专业项目说明》是由各院校根据英国高等教育质量保障署出台的《专业项目说明编制指南》自主编写,包括学位授予机构、教学机构、法定机构认证情况、最终授予学术资格的名称、专业项目的名称、大学和学院入学服务代码、专业项目入学标准、目标、学习方式、教学语言、结构模块等内容,有助于学生了解到专业项目学习的方式和预期结果,并使教师反思与改进各个专业的教学及学习情况,同时也是外部质量保证人员获取有关信息的直接来源。

(2) 质量评估体系

英国高等教育质量保障署采取院校审查(Institutional Audit)的方式进行质量评估,从 2002—2003 年度开始评估,并从 2005—2006 年度开始每六年开展一轮评估。院校审查最大的特点就是通过评估高校内部质量保障机制的有效性来间接地判断高校的教育质量是否达到标准①。

院校审查评估的程序可分为审查准备、访问、发布报告、后续行动等主要步骤。首先,各院校根据质量保障署的要求准备开展质量保证工作的简要报告和反映学生对质量保证意见的学生意见书,并与质量保障署协商安排具体的审查事宜。其次,开展预备访问(Briefing Visit)和审查访问(Audit Visit),确定审查的具体内容并进行深入的调查。再次,高等教育质量保障署会面向院校内部和外部有关方面对研究生选拔质量的审查情况做出详细的报告,并在网站上公开发布。在院校审查的第3年,高等教育质量保障署将通过中期后续行动(Mid-cycle Follow-up)检查评估各院校持续开展有关学术标准和教学质量的活动情况,最后将审查报告送交英格兰高等教育基金委员会(HEFCE)和各院校。英国各院校对这样一种质量评估方法给予了积极的评价,认为这种评估方法更加直接有效,减轻了院校的负担,也更适于在院校实行。

2. 高等教育基金委员会

在英国,高等院校经费来源中有40%来自政府拨款,而政府对高等教育的资助主要是通过英格兰高等教育基金会这一中介组织来提供的。高等教育基金会通过严格的申请、评估、竞争和监督等一整套程序让政府提供的有限资源得到合理而高效的利用。高校要想获得政府资助,必须通过拨款的竞争程序,以绩效原则获得拨款。高等教育基金会的一项主要职责就是对大学的教学和科研水平进行评估,经费分配的多寡与评估结果紧密联系,这样就迫使高校把主要精力放在教学和科研上,大大促进了高校教学和科研水平的提高。此外,高等教育基金会通过对大学的评估并给政府提供及时准确的咨询建议,让政府掌握准确的信息,做出正确的决策。②

由英格兰高等教育基金委员会和其他拨款机构联合发起的科研水平评估(Research Assessment Exercise ,RAE)曾是英国最完善、最有效的高校科研评估,负责评估英国高等教育机构科学研究工作的质量和水平。由同行资深研究专家组成的评估小组,按照国内和国际的优秀标准,对每一个系的研究工作进行评分。最高分为5^{+},其次为5、4、3a、3b、2、1,共7级。自1986年以来,一般每4～5年举行一次,其目的是让英国政府根据各学校的研究质量分配研究经费。

由于RAE评估耗费大量的财力、人力和时间,外界对RAE评估颇有异议。对此,高等教育基金委员会在坚持RAE评估的前提下,提出了新的研究卓越框架——REF③,该框架得到英国政府、高校、科研机构以及研究人员的认可,于2014

① 张微.英国高等教育外部质量保障制度研究[D].长春:东北师范大学,2009.

② 汤传虎.英格兰高等教育基金会(HEFCE)之组织学研究[D].重庆:西南大学,2009.

③ http://www.ref.ac.uk/.

年在英国大范围推广，如图 2－7 所示。

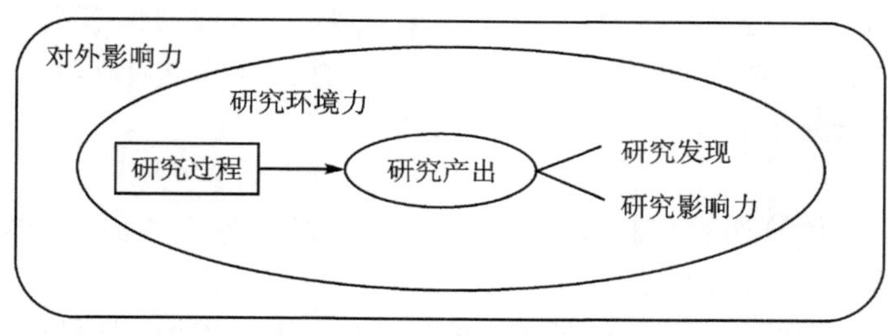

图 2－7　英国大学研究卓越框架(REF)

REF 的评估内容主要包括研究产出的质量、研究对外影响力以及研究环境的质量三部分内容，见表 2－6 所列。

与 RAE 相比，改革之后的 REF 更加适应时代发展趋势，主要表现在以下三个方面：①在评估内容上，增加对科研影响力的评估以及对科研环境的考察，以体现科研对经济社会的影响力越来越大。②在评估方法上，为减少专家工作量，同时保证评估的可靠性，REF 对研究产出质量的评价转为参考文献计量学数据和指标基础的专家评审。① 对科研影响力的评估则根据参评单元填写的影响力模板，并辅以案例和定量数据作为证据的方法。对科研环境的评估也是根据参评单元填写的环境模板内容进行评估。③在评估结果上，REF 评估不公布各项要素的直接得分，而是仅公布每个参评单元各项要素在不同等级的比例。最终，每个参加 REF 评估的单元最后会得到一份来自评审专家准备的综合质量报告和各项要素的质量报告。

表 2－6　REF 具体评估内容②

评估内容	考察具体内容	评价标准	所占比重/%
研究产出的质量	学术论文的质量，包括研究新发现的显著性和研究的学术影响力	原创性、重要性和严谨性	60
研究对外影响力	指参评单元进行的科研活动对经济和社会等各阶层产生的广泛影响	产生影响及影响的意义	25
研究环境的质量	参评单元的资源(如人、财、物等)管理、人才管理(对学生的培养或员工的管理)和科研活动参与性三个方面	生命力和可持续发展	15

英国高等教育基金委员会还授权英国高等教育学会开启了“以研究生为中心”的教育质量保障方式，即研究生研究体验调查(the Postgraduate Research Experi-

① 宋丽萍. REF 与科研评价趋向[J]. 图书情报工作，2011(22)：60-63.

② 徐芳，刘文斌，李晓轩. 英国 REF 科研影响力评价的方法及启示[J]. 科学与科学技术管理，2014(7)：9-15.

ence Survey,PRES)和研究生教学体验调查(the Postgraduate Taught Experience Survey,PTES)。这是自愿性的调查,不采取强制措施,面向所有高校的在读研究生,高等教育机构和在读研究生都是自愿参与调查。该调查启动以来,其组织实施一直按研究式研究生和授课式研究生两大群体分类进行。

(1) PRES

研究生研究体验调查(PRES)涉及研究生教育的各个方面,具体的执行和实施由各参与高校负责,从2010年起稳定为每两年一次。

PRES主要是调查研究生科研经历的满意度,问卷内容包括导师指导、设施资源、学术氛围、论文质量标准与论文考核过程、高校的管理角色和责任、研究技能发展、职业发展、教学机会、整体体验等①。

英国高等教育学会2012年的调查结果显示:约80%的高校利用PRES的结果来改进和完善本校研究生教育;几乎所有高校的PRES结果都被有效传达给学校高层管理人员和决策层,研究生体验的各方面都得到了显著改善。

(2) PTES

研究生教学体验调查(PTES)始于2009年,每年进行一次调查,调查对象是课程学习阶段的研究生。主要测量研究生课程学习的满意度,问卷内容包含教学质量(其中包括教与学的方式、师生交流机会、教师对学生的激励、授课教师的教学热情、对学生兴趣的引导、总体课程教学质量等)、课程评估和反馈情况、学位论文、课程组织和管理、学习资源、技能和个人发展、职业和专业发展和总体满意度。① 该调查可以了解研究生的课程学习体验,帮助高校获取进行相关决策的事实依据,从而提高教学型研究生的培养质量 。

各高校非常注重两大研究生调查问卷提供的有关研究生培养质量的诊断性数据分析,大大促进了研究生研究体验和学习体验的改进。

3. 专业协会和法定认证机构

在英国,一些专业(如工程、法律、会计和医学)的学生,在毕业后需要取得专门职业或普通职业的执业资格,从而需要接受职业团体或法定团体的鉴定。学生只有达到该职业的职业能力要求,才能通过职业性专业鉴定(Professional Programatic Accreditation)。

英国的艺术与人文协会(AHRC)也通过评价艺术和人文学科水平、科研成果和通过合理分配研究生奖学金以促进研究生教育质量的提高两个方面来间接保障研究生教育的质量。

---

① PRES 2013:results from the postgraduate research experience survey[EB/OL].[2017-09-11]. http://www.heacademy.ac.uk/resources/detail/postgraduate/pres-reports.

2.5.3 新闻媒体

社会通过一些新闻媒体等，对大学实力进行排名，将就业率和知识商业化取得的经济效益反馈给高校，是民众监督及评价高等院校教育质量的重要方式，也成为高校改进和完善研究生教育质量保障体系的标准之一。

《泰晤士报》和《金融时报》是英国较为著名的新闻媒体，《泰晤士报高等教育》(Times Higher Education)的大学排名，至今已发布了 13 版。2017 年，《泰晤士报》世界大学排名首次由四大国际会计师事务所之一的普华永道(Pricewaterhouse Coopers)负责对结果进行审核。该排名榜通过研究、教学、论文引用等十三项指标进行排名，列出了世界上 980 所大学。

随着互联网的发展，媒体及社会舆论对英国高等教育质量的监督作用将会越来越大。

2.5.4 高等学校

英国高校在进行研究生选拔和培养时，会依据政府的政策和社会的反馈，制定较为完备的研究生培养方案、管理体系、学位授予标准、质量保障体系，从而保障研究生的教育质量。

英国研究生教育质量保障的核心理念是“以学生为中心”，英国高校向来崇尚以人为本，倡导自由，发展个性，重视道德教育和健康教育，推行民主、大众、平等和法制的教育理念，注意培养学生的公民意识和社会责任感，注重学生权益的保障和维护。

英国研究生教育之所以保持在一个较高的水准，其中一个重要的原因是对生源的注重。由于英国高校在研究生招生时不设置入学考试，考生可根据自身情况自主选择学校，学生和学校双方都拥有更多的选择权和自主权，对学生更加公平，学校在选择生源时也更加平衡。英国高校的研究生招生方式颇为行之有效，从而保证了高校对研究生生源选拔和新生录取的公平、公正和透明。

吸引世界优秀的学子，提高留学生在研究生中的比例，是保障英国研究生教育质量的一个重要举措。为了吸引留学生，高校制定了针对短期课程的研究生教育质量保障体系，以解除海外学子对短期课程质量的顾虑，使得两年制和一年制硕士研究生在国际市场上得到认可。2007—2008 年，剑桥大学国外研究生在研究生总数中的占比为 43%，牛津大学是 37%，克兰菲尔德大学是 36%，圣安德烈大学和帝国学院均是 34%。[①] 目前，海外学生的研究生比例不断增高。如何吸引国际学

① Higher Education Policy Institute and The British Library. Postgraduate Education in the United Kingdom [EB/OL]. [2017-09-10]. http://www2. le. ac. uk/departments/gradschool/about/external/publications/pg-education. pdf/view? sea-rchterm=None.

生，如何提高英国知识科技研发能力，如何提高英国在国际社会的地位等方面，英国政府给出了自己的答案。英国政府认为研究生教育的国际化在一定程度上决定了国家的国际竞争力。因此，英国政府制定了一套国际化的研究生教育质量标准和保障体系。一方面，英国政府认为区域性教育合作能够提升研究生教育的国际影响力，加大与欧洲各国在研究生教育方面的合作和交流，参与欧洲高等教育质量保障体系的设立；要立足于英国本土，紧密围绕欧洲教育区域合作团队，放眼全球，以此来提高英国研究生教育的竞争力。另一方面，英国政府将学生需求、企业需求和学生体验纳入到研究生教育质量评估体系，确保在课程、学科、教学、科研等方面能达到国际化的标准，以此来吸引更多的国际学生。①

在招生时选拔到优质的生源只是研究生教育的开始，为了保障生源的质量，英国大学的研究生教育实行严格的淘汰制，学生考核不合格就有可能面临拿不到学位的风险。

在课程考核方面，硕士每门课的成绩由平时作业和课程结束后的考试两部分组成，两部分的分数都必须达到学校要求的最低分数，否则就不能计入总分。如果平时作业或考试不及格则该门成绩就为不及格。学校要求每门课程都设有最低淘汰率，不允许导师改变学生的分数。

在论文考核方面，授课式研究生、研究式研究生及博士生的考核形式有所不同。

授课式研究生的论文可以是小型学位论文，也可以是科研报告，考核重点不是希望学生可以在第一手资料的基础上有所创新，而是学生对搜集到的第二手资料的评论分析能力、对复杂材料及问题的分析和处理能力。一般来说前九个月是课程学习时间，最后三个月是毕业论文的写作时间。

研究式研究生则要求提交正式的学位论文，学位论文的长度更长并要求对所研究的领域有创新性的贡献。在完成论文后，有的学校可以直接获得硕士学位，有的学校则需要通过答辩才能获得硕士学位。

博士学位论文的质量要求更为严格，对于论文的创新性和工作量都有较高的要求。若自己的导师审查没有通过，该博士生需要延期 1 年甚至更久去进一步完善论文。导师审查通过后，由博士学位论文相关领域的同行专家评审，对博士学位论文的选题、创新性和取得的研究成果进行评议，并就论文是否达到博士学位标准提出评价意见（同行评阅专家一般为两人，可以一人校内一人校外，也可以两人均为校外），然后学校根据同行专家评审意见签署是否同意安排答辩的意见。若评审专家对所审博士学位论文提出较大异议，比如论文需要做重大修改后方可再申请答辩等，则该论文作者必须对专家意见做出回复并将学位论文修改稿返回原评审专家再次评阅。答辩时，答辩者和评阅人员面对面交流，一般当场宣布答辩结

① 武翠红，赵丹. 英国研究生教育改革的理念、策略及启示[J]. 高校教育管理，2016，10(4)：112-117.

果。这样的方式有效地促进了英国博士论文水平的提高。

英国高校也十分鼓励教授参与研究生质量的监督和评估，鼓励通过面试选拔以及申请材料评估等亲身经历发现研究生选拔方面存在的问题。在高校内部，教授是学校理事会及各种委员会的重要成员，学术委员会、学位委员会、科研委员会等机构也均由资深教授组成。英国高校还经常召开高层管理人员与全体教职员工座谈会，全体教师会对研究生培养过程中出现的问题进行集中讨论，并制定出相应的解决方案。在高校外部，教授可以通过加入高等教育质量保障署（QAA）董事会及英格兰高等教育基金委员会（HEFCE）或担任评估小组成员，参与研究生教育的决策及评估。

至此，英国政府的宏观政策引导，社会的主动参与监督，大学的高度自治相互结合，实现了对研究生选拔和教育质量的共同保障。

2.6　英国研究生选拔制度对我国研究生选拔的启迪

2.6.1　完善导师制度，发挥导师作用

研究生导师在研究生教育中发挥着重要的作用，而在我国，导师遴选制度、导师评价考核制度、导师对学生的指导等方面都存在着不少不完善的地方，逐步完善的英国研究生导师制度对我国研究生导师制度的发展变革有着深刻的影响和借鉴意义。

第一，发挥团队优势，坚持个性指导。随着研究生的扩招、研究生数量的增加，高校的师生比例出现了一定程度的失调。而完善导师制，建立导师团队，对扩大研究生的学术视野、减轻导师负担、落实研究生的指导并提高质量将发挥重要的作用。导师团队可以由两至三名导师组成，除主导师外，还有两至三名副导师共同组成导师组，他们之间研究方向、兴趣点不同，合作分工，保证研究生在学习期间都有导师可以指导①，重视跨学科、跨院校、跨区域的联合培养，通过发挥团队优势，提高教学效果。

第二，制定操作性强的实施方案，使指导过程有据可依。英国牛津大学导师制中对导师指导持续时间、会见频率、指导过程等方面，有着约定俗成的实施模式。对我国来说，可以就导师如何指导制定一套实施方案，以此作为师生互动的依据和建议。

第三，完善导师遴选制度，提高导师质量。导师是培养研究生的关键人物，导师的质量对研究生的培养质量起着关键性的作用，这对研究生导师的专业能力和

① 李波.国外研究生导师制对我国的启示[J].郑州航空工业管理学院学报（社会科学版），2011(3)：192-194.

人文素养提出了越来越高的要求。英国高校对导师的聘任是多元化的，其招聘的导师包括终身聘用的导师、长期聘用的导师、项目（课程）聘用的导师、短期聘用的导师等类型，这样能保证在适度流动的基础上，更广泛地吸纳优秀人才，实现竞争机制，增强高校导师队伍的灵活性，加强高校与社会的联系。我国高校在遴选导师时，应把实际科研能力放在考察标准的首位，也可以考虑在各自实际情况的基础上，建立起各自需要的多元导师聘任方式，强化岗位竞争意识，增强导师队伍的活力，增强我国导师管理的灵活性和科学性。①

第四，加强导师评估，完善奖惩机制。在导师的遴选和考核上，英国体现出“宽资格审定、严监督评估”的特点，对导师资格没有严格的学历、职称上的规定，只要拥有科研能力和科研课题，都可以申请成为研究生导师。英国高校把研究生导师评价作为一项重要的制度来实施，并以此作为导师发展、待遇乃至是否继续聘用的标准。对我国来说，应该建立一套针对研究生导师的全方位、多元化的评价体系。导师指导学生的过程的主客体主要包括导师、学生、管理者，所以对导师工作的准确评定就应该包括导师自评、导师之间互评、学生评价、管理者评价四个部分，由于导师的工作内容又是多元的，所以在评价时应将问卷调查法、观察法、总结法、访谈法等多种评价方法结合起来。② 导师的评价结果可以作为激励教师的重要手段，为此，必须建立和完善奖惩和退出机制，从而激发导师队伍活力。

2.6.2 适应市场发展，加强自主创新

面对公共财政紧缩、经济社会的发展，英国在坚持原有大学精英教育特点的同时，逐步开放高等教育，推行了一系列以市场为基础的改革，英国高等教育走向市场化。

2011 年英国商务、创新和技能部公布了高等教育改革新的白皮书——《高等教育：将学生置于体系中心》(*Higher Education: Students at the Heart of the System*)，提出欢迎任何新的市场供给主体的参与，建立了一个新的市场监管体系②。市场化把学生看作消费者，高校则变为服务质量的提供者。因此英国的研究生招生致力于满足学生的多样化需求，适应和服务国家经济社会发展和区域发展需求，促进科技创新。

英国高校遵循自由教育的理念，在进一步明确研究生教育对经济发展和学术进步的意义的同时，研究生教育机构在发展学生的各种能力、保持学生兴趣和为学生就业服务等方面也做出了很大的努力，它更关注每个个体的发展，主张培养人独立的、批判性的思维能力，促进其身体、思维、个性和精神的全面发展，而避免培养“千篇一律”的模式化学生。

① 任春娇.英国导师制的经验对我国硕士导师的启示[D].沈阳：东北大学，2010.

② 戴建兵，钟仁耀.英国高等教育改革新动向：市场中心主义[J].现代大学教育，2012(4)：50-55.

英国高校对学生的考察是多方面、综合性的，包括申请人取得学历学位的学校、学习成绩、科研经历、工作经验等，不仅关注学生的学术能力，也非常注重研究生的自身发展能力、团队协作能力等综合能力素质的考察。在考察学生的学术能力时，高校还关注学生在本研究领域的专业背景，强调学生知识结构的完整性、知识背景的广度和深度，这样可以保证研究生拥有一定的实践经验和较为扎实的理论基础，学生在入学后会更快地适应研究生的学习与科研生活。英国高校还非常注重学生的自主创新和科学研究能力的培养，希望学习者具有独立性、主动性和创造性。因此，我国在进行研究生选拔时，可以加大导师在选拔过程中的作用，由导师根据学生的实际能力来选择录取，重点考核学生的创新精神、创新能力、科研潜质和综合素质等，从而选拔一批具有一定研究能力、创新思维的综合素质较高的研究生。

2.6.3　完善教育机制，促进公平有效

英国研究生宽进严出，学校更看重学生在学习期间的表现。“宽进”可以为那些有志于深造的人提供更多的机会，而“严出”则保证了学习成果和教育质量，有“宽进”就必须要有“严出”来配合，才能保证良好的教学质量和水平。在英国，不同的毕业成绩对毕业证书是有影响的。如英国的硕士成绩被分为三个分数等级，第一个等级名为 Pass with Distinction，要求硕士最终成绩达到 70%以上；第二个等级名叫 Pass with Merit，要求硕士最终成绩在 60%～69%之间；第三个等级叫 Pass，要求硕士成绩达到 50%即可。不过有些学校并没有 Merit（良好），因此把 50%～69%统统算为 Pass。其中，Distinction（荣誉）和 Merit（良好）等这些头衔会在学位证书上详细标明，英国的用人单位将会看重这一点。

英国拥有完善的教育质量保障体系和科研评估体系，并且随着时代发展趋势不断做出调整和改进。正是通过有效的质量保障体系，英国一直保持着它在高等教育领域的世界领先地位，向不断增多的本土学生及国际学生提供高满意度的教育经历。

英国种类繁多的高等教育中介机构也是现代高等教育管理模式的重要一环，其各自职能不同，都对高等教育机构进行外部绩效的测定和检测。如高等教育基金委员会（HEFC）对英格兰境内的高等教育机构提供经费补助，各大学需向 HEFC 提出学校的经营策略规划，对 HEFC 的要求作出回应和建议，以及显示出对所获得的公共经费的运用绩效①。

随着我国研究生招生规模不断扩大，高等教育国际化的不断深入，加强研究生教育的招生管理，是保证研究生教育质量的前提。因此，我国应根据高等教育的发展和市场需求，结合专业和培养规格的不同特点，借鉴发达国家的经验，积极探索

---

①　王旭. 英国高等教育中介机构研究[D]. 长春：吉林大学，2007.

适合我国实际的研究生选拔方式，着眼于社会发展所需要的综合素质人才和创新能力人才的选拔。只有不断地改革与完善现行的研究生招生制度，建立科学、有效、公正的研究生选拔机制，关注考生的全面素质和发展潜能，才能使优秀人才脱颖而出，推动研究生教育事业的发展，促进社会经济文化的进步。

第3章　德国研究生选拔制度研究

3.1　德国高等教育的发展及现状

德国的高等教育相比法国、英国起步较晚，但发展迅速，到16世纪末就已建立了40余所大学，成为当时西欧各国中大学最多的国家。德国高等教育的发展是一个渐变的过程，在这个过程中，通过一次次的革命让高等教育在内容与形式上发生突破性的变化，它的改革与发展对世界高等教育的发展产生了深远的影响。

3.1.1　德国高等教育概况

1. 高等教育机构

根据德国统计局数据，2014—2017年高等教育机构总数基本稳定。2016/2017学年，高等教育机构共428个，具体分类及数目情况如表3-1所列。

表3-1　高等教育机构总数及分类情况

类　型	2014/2015	2015/2016	2016/2017
综合大学(Universities)	107	107	106
师范学院(Colleges of education)	6	6	6
神学院(Colleges of theology)	16	16	16
艺术与音乐学院(Colleges of art and music)	52	52	53
应用科学大学(Specialised colleges of higher education)(Fachhochschulen)	217	215	217
公共行政学院(Colleges of public administration)	29	30	30
合　计	427	426	428

数据来源：Destatis. Institutions of higher education[EB/OL]. [2018-1-15]. https://www.destatis.de/EN/FactsFigures/SocietyState/EducationResearchCulture/InstitutionsHigherEducation/InstitutionsHigherEducation.html.

2. 高等教育规模

德国高校学生人数2008年已经超过了几年前联邦与各州之间达成一致的将新生比例提高到40%的预定目标，2012年中学毕业并取得大学就读资格的人数达到50万,全体大学新生479 327人[①]。①德国接受高等教育总人数。2014/2015冬季学期2 698 910人、2015/2016冬季学期2 757 799人、2016/2017冬季学期2 807 010人、2017/2018[①]冬季学期2 847 821人。[②] ②各类学校新生人数。根据德国统计局的统计数据,各类学校(2014/2015—2016/2017学期)新生人数稳中略有增长,2014/2015学年新生共504 882人,2015/2016学年新生共506 580人,2016/2017学年新生共509 760人、2017/2018[①]学年新生共509 406(详见表3-2)。③各类高校在校生人数。综合性大学人数最多,2014/2015冬季学期1 705 732人,2017/2018[①]冬季学期1 757 318人。各类高校在校生人数总体呈稳步增长趋势(详见表3-3)。

表3-2　德国各类高校新生人数(学年)

类　型	2014/2015	2015/2016	2016/2017	2017/2018[①]
综合大学(Universities)	283 860	286 601	286 373	281 654
师范学院(Colleges of education)	4 211	4 113	4 173	4 276
神学院(Colleges of theology)	349	331	352	447
艺术与音乐学院(Colleges of art and music)	5 909	5 732	5 686	5 617
应用科学大学(Specialised colleges of higher education)(Fachhochschulen)	199 973	198 000	200 676	201 801
公共行政学院(Colleges of public administration)	10 580	11 803	12 500	15 611
合　计	504 882	506 580	509 760	509 406

注:①为初步统计数据。

数据来源:Destatis. New entrants[EB/OL]. [2018-01-15]. https://www.destatis.de/EN/FactsFigures/SocietyState/EducationResearchCulture/InstitutionsHigherEducation/InstitutionsHigherEducation.html.

表3-3　德国各类高校在校生人数(冬季学期)

类　型	2014/2015	2015/2016	2016/2017	2017/2018[①]
综合大学(Universities)	1 705 732	1 729 503	1 747 515	1 757 318
师范学院(Colleges of education)	24 748	24 456	25 109	25 357

① 《德国国家教育报告》编写组. 德国国家教育报告(2014)[M]. 宋洋,译. 上海:上海外语教育出版社,2017:113.

② Destatis. Students[EB/OL]. [2018-1-15]. https://www.destatis.de/DE/ZahlenFakten/GesellschaftStaat/BildungForschungKultur/Hochschulen/Tabellen/StudierendeInsgesamtBundeslaender.html;jsessionid=C1A0106DB5D66460AB12BC76F36D630B.InternetLive2.

续表 3－3

类　型	2014/2015	2015/2016	2016/2017	2017/2018①
神学院(Colleges of theology)	2 568	2 493	2 476	2 586
艺术与音乐学院(Colleges of art and music)	35 326	35 536	35 980	36 461
应用科学大学(Specialised colleges of higher education)(Fachhochschulen)	896 187	929 241	956 717	982 415
公共行政学院(Colleges of public administration)	34 349	36 570	39 213	43 684
合　计	2 698 910	2 757 799	2 807 010	2 847 821

注：①为初步统计数据

数据来源：Destatis. students[EB/OL]. [2018-01-15]. https://www.destatis.de/EN/FactsFigures/SocietyState/EducationResearchCulture/InstitutionsHigherEducation/InstitutionsHigherEducation.html.

3. 教育支出

2011 年，高校和其他高等教育机构投入 343 亿欧元，其中，高等教育占总支出的 19.5%。总体来看，教育支出的大部分流向基础教育领域，共投入资金 610 亿欧元；职业教育包括双元制体系中的企业培训支出 188 亿欧元；学前教育投入 153 亿欧元。①各领域所占比例情况详见图 3－1 所示。

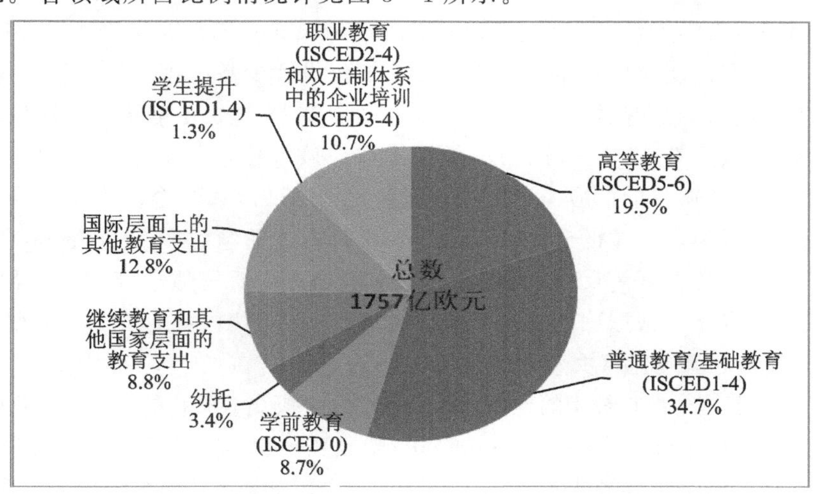

数据来源：联邦及各州统计局，2011—2012 年教育和科研经费预算。

图 3－1　2011 年各教育领域的教育支出情况

① 《德国国家教育报告》编写组. 德国国家教育报告(2014)[M]. 宋洋，译. 上海：上海外语教育出版社，2017:31.

3.1.2 德国高校的分类与特点

1. 德国高校的分类

德国高等教育机构按人才培养方向及其办学层次可以分为四种类型：综合大学及同等级高校、应用科学大学、高等艺术与音乐学院、职业学院（也有学者或机构将职业学院排除在外，将其分为前三类）。不同类型高校在办学层次、培养目标、专业设置，以及招生、教学、科研等方面各有特色。

（1）综合大学及同等级高校（Universities，Colleges of Education，Colleges of Theology）

如师范学院和神学院，可提供学士、硕士和博士三个层次的教育，并可以授予大学教授资格，它担负着培养学术后备人才的任务。德国当前境内最早的一批综合性大学成立于14世纪，如海德堡大学（1385年）、科隆大学（1388年）和埃尔福特大学（1392年）。1810年柏林大学的成立标志着中世纪大学模式的结束与新型现代大学模式的诞生，其标志性特征有：教学与科研相统一，学术自由、大学自治和崇尚"为学术而学术"[①]。根据德国统计局统计数据，2017年德国共有106所综合大学、6所师范学院、16所神学高校。2016/2017冬季学期在校生为综合大学1 747 515人、师范学院25 109人，神学院2 476人，占德国各类高校在校生的比例为63.24%，可见，综合大学及同等级高校是德国高等教育的主体。

（2）应用科学大学（University of Applied Sciences）

应用科学大学即高等专业学院（Fachhochschulen，FH）。这类大学专业设置面较窄，以培养高层次应用型人才为主。最初仅设置少数应用性学科和专业，提供相当于本科层次的高等教育，类似于国内的高职院校。1998年开始也提供硕士层次的教育，但仅具有Diplom（FH）学位授予权。该学位水平低于综合性大学及同等级高等学院所颁发的Diplom学位[②]；这类大学也可以和综合性大学联合培养博士，但没有颁发博士学位的资格。德国第一批高等专业学院在20世纪60年代末、70年代初相继成立，它们由原来的中等技术学校（如工程师学校、高级经济学校等）升级或新设立。根据德国统计局统计数据，2017年德国共有217所应用科学大学、30所公共行政学院（文科），2016/2017冬季学期在校生分别为956 717人、39 213人，占德国全部在校生的比例为35.48%，是德国高等教育的第二大教育机构。

（3）艺术和音乐学院（Kunst-und Musikhochschulen）

这类高校以学士和硕士层次的教育为主，仅部分学院可以提供博士层次教育。它不仅培养艺术和音乐领域的专业人才，还培养中小学艺术和音乐的师资。莱比

① HansgertPeisert，GerhildFramhein. Das Hochschulsystem in Deutschland：Struktur und Entwicklungstendenzen[M]. Bad Honnef：Bock，1990.

② 袁琳. 德国高等教育国际化发展研究[D]. 重庆：西南大学，2014.

锡音乐学院(Conservatorium der Musik,1843 年)是德国最早的音乐学院;最早的高等音乐学院则是柏林皇家高等音乐学院(1869 年);最早的艺术学院是 1662 年在纽伦堡成立的绘画学院(Maler Akademie)。[①]根据德国统计局统计数据,2017 年德国共有 53 所艺术和音乐学院,2016/2017 冬季学期,共有在校生 35 980 人,占德国全部在校生的比例为 1.28%。

(4) 职业学院(Berufs Akademien)

1974 年,在德国巴登-符滕堡州进行改革试点,设立职业学院,2009 年 3 月,将其改制为"双元制高校"(Duale Hochschule)。这类高校以双元制的高等教育为主,学业分理论教学和实践教学两部分,职业学院负责理论教学部分,企业或基金会、社会救济机构等社会机构则负责实践教学部分。职业学院最初只颁发助理文凭(Assislent)和职业学院文凭(Diplom),其水平在学士学位之下。在博洛尼亚进程中,职业学院通过了课程认证,取得了学士专业开设和学位(Bachelor-Abschluss)颁发资格。[①]这种证书与其他类型高等学校所颁发的学士学位虽然等值,但它并非一种学术性学位,只是一种国家毕业证书。前述三类高等教育机构在各州普遍存在,而职业学院/双元制高校则只存在于部分联邦州,在 2009/2010 冬季学期,约有 10 519 名学生在职业学院[②]、25 295 名学生在双元制高校学习,占德国全部在校大学生的 1.6%[③]。

2. 德国高校的区别

以上各类学校既有共同之处,也有区别。

首先,如综合性大学、应用科学大学和职业学院三类高校的招生,德国高校没有招生考试,主要根据学生所取得的入学资格类型进行招生。各州各类中学所颁发的同类资格在德国被视为是等值的。进入综合大学的前提是取得以下两类高校入学资格:可以申请任何高校和专业的"普通高校入学资格"(Allgemeine Hochschulreife);或只能申请高校中特定专业的"绑定专业的高校入学资格"(Fachgebundene Hochschulreife)。同时,拥有这两类资格的学生也可以进入应用科学大学学习。另外,还有只针对应用科学大学的"高等专业学院入学资格"(Fachhochschulreife)。进入职业学院的条件是:①"普通高校入学资格"、"绑定专业的高校入学资格"或"高等专业学院入学资格";②与参与双元制培养项目的企业或其他社会机构签订培训合同。[②]

其次,在学科设置、学位获得(按三级学位制度)等方面也有所区别,以综合性大学和应用科学大学为例,详见表 3-4。

---

① 孙进. 德国高等教育机构的分类与办学定位[J]. 中国高教研究. 2013 (1):62-63.

② KMK(Hrsg.). Das Bildungswesen in der Bundes Republik Deutschland 2009[R]. Bonn: KMK, 2010.

③ Duale Hochschule Baden-Württemberg. Jahresbericht2009-2010[R]. Stuttgart: DHBW, 2010:20.

表 3-4　综合大学(Universität, Uni)和应用科学大学(Fachhochschule, FH)的区别

大学类型	综合大学	应用科学大学
概 况	此类大学学科较多、专业齐全、特别强调系统理论知识、教学科研并重	此类大学大部分建校时间较短，规模不大
学科设置	学科专业较齐全，包括文科、理科、工科、经济学、社会学、神学、法学、农林学、医学等	一般只开设特色突出的几个专业，如经济类、农林、工科类、护理、设计等，通常不设文科类专业。专业分类较细，教学安排紧凑，要求较多实习
科学研究	科研与教学并重，强调基础研究和理论知识系统化	除掌握必要的基础理论外，还需从事一定的应用性研究
毕业学位	学士 Bachelor(学习年限 3～4 年)，硕士 Master(学习年限 2 年)，博士 Ph. D(学习年限 2～5 年)	学士 Bachelor(学习年限 3～4 年)，硕士 Master(学习年限 2 年)
攻读博士	毕业生可以申请读博	优秀毕业生可申请入综合大学读博
学校规模(学生人数)	15 000 人左右	4 000 人左右

资料来源：DAAD. Studium-in-Deutschland[EB/OL]. [2017-11-21]. http://www.daad.org.cn/zh/studium-in-deutschland/faqs-zum-studieren-in-deutschland-2/kapitel-1-ueberblick#1.

3. 德国高校的均质性和等值性

德国统计局统计数据显示，综合大学及同等级高校、应用科学大学两类高校学生达到了97%以上。在德国，这两类高校的区别仅在办学层次和特色上有所不同，它们颁发的学士和硕士学位被高等教育决策者认为是等值的(Andersartig, aber gleichwertig)，这是高校调控政策多年来奉行的一个基本原则[①]。尽管同类高校规模不同，但它们所提供的同类专业课程，其质量通常被认为是基本相同的(即均质)[②]。德国高等教育机构的这种均质性和等值性被高等教育研究者视为是德国高等教育体系的一个核心特征，这也让德国学生的择校行为变得不那么重要了。这种特征在高等教育也不例外，如在《高等学校总纲法》第 9 条第 2 款中就规定："各州必须共同努力，确保各地的学业、考试成绩以及毕业证书具有等值性，保证学生有更换学校的可能[③]"。另外，这种等值性还体现在学生就业机会上，并不会因毕业高校的不同而产生明显的差异。

① Claudius Gellert. Andersartig, aber gleichwertig. An-merkungen zur Funktionsbestimmung der Fachhochschulen. Beitrge zur Hochschulforschung, 1991, (1): 1.

② Hans Merkens. Zur Wettbewerbsfhigkeit des Hochschulsystems in Deutschland. Ulrich Teichler, Rudolf Tippelt (Hrsg.). Hochschullandschaft im Wandel. Wein-heim und Basel: Beltz Verlag, 2005. 34-35.

③ 孙进. 由均质转向分化——德国高等教育的发展趋向分析[J]. 比较教育研究, 2013(8): 1-8.

3.1.3　德国高等教育的学科分类

高等教育学科大类分为：如自然科学、社会科学和精神科学等（学术观点），而更细化的分类，从德意志学术交流中心（Deutscher Akademischer Austausch Dienst，DAAD）的资料来看，具体如表 3－5 所列。

表 3－5　德国高等教育学科分类

Fächergruppen in Deutschland	德国的学科分类
Humanmedizin und Gesundheitswissenschaften	人类医学和医疗卫生科学
Ingenieurwissenschaften	工程技术科学
Kunst und Musik	艺术和音乐
Naturwissenschaften und Mathematik	自然科学和数学
Rechts-，Wirtschafts- und Sozialwissenschaften	法学、经济学和社会科学
Sprach- und Kulturwissenschaften	语言学和文化学
Veterinärmedizin，Agrar-，Forst- und Ernährungswissenschaften，Ökologie	兽医学、农学、林业学、营养学和生态学

资料来源：DAAD.［EB/OL］.［2018-1-31］. https://www.daad.de/deutschland/nach-deutschland/faechergruppen/de/. DAAD 是德国文化和高等教育政策的对外执行机构，经费由德国政府提供。1925 年成立，是德国 231 所高校和 128 个大学生团体的代表，也是目前全球最大的教育交流机构之一，网址：https://www.daad.de/de/。

另外，在学科分类的名称上，各个学校略有不同，如慕尼黑大学共有四个学科门类，分别是人文学科，法律、经济与社会学科，医学学科，自然科学学科①，与 DAAD 上面的名称有所不同。

3.1.4　德国高等教育的学制变化与发展

1. 传统二级学位制度

根据“国际教育标准分类（ISCED 97）”等级分法，德国高等教育可分为两个阶段：高等教育第一阶段（ISCED 5），包括大学、神学院、师范类高校、应用技术大学、艺术类高校②；职业学院、专科学校、管理应用技术大学，等等；高等教育第二阶段（ISCED 6）为博士学习阶段。③在德国高等教育传统的两段制中，实行的是二级学位制度，第一阶段可获得“Diplom/Magister 学位；第二阶段可获得博士学位”。第一阶段的 Diplom/Magister 与我国的本硕连读学位类似。Diplom 以理工和经济类的专业为主，Magister 以人文社会科学专业为主。Diplom 或 Magister 的学习

① 张国有. 大学章程第二卷[M]. 北京：北京大学出版社，2011：247-248.

② 2008—2009 年起包含巴登-符腾堡州双元制应用技术大学（以前：ISCED 5B 所指出的职业学院）.

③ 宋洋，译. 德国国家教育报告（2014）[M]. 上海：上海外语教育出版社，2017：27.

分为两个阶段:基础阶段(至少4个学期)和高级阶段(至少5个学期)。理论上学生最快9个学期就能获得Diplom/Magister学位,但大多数学生需要更长的时间(12个学期左右)才能完成其学业。Diplom/Magister学位是毕业生进入就业市场时第一个获得认可的高等教育学位。① 当然,不同的学校类型取得的学位及能否申请继续攻读下一级学位也有差别,具体如表3-6所列。

表3-6 学校类型及学位特点②

类型 名目	综合大学 (学术型或研究型大学)	高等专科学校 (应用型大学)	单科性大学 (神学院或艺术学院)
学校特点	学科、专业齐全,强调系统理论知识,教学和科研并重	除必要的基础理论外,多偏重于应用	有研究,但多偏重于应用
学科	工科、理科、经济学、社会学、医学、法学、农学以及林学等学科	设有金融、技术、工程、经济、农林、设计、工商管理、护理等其中部分或单个学科专业	神学或电影、音乐、戏剧、美术、建筑、装饰等艺术
学习年限	一般为4～6年	一般为3年	一般为3年
授予学位	硕士学位 Magister 或硕士学位 Diplom	硕士学位 Diplom(F. H)	硕士学位 Diplom(F. H)
招收博士条件	任何一个专业都可以招收博士生;申请者须具有 Magister 或 Diplom	不能招收。仅持有 Diplom(F. H)者不能申请攻读博士学位	不能招收。仅持有 Diplom(F. H)者不能申请攻读博士学位

2. 当代三级学位制度

1998年,德国政府为了适应高等教育国际化发展的需要,对《高等学校总纲法》进行了修改,准许德国高校颁发除了传统的学位之外的与国际接轨的学士(Bachelor)及硕士(Master)学位。1999年,欧洲29国共同签署《博洛尼亚宣言》,标志着欧洲高等教育一体化,即"博洛尼亚进程"的开始。为了解决欧洲各国因学位制度不同带来的学历、课程学习认证等问题,《博洛尼亚宣言》的举措之一就是进行学位制度改革。德国作为第一批签署国,自2010年起全面进行学位制度改革,将传统的二级学位制度(Diplom/Magister—博士),改革为国际通用的三级学位制度(学士—硕士—博士)。2010年起大学所有新生只能申请学士和硕士课程,不再招收传统学位制度学生。在新旧学位制度并行期间,在传统学位制度下的学生若还要继续学习获得Diplom/Magister学位,必须在规定的结业考试截止时间前获得所有学分。如柏林工业大学规定:2015年和2020年分别为人文与社会类学科

① 朱佳妮.搭乘欧洲高等教育一体化快车——"博洛尼亚进程"对德国高等教育的影响[J].清华大学教育研究.2014(6):66-74.

② 余桂红.中国研究生招考方式改革研究[M].武汉:武汉大学出版社,2016:116.

和理工类学科的结业考试截止时间，这一举措保证了新学位制度不久后将完全替代目前的双轨制。据统计至 2013/2014 学年，德国高校 87.4%的课程已转为了“学士—硕士”学位课程。[①] 另外，德国高校还有一些专业，如医学、教师教育和法律等专业，主要还是沿用国家考试的模式。[②] 这一改革将第一阶段(Diplom/Magister)分成了学士和硕士两个独立学位，这两个阶段的学习最快 8 个学期可以完成，但在完成本科阶段的学习后，学生既可以选择直接就业，也可以选择继续深造，更加灵活(如图 3－2 所示)。

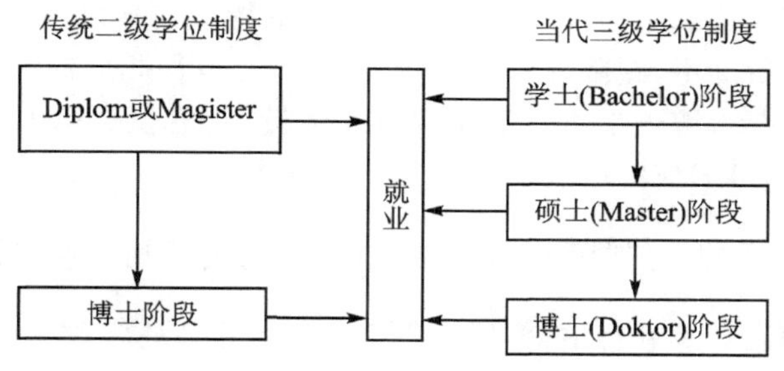

图 3－2　德国高校学位制度改革

在德国传统学位制度中，大学生只有在完成第一阶段的学习，取得 Diplom 或 Magister 学位后才能选择继续学习或就业，但在新学位制度改革后，引入了国际通用的三级学位制度，大学生本科毕业后有了更多的选择，可以直接就业、继续攻读本专业或跨专业硕士。同时，在国外获得本科或硕士学位的留学生也有机会直接进入德国大学下一阶段的学习，无须像以前那样从头学起，这一举措有利于学生的国际流动，促进了德国高等教育的国际化发展。

3.2　德国研究生教育的缘起与发展

德国高等教育历史悠久，是现代教育发源地之一，最早出现现代大学。1810 年建立的柏林大学是现代研究生教育的源头，[③]促进了德国研究生教育的发展，对世界高等教育的发展产生了重要影响。

3.2.1　研究生教育最早的形式

现代研究生教育起源于 19 世纪，最早出现在德国。19 世纪初由普鲁士教育

---

① 朱佳妮. 搭乘欧洲高等教育一体化快车——“博洛尼亚进程”对德国高等教育的影响[J]. 清华大学教育研究. 2014(6):66-74.

② Hochschulrektorenkonferenz, HRK. Bericht der HRK—Arbeitsgruppe“EuropäischeStudienreform”. http://www.hrk,de/uploads/media/HRK_ Bericht _Studienreform, pdf, 2014-10-22.

③ 冯增俊著. 现代研究生教育研究[M]. 广州:广东高等教育出版社,1993:98.

部长洪堡领导的新人文主义教育改革运动(新大学运动),将科学研究引入传统大学,进而提出了"教学和科研"统一的原则,并由此带来了德国大学的蓬勃生机。[①]随着柏林大学(1810年)及以后一些新大学如布勒斯特大学(1811年)、波恩大学(1818年)和慕尼黑大学(1826年)等的建立,揭开了大学发展史新的一页,对现代大学的出现产生了深远的影响,也为研究生教育的产生提供了目标、思想和制度上的准备条件。19世纪中期,在新大学运动之后,随着科学的不断进步和发展、大学教育的等级分化和研究所的大规模出现,形成了两级大学教育。第一级为相当于硕士层次的教育。第二级为培养"科学接班人"的博士层次教育(学徒制),学生的身份是导师的科研助手,跟随导师从事科学研究,在取得相应的学术成果和达到一定的学术水平后获得博士学位。学徒式研究生教育,不仅是德国研究生教育史上最早的形式,也是世界研究生教育史上最早的形式。[②]

3.2.2 二级学位制度转为三级学位制度的研究生教育

在传统的德国高等教育中,普通大学生一般通过文凭学位考试、硕士学位考试或国家考试三种方式完成学业,取得的学位和证书适用于相应的专业,但没有本科与硕士之分,均属同一层次,类似于我国的本硕连读。在这之后,学生可进一步攻读博士学位。但这一时期的博士生的中心任务是撰写博士论文,不是严格意义上的教育和培养过程。联邦政府在1976年颁布的《高校总纲法》中规定:高校应该为本科毕业学生开设"高深课程"。主要是为了"补充和深化本科的学习,尤其是培养艺术和学术后备力量"[③]。1985年在对《高校总纲法》的修改中提出:高校可以为本科毕业生开设补充课程、附加课程和高深课程[④];补充课程和附加课程是进修性的,而高深课程则以培养学术接班人或学术后备力量为目标。人们通常把这些课程称为研究生课程,把高深课程教育看作是研究生教育。[⑤]在学位制度上,德国传统二级学位制度(Diplom/Magister—博士)中的Diplom/Magister类似于我国的本硕连读学位。因此,这一时期的研究生教育,从严格意义上来说主要指的是博士生教育。

1998年,德国政府准许高校颁发与国际接轨的学士(Bachelor)及硕士(Master)学位,并自2010年起全面改革为与国际统一的"学士—硕士—博士"三级学位制度。至此,德国的研究生教育真正发展为硕士和博士两个培养层次,加快了德国高等教育的国际化进程,促进了德国研究生教育的快速发展。

---

① 符娟明,迟恩莲.国外研究生教育研究[M].北京:人民教育出版社,1992:272.

② 李盛兵.研究生教育模式嬗变[M].北京:教育科学出版社,1997:47-48.

③ Hochschulrahmengesetz,1976,§10 v.

④ Hochschulrahmcngcsctz,1986,§10 v.

⑤ 陈洪捷.德国研究生教育的新发展[J].比较教育研究.1993(5):41-45.

3.2.3　研究生教育模式发展:“师徒制”+“结构化”模式

德国传统的博士培养模式以“师徒制”为主。“师徒制”中导师与博士生之间的关系更私人化，在德语中，博士生导师又被称为“博士之母”(doktormutter)、“博士之父”(doktorvater)。导师对学生的招生和培养具有较大的自主权，每个导师负责指导各自的学生，他们注重让学生进行独立研究，提升其研究能力。在课程学习方面，学生可以根据需要适当选修即可；在博士论文的评阅和答辩环节，导师也发挥主导作用。

20 世纪 80 年代，为了提高德国科学研究的水平和改进高校的博士培养工作，从组织形式和制度建设上进行改革，以减少对单一导师制的依赖，消除弊端，强化管理、监督、效率和责任。主要措施是建立多种形式的研究生院、博士生院等以博士研究生培养为核心任务的项目，以及与传统“师徒制”模式不同的“结构化”(structured)的博士研究生培养模式。1984 年，德国第一所以博士研究生培养为核心任务的科隆大学分子生物研究生院，在弗里茨 · 蒂森基金会(Fritz-Thyssen-Stiftung)的资助下成立。1986 年，德国科学审议会(Wissenschaftsrat)在其《关于高校学业结构的建议》中，第一次提出建立研究生院、进行结构化博士培养的政策建议。① 随后几年中，分别由前联邦教育规划与研究促进委员会(今联邦联合科学会议前身)、大众基金会(Stiftung-Volkswagenwerk)以及博世基金会(Robert-Bosch Stiftung)资助，德国又建立了 15 所研究生院。② 1988 年，科学审议会提出《关于促进研究生院的建议》，建议由联邦和州政府共同出资，支持研究生院的发展，由德国研究会(Deutsche Forschungs Gemeinschaft，DFG)负责研究生院的评选、审批和经费拨发。③ 1989 年，由联邦政府和州政府共同出资，启动 DFG 研究生院项目，到 1999 年共建 330 所。同时，1999 年以来，德国研究会开始支持德国高校与海外高校合作建立国际研究生院项目，至 2010 年共建 54 所。2004 年，德国启动的打造精英大学的“卓越战略”，评选出了 39 所研究生院，这类研究生院组织结构更多样化，实现了跨学校、部门和院系的合作，也将各种结构化项目(包括 DFG 研究生院)整合在一起，甚至把硕士生培养项目也囊括在里面。这种“结构化”博士生培养项目绝大多数是在政府或基金会的资助下，围绕特定研究主题或在特定研究领域，在规定的期限内培养博士研究生。结构化项目从招生到培养有一套特定的程序和标准，强调开展跨学科和前沿研究，而且涉及的研究领域、学科和专业也很广。

上述各种研究生院、博士生院及其他博士生项目，在名称、承办和资助单位上

① Wissenschaftsrat. Empfelungen zur Struktur des Studiums[R]. Koeln: Wssenschaftsrat,1986.

② Deutschen Forschungsgemeinschaft. 20Jahre Graduiertenkollegs[R]. Bonn: DFG,2010:6.

③ Wissenschaftsrat. Empfelungen zur Foerderung von Graduiertenkollegs[R]. Koeln: Wssenschaftsrat,1988.

各不同,也有别于传统“师徒制”的模式,在德国被统称为“结构化”模式,与“师徒制”模式相互补充,多元化发展,共同促进了德国研究生教育的发展。

3.2.4 研究生教育规模

德国研究生的数量逐年增加,2010/2011 冬季学期硕士研究生为 189 096 人,到 2016/2017 冬季学期硕士研究生上升到 507 475 人,增长了 1.7 倍,占高等教育的 18.1%(德国接受高等教育总人数 2016/2017 冬季学期 2 807 010 人)。另外,本科生与硕士生比值逐步减小(详见表 3-7)也反映了硕士生比重的增加;博士生考核通过人数,2014 年 28 147 人、2015 年 29 218 人、2016 年 29 303 人。[①] 总体来看,研究生的发展规模稳中有升。

表 3-7 德国高校本硕在校生人数及比例

冬季学期	本科生/人	硕士生/人	本科生与硕士生之比
2016/2017	1 635 010	507475	3.2∶1
2015/2016	1 603 652	478 262	3.4∶1
2014/2015	1 565 162	437 770	3.6∶1
2013/2014	1 503 331	385 944	3.9∶1
2012/2013	1 405 425	320 217	4.4∶1
2011/2012	1 285 250	253 863	5.1∶1
2010/2011	1 088 952	189 096	5.8∶1

数据来源:Statista. Statistik[EB/OL].[2018-1-24]. https://de.statista.com/statistik/daten/studie/2855/umfrage/studierende-in-bachelor--und-masterstudiengaengen-seit-1999/.

3.3 德国研究生选拔制度

3.3.1 研究生招生管理体制

联邦德国高等教育管理与实施注重法律依据和基础,从联邦的《高等学校总纲法》、各州的高等学校法到高校的各项规则,形成了一套较为完备的法律和法规。

2008 年 10 月前,德国高等教育的最高法是联邦政府制定的《高等学校总纲法》,在此之后,主要指的是各州的高等学校法。目前,除了萨兰州(Saarland)外,其他 15 个州的高等学校法均适用于全州的高校。高等学校法为高校运作制定了详细的规则,内容涉及:政府与高校的关系、高校与高校之间的关系、高校的法律地

① Destatis. Doctor's Degrees[EB/OL].[2017-11-25]. https://www.destatis.de/EN/FactsFigures/SocietyState/EducationResearchCulture/InstitutionsHigherEducation/InstitutionsHigherEducation.html.

位、资金管理、任务、高校内部的管理机构（如高校理事会、校长委员会、评议会）及其职能；高校成员的权利和义务、教授的聘任前提和程序、学生的权利和义务及学生自主管理机构；学生的录取、教学、考试、学位、质量保证、科研、科研资助及非国立高校的开办和认可等。[①] 另外，德国在 20 世纪 80 年代开始建立研究生院，20 世纪 90 年代中期引入系统的教学评估，在博洛尼亚进程中引入了高等教育认证制度，等等，这一系列的措施共同构建了国家高等教育体系，也为研究生教育的发展指明了方向。

在文化联邦主义占主导地位的联邦德国，高校主要隶属于州政府，但在教学和科研方面政府给予了高校较大的自主权，联邦政府和州政府主要进行方向性的引导。如在研究生教育方面，高等学校法仅就研究生教育及学位授予的目标、条件及考试方式等原则问题做出规定，而具体指导研究生教育工作的细节性规定则在各学术性高校的规则中规定，[②]如《柏林洪堡大学宪章》中规定，学术评议会有决定权的事项包括：确定招生人数；决定各学院内部的专业划分、教学、考试的原则以及跨专业的大学考试程序；设置与撤销培养专业；授予名誉教授、编外教授和名誉评议会成员头衔，批准各学院授予名誉博士学位，等等。[③]

总体来说，德国的研究生教育属于分权管理，重视学术权力在大学学术事务中的决定权。研究生教育在管理上实行入口学校把关，出口国家学位质量控制，中期培养实行淘汰制。[④] 在招生考试方面，德国不设专门的入学考试，强调大学本科学习成绩和申请考核的结果；在录取的权限方面，“师徒制”模式强调通过导师审核，考查考生的学习、科研和研究适应性等方面；“结构化”模式则强调导师以团队的形式对博士生进行指导，由招生委员会统一按相关要求和标准组织选拔。

3.3.2　研究生招生模式

德国研究生招生采用“申请考核”的方式。德国大学文凭兼有“就业”和“深造”的双重性。前一阶段取得的文凭即是申请下一阶段学习的“资格”凭证，无须进行入学考试。在研究生招生中，德国特别强调对具备“深造”者相应资格的认可，以此证明所选拔的学生已具备了进行科研活动的知识和能力。因此很强调大学阶段的学习成绩和申请考核，强调申请者是否具备适应研究生学习的能力。

在录取的决定权上，研究生录取也需要审批，但导师拥有很大的自主权。只是不同的培养模式会有所差别，如博士生招生：在传统的“师徒制”模式下，是否录取申请者由导师一人决定。导师一般从申请者的学习成绩、科研、学历、学位及适应性等方面对申请者进行考察，并从自己的专业角度、经验和面试交谈中考察申请者

---

① 孙进. 德国高等教育机构的分类与办学定位[J]. 中国高教研究，2013 (1)：61-67.

② 符娟明，迟恩莲. 国外研究生教育研究[M]. 北京：人民教育出版社，1992：282-283.

③ 张国有. 大学章程第二卷[M]. 北京：北京大学出版社，2011：220

④ 孟洁，史键勇. 中国研究生招生制度变革研究[M]. 北京：中国政法大学出版社，2013：172-173.

是否具备科研潜力，最后确定合适的人选。在“结构化”模式下主要采用“联合导师制”（一般有1～2名研究人员和1名教席教授），该模式以博士生院或研究生院为培养平台，由理事会、监事委员会和科学咨询委员会统一安排研究生的招生、录取、课程与奖学金等事宜，导师的主要任务是指导学生科研，招收与录取工作更透明、客观，“结构化”模式弱化了“师徒制”模式中导师在研究生招生录取过程中的绝对主导作用。①

在招生名额上，因德国有些专业申请者人数已经超过学习位置名额，为避免申请者人数超过录取名额，联邦或各州大学对新生（Studienanfänger）实施名额限制（Numerus Clausus，简称NC），其中专门给外国留学生留了一定比例的名额。专业名额限制分地区性和全国性两种，地区性入学限制（部分高校入学限制）专业有：法学、建筑学、生物学、食品化工、企业经济学/管理学、心理学、营养学等；全国性入学限制专业有：药学、兽医学、牙医学、医学。② 因此，因所选专业或高校不同，名额受限会出现差异。

3.3.3 研究生招生流程

德国研究生招生选拔直接涉及的主体包括：招生单位、申请者和外国学生申请大学服务处（Arbeits-und Servicestelle für Internationale Studienbewerbungen，简称uni-assist）等，招生程序由申请—审核（审核认证）—录取三个环节组成。首先由申请者向招生单位提交申请，招生单位收到申请后组织进行资料审核和考核，确定是否接收，以及发放录取通知书（邀请函或接收函）；外国学生则向uni-assist提交申请，由该机构对申请材料进行核实和对入学资格进行认证，符合条件的申请者材料由uni-assist转交给申请人希望就读的院校，相关院校再根据申请者的情况，结合本校实际决定是否录取。

录取过程中的最终决定权在校方，录取通知书也由校方统一发放。③ 具体招生选拔流程如图3-3所示。

然而，尽管德国研究生入学没有统一考试，但不同高校和不同专业的要求和标准会有所不同。如申请以下专业：音乐（如作曲、器乐、声乐、乐器制作等）、设计（如工业设计、平面设计等）、艺术（如雕塑、绘画等）和体育等专业仍必须参加“专业能力考试”（Eignungsprüfung）。④

① 朱佳妮，朱军文，刘莉．德国博士生培养模式的变革——“师徒制”与“结构化”的比较[J]．学位与研究生教育，2013(11)：64-69．

② DAAD. studium-in-deutschland[EB/OL]. [2017-11-6]. http://www.daad.org.cn/zh/home/daad-in-china.

③ DAAD. studium-in-deutschland [EB/OL]. [2017-11-6]. http://www.daad.org.cn/zh/studium-in-deutschland/faqs-zum-studieren-in-deutschland-2/kapitel-2-bewerbung#20.

④ DAAD. studium-in-deutschland [EB/OL]. [2017-10-21]. http://www.daad.org.cn/zh/studium-in-deutschland/faqs-zum-studieren-in-deutschland-2/kapitel-1-ueberblick#1.

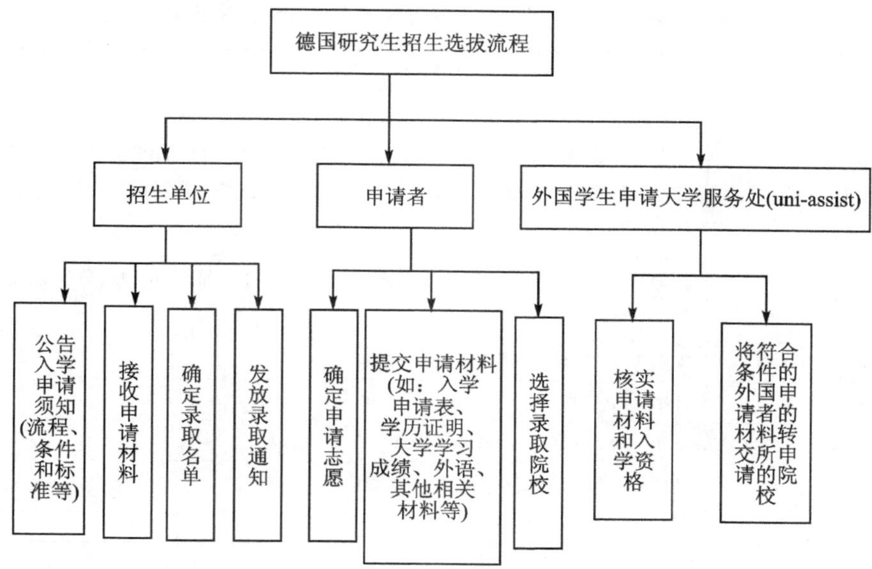

图 3-3　德国研究生招生选拔流程

另外，同一高校的不同专业之间也会有所差异，如柏林洪堡大学语言学和计算机科学与技术专业硕士招生要求和标准，详见表 3-8、表 3-9。

表 3-8　柏林洪堡大学语言学专业硕士招生要求和标准

招生专业 1：语言学	
要　求	必须是日耳曼学语言学或者其他专业语言学方向毕业；根据选拔方法得出选拔结果，录取率在 80%
选拔标准（证明）1	前一次毕业成绩， 权重 70%
选拔标准（证明）2	日耳曼学语言学毕业专业，权重 20% 证明 1：成绩单 证明 2（不作硬性规定）：以实物展示获得的能力
选拔标准（证明）3	学业之外获得的技能：3 年内 900 小时工作经验， 权重 10%

表 3-9 柏林洪堡大学计算机科学与技术专业硕士招生要求和标准

招生专业 2:计算机科学与技术	
要　求	计算机科学与技术或者相关专业毕业 必须是计算机科学与技术或者相关专业毕业,有职业技能,获得至少 100 个学分。不排除以下专业:经济信息学,生物信息学,软件工程,信息学,地球信息科学,科学计算,软件工程学,计算机科学
	特别要求:数学基础知识,至少拿到 10 个学分,包括如线性代数、数学分析、数控、统计学
选拔标准(证明)1	证明 1:自己分类整理好的材料(表格)
选拔标准(证明)2	证明 2:成绩单
选拔标准(证明)3	证明 3(不作硬性要求):以实物展示获得的能力
其　他	计算机科学与技术理论部分,至少获得 5 个学分 包括比如可计算性理论、复杂性、逻辑学

资料来源:Hu-berlin. Fächerübergreifende Satzung zur Regelung von Zulassung, Studium und Prüfung der Humboldt-Universität zu Berlin (ZSP-HU)[EB/OL].[2018-1-30]. https://www.hu-berlin. de/de/studium/beratung/faecheruebergreifende-satzung-zur-regelung-von-zulassung-studium-und-pruefung-zsp-hu-lesefassung.

3.3.4 不同培养模式下的博士生招生选拔

德国不设专门的研究生入学考试,采用申请考核的招生选拔制度,但不同的培养模式又有所不同。以博士生的招生选拔为例,从理论上来讲,综合大学的工科、理科、文科、法学、经济学、社会学、神学、医学、农林学等学科的任何一个专业都可以招收博士生。持有硕士学位 Magister 或硕士学位 Diplom 的毕业生均有资格申请入学。事实上,除此之外还有其他的条件和要求:①根据高等学校法,报考博士研究生要完成至少 4 年的高校学习,并通过毕业考试(文凭考试、国家考试);考试成绩高于平均分数,具有一定的语言知识;练习、实习和研讨课的成绩突出;以同等学历报考的申请者可以没有正式的学习文凭,但需要提供如学术报告等代表自己突出成绩的材料来证明自己的智力水平;或在国外大学通过了同等考试者亦可报名。②找到愿意指导的导师,导师通过面谈,了解该学生大学毕业成绩的“有效性”,了解其基本的研究素质和兴趣。③个别考试,对于转变专业和学术成绩不能反映申请者研究课题的水平时,则必须由院系对其进行考试。另外,在专业不对口的情况下,申请者必须补修同门专业 3 门左右课程,并获得这 3 门课程作业或考试成绩证明。[①]

① 孟洁,史键勇.中国研究生招生制度变革研究[M].北京:中国政法大学出版社,2013:155.

在传统"师徒制"模式下，博士生自己找到指导教师，并自主地完成博士论文（根据不同的专业领域可以单独或者与其他科研人员共同完成）。"师徒制"攻读博士学位的时间取决于学生自己的时间计划，或者职位的有效期，一般三到五年。博士生可以自由选择在不同机构进行研究，如在大学、校外研究机构或企业等。在"结构化"模式下，申请者通过博士项目的方式攻读博士学位。在这种方式下，导师以团队的形式对博士生进行指导。项目中包括了修读的课程，课程一般是跨专业的，并且支持培养"软技能"和附加能力。目前，德国有超过 700 个博士项目，这些项目具有"国际化"特点，并以英语作为工作语言；项目内容紧凑，指导方式系统，博士生一般在三到四年内取得博士学位。结构化博士项目一般有以下来源：德国科学基金会（DFG）资助的研究院、精英计划框架内被资助的博士生院、联邦州对各高校资助的项目、大学之外研究机构的研究生院提供的博士项目（具体项目可通过 www. daad. de/idp 查看）。项目申请步骤：确定课题—依照不同的攻读博士学位形式寻找博士导师或博士项目—写信联系—按要求递交个人材料，收到导师或项目的邀请函（接收函）之后，即可办理其他手续，①如图 3－4 所示。

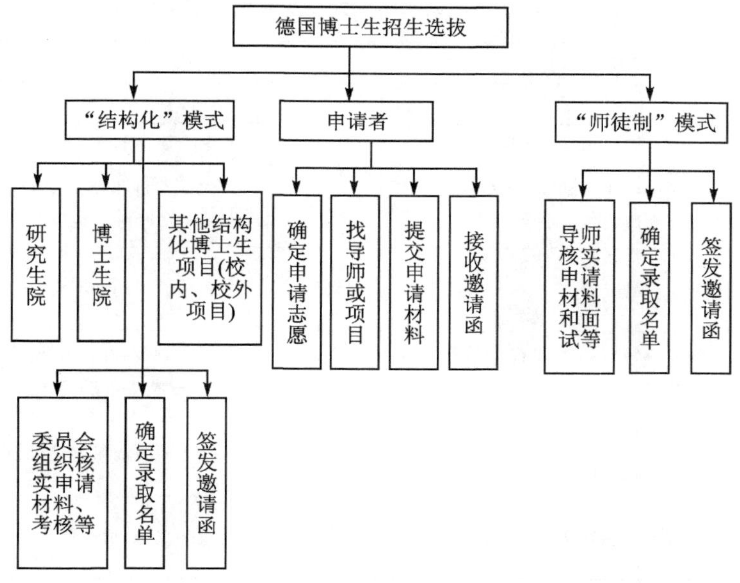

图 3－4　德国不同培养模式的博士生招生选拔

3.3.5　高校对研究生的素质能力要求

德国研究生教育从传统的"师徒制"模式发展为"师徒制"模式与"结构式"模式

① DAAD. studium-in-deutschland［EB/OL］.［2017-11-20］. http://www. daad. org. cn/zh/studium-in-deutschland/faqs-zum-studieren-in-deutschland-2/kapitel-2-bewerbung.

并行的过程中，对研究生素质能力的要求也在不断变化和发展。从申请条件和培养要求上，反映出了对申请者在学习能力、科研能力及研究适应能力等方面的素质能力要求，但在不同的模式下侧重也不同。

在传统"师徒制"模式下，对研究生的素质能力要求包括：①教育背景（提交个人简历和学历证明）；②学习能力（高中毕业考试成绩、大学学习成绩和国家考试成绩）；③独立科研能力（提交相应的研究论文）；④专业能力（专业领域相关课程口试和论文答辩）；⑤语言能力（申请者还必须具备拉丁语和希腊语知识，用德语或拉丁语撰写论文）；⑥学习适应能力（有自己感兴趣的专业领域）；等等。

而在"结构化"模式下，注重国际化人才选拔，在招生中对申请者的素质能力要求包括：①教育背景（提交个人简历和学历证明）；②学习能力（提供本科和硕士期间成绩单，平均成绩 2.0 分以上。在德国，最高为 1 分，最低为 5 分）；③科研素质（提供两位教授的推荐信，对申请人的工作能力、学术水平和从事科研的能力做出客观评价）；④语言能力（提供德语或英语的语言考试合格证，如德福、TOEFL 和 GRE 成绩）；⑤发展潜力（提供个人研究成果和动机信）；⑥其他社会能力（见表 3-10）。

表 3-10　德国不同培养模式对研究生的素质能力要求

"师徒制"模式		"结构式"模式	
项　目	内　容	项　目	内　容
教育背景	个人简历和学历证明	教育背景	个人简历和学历证明
学习能力	高中毕业考试成绩、大学学习成绩和国家考试成绩	学习能力	大学本科和硕士期间所修的各门课程的学分及成绩单
独立科研能力	相应研究论文	科研素质	两位教授的推荐信
专业能力	专业领域相关课程口试和论文答辩	语言能力	德语或英语合格证书，如德福、GRE 成绩和 TOEFL 成绩
语言能力	具备拉丁语和希腊语知识，用德语或拉丁语撰写论文	发展潜力	个人研究成果和动机信
学习适应能力	有自己感兴趣的专业领域	其他社会能力	人际关系、适应能力等

3.3.6　高校对国际学生的入学要求

1. 申请攻读德国硕士学位入学要求

德国大学实行自主招生，不划定统一的分数线。德国高校录取主要考察以下方面：①学习成绩（平均分）；②外语水平（德语或者英语）；③教育背景（如对中国学生，同等条件下，优先考虑 211 工程大学毕业的学生）。如果申请者选择的是自己原专业方向，原则上除法律、药学、医学等专业外，可以直接开始学习硕士课程。如果在本科学习期间申请赴德继续攻读相同专业，相关课程可以申请免修。高校的相关委员会会根据有关规定对其学过的课程和成绩进行确认与折算。专业申请严格来说没有难易差别，能否申请成功，与申请者原就读的学校性质和教学质量，以及个人的专业能力和学习成绩密切相关。因此，如果申请者原就读学校教学质量好而且其成绩优良，则其申请成功率也相对较高。同时，申请没有“名额限制”的专业相对而言较容易。①

德国研究生入学时间为每年 4 月或 10 月，对申请者的要求，不同的高校会有所不同。如 2017 年，德国部分高校对申请攻读硕士学位的中国留学生的入学要求见表 3 - 11。

表 3 - 11　德国部分高校对申请攻读硕士学位的中国留学生的入学要求

学校名称	入学要求	热门专业
德累斯顿工业大学	211 大学，大四在读或本科毕业。大学成绩 80 分左右	机械制造、车辆工程、经济信息学、经济工程、电子工程、法律
开姆尼茨工业大学、杜伊斯堡-埃森大学、锡根大学、莱比锡大学、费来贝多格工业大学	大四在读或本科毕业大学成绩 75 分以上	微电子、汽车制造、机械工程；工业工程、机械制造、企业管理、物流；经济学、会计车辆工程、机械制造；商科类、语言类；经济信息、机械工程、材料科学、化学
亚琛工业大学、慕尼黑工业大学、斯图加特大学	大四在读或本科毕业。大学成绩 85 分	电子电气工程、机械制造；企业经济学、电子电气工程；机械制造、电气工程
达姆斯塔德工业大学	大四在读或本科毕业，大学成绩 83 分	电子电气工程，计算机科学
耶拿大学	大四在读或本科毕业，大学成绩 83 分。DAF18 分	语言类
卡尔斯鲁厄工业大学、柏林洪堡大学、凯泽斯劳滕工业大学	大四在读或本科毕业。成绩 85 分左右	机械制造、电气工程、法学、国民经济学、经济工程、电子电气工程

资料来源：bdsj. jshnh. [EB/OL]. [2017-10-13]. http://bdsj. jshnh. com/list-40-1. html? bdjjsj-dg-fy-110972.

2. 申请攻读德国博士学位入学要求

博士生招生没有统一招生考试，采用申请考核制。申请人提交申请后需经过导师面试。国际学生面试时可选择视频面试，面试时采用的语言可选择英语或德语。申请条件和要求各高校有差异，如柏林洪堡大学，没有统一招生考试，采用申

① DAAD. studium-in-deutschland [EB/OL]. [2017-11-8]. http://www. daad. org. cn/zh/studium-in-deutschland/faqs-zum-studieren-in-deutschland-2/kapitel-2-bewerbung#20.

请考核制，申请基本条件（以中国为例）：大学成绩（包括本科和硕士阶段）平均分85分以上（本科和硕士阶段所有科目成绩），德福16分；还需提供硕士阶段论文、研究课题、发表论文以及发表刊物的级别等相关资料；还会考查前置学历的课程是否符合他们的要求，最后择优录取。学制一般合同期是2年。[①] 为了保障博士申请工作的展开，每个院系（Fakultät）都会成立专门委员会。由专门委员会确定录取标准，并依照这一标准确定是否录取，如洪堡大学每个院系都拟定了自己的博士录取标准和录取环节。[②]

3.4 德国研究生选拔中的行为主体

研究生招生选拔涉及政府、高校、导师、学生等多方利益相关者，在招生选拔过程中为满足各自的权益，相互关联，相互作用。

3.4.1 政府的参与和监督

联邦政府和州政府通过建立较完备的法律和法规（如高等学校法），及组建相关机构（如各州文教部长联席会议），从顶层制度设计、管理模式、资金支持及第三方评估等方面，实施对高校的招生管理和协调相关事务。具体如下：

1. 研究生院的建立与管理

研究生院建立的审批权在各州的高校主管部门，具体的审核、资助工作由德国研究会（Deutsche Forschungs Gemeinschaft，DFG）负责执行。目前研究生院建立的程序为：由若干专业相近的教授共同拟定一项研究和博士生培养方案后，向州主管部门提交申请，在州主管部门批准后直接报德国研究会，由其在对所报的研究和培养方案的质量，是否符合相关要求，是否有基础和优势等进行分类比较和专家评估后，决定是否资助。另外，由于研究生院不是永久性机构，申办者还须在申请中说明申请的期限。一个研究生院一般包括5～15名教授，称为导师（Tutor）；10～20名博士生和博士后研究人员，学生总数不得超过限制总人数。[③]

2. 严格的研究生导师遴选体制

德国严格奉行教授治校，教授对校内事务处理拥有绝对的权力，但大学教授的任命和博士学位授予权由州政府掌握。各级政府很少对大学进行行政干预。在德国，凡有博士学位授予权的高校，所有教授均有权指导博士生。一般每个研究所只设1～2个终身教授席位。当有职位空缺时公开向社会招聘，并由专门的教授资格

---

① 资料来源：网络咨询。http://p.qiao.baidu.com/im/index?ucid=9871931&siteid=6317102&bid=16bb11aa348cd40249a005dc.

② Humboldt-Universität zu Berlin. Promotionsordnungen[EB/OL]. [2016-10-2]. https://www.hu-berlin.de/de/promovierende/promotion/wn_proord_html.

③ 陈洪捷. 德国研究生教育的新发展[J]. 比较教育研究. 1993(5):43-44.

审查委员会按严格的程序进行选拔。① 教授资格审查委员会在对候选人进行个人品质、学术水平、教学能力等方面的全面考察或公开答辩后，择优报请州政府审批和任命，如果州政府认为报批的候选人不符合要求，将会要求重新进行选拔，以此保证选拔的质量。

(1) 德国教授的聘任条件

德国教授的聘任条件除包括高等学校毕业、具有教学能力、具有科研能力这三项之外，不同类型的高校还会有一些特定的聘任要求，如综合性大学对教授候选人的学术科研能力提出了更高的要求。② 从 1819 年开始，一直到 20 世纪末，在综合性大学的绝大多数学科(除了工程学科和艺术学科之外)，受聘为教授的一个前提条件是应聘者在取得博士学位之后，再完成一部规模更大的著作（教授资格论文)，以进一步证明自己的科研实力和在大学授课的能力，并由此获得授课许可。

(2) 教授资格考试

这是一种独特的学术职业准入机制，是德国大学教授聘任制度中一个重要环节。教授资格考试对申请者的科研、教学、书面表达、口头表达等能力进行评估和考察，要求申请者掌握高深的专业知识和具有广阔的知识视野。另外，教授资格考试注重长期的考察，并通过严格规范的选拔程序，选拔出致力于科学与研究的各专业精英。2002 年，德国在高校人事制度改革中取消了教授资格考试作为受聘教授的必要前提，仿效美国的助理教授制度(Assistant Professorship)，引入了青年教授(Juniorprofessor)制度，但 2004 年有三个联邦州向联邦宪法法院提起控诉，法院判定这一取缔的决定是违法的，因此这一制度又得到了恢复。目前，人们可以通过不同的职业发展路径达到受聘为大学教授的目标，但教授资格考试仍受到很多人的青睐，因为它比其他通向教授的路径(如青年教授)具有更高的社会声望和认可度。③

(3) 制度保障

2015 年 12 月 3 日，德国联邦教研部发布了在德国《时代》周报的访谈记录：德国联邦教研部将考虑设立美式终身教授(Tenure-Track)职位。为向年轻科学家提供更多的保障，教研部计划在 10 年内每年投入 1 亿欧元来设立终身教授职位(2016 年推出不少于 1000 个)，相关的财政费用将采用大学申请和德国联邦教研部资助的方式。④

① 解茂昭. 从传统走向未来——德国研究生教育的特点、动向及其启示[J]. 学位与研究生教育，1996(6)：59-62.

② KMK(Hrsg.). Das Bildungswesen in der Bundesrepublik Deutschland 2009[R]. Bonn：KMK，2010.

③ 孙进. 选拔以学术为业的精英人才——德国大学教授资格考试制度评述[J]. 中国人民大学教育学刊，2013(2)：47-58.

④ 杜卫华. 德国计划 10 年内投资 10 亿欧元设立美式终身教职[J]. 世界教育信息，2016(2)：73.

3. 加强第三方评估

如硕士学习项目认证和研究生院的水平评估，在保证教育质量底线的基础上，促进研究生教育质量的不断提升，并鼓励博士生教育的竞争性发展，等等。

3.4.2 高校的管理和作用

在招生过程中，高校则根据相关的法律，结合政府给予的办学自主权，具体制定细节性规定，并组织和实施。实施过程中根据不同的培养模式，采取不同标准和要求保障导师和学生的权益。

如对研究生院的要求和管理。在内部组织方面，除要求选出一位主任外，其他由研究生院自行安排，不做一般性规定。主任对外代表其研究生院，对内主要负责日常事务。研究生院人事的安排，经费的使用，学生的选拔、录取，完全由研究生院负责，同时，研究生院在教学、科研方面也享有较大的自主权。① 在招生方面，每个研究生院通过刊登招生启事，面向全国公开招生，并从大学学习成绩、科研能力和研究兴趣等方面考察申请者。录取工作完全由研究生院的导师们独立决定，充分尊重和发挥了导师的自主权。

3.4.3 导师的权力与指导

德国导师的权力较大，在整个研究生的招生和指导过程中起主要决定作用。在传统"师徒制"模式下，导师不仅在研究生的招生选拔上有很大的自主权，而且在培养质量的把关上也承担着较大的责任。导师不仅要指导学生学习如何做学问，也要教给学生做人的道理。他们强调让学生独立探索，注重学生研究能力的提高。而对于课程，硕士生阶段有相对较为严格的选课和实践规定，但对于博士生则只需根据需要适当选课即可。在"结构化"模式下，比传统的"师徒制"模式的管理更严，在教师、时间、场地的分配上注重资源互补，学生不仅可以接受自己导师的指导，还有许多机会与其他学者进行交流和学习。② "结构化"模式对研究生的培养更强调实用性、相互协作和资源互补，而"师徒制"更强调言传身教。当然，德国对导师指导学生的周期和频率没有明确规定，师生关系也有亲疏之分，指导程度差异很大。勤奋的学生可能每周两三次和老师见面讨论，而有的学生一两个月跟导师也见不上一面。另外，有研究者的研究表明，论文与导师的项目越接近，指导频率越高，指导越具体；反之，指导频率相对较低，所给出的指导也多为原则性的。③ 可见，导师主要是依据相关法律和规则，在允许的自主权下选拔和培养学生。

---

① 陈洪捷.德国博士生教育及其发展新趋势[J].学位与研究生教育，1994(1)：22-25.

② 陈正.德国博士生创新能力培养模式探析[J].国外研究生教育，2012(1)：53-57.

③ 潘艺林.研究生指导过程的国际差异[J].有色金属高教研究，1999(6)：49-54.

3.4.4 研究生的权益与实现

德国高等教育具有均质性和等值性，符合基本条件的学生均可自主选择需要就读的高校，但学生必须满足相关高校的选拔条件和要求，并按相关流程提交申请和相关材料，经过相关考核，获得就读资格。

另外，尽管机会是公平的，但由于还存在专业名额限制等情况，因此，申请并非百分百的通过率，学生之间的竞争在所难免，也必须面对优胜劣汰的结果。

3.5 德国研究生选拔的质量保障体系

德国高等教育质量保障系统由认证和评估两部分组成，认证是对达到基本质量标准的认可；评估则对质量提出了更高的标准和要求。德国联邦政府一方面通过管理体制和管理模式改革，逐步扩大高校自主权；另一方面加强对高等教育的认证和评估，引导高校自律，完善质量保障体系。同时，引入第三方机构参与和监督机制，共同促进教育质量的提升。

3.5.1 政府监管

1. 扩大高校办学自主权

1998 年，联邦各州政府开始在高等教育领域全面落实以新公共管理为导向的管理体制改革，在对《高等学校总纲法》的第四次修订中，进一步减少了政府对高校的行政干预，扩大了高校办学自主权。同时，对高校内部的管理结构进行了改革，进一步提升了高校内部的执行与决策能力，保证了高校办学自主权能得到充分的利用。① 2006 年，联邦与州签订《2020 年高校协定》，增加了各州在高教领域的权限和责任，构建双方战略伙伴关系。2007 年 8 月 20 日，德国联邦政府与 16 个州政府签署了《联邦及各州有关高等教育协定 2020 的行政协定》(*Hochschulpakt 2020*)，该协定计划在 2007—2020 年由联邦政府和州政府共同出资增加高校学习名额，改善教学条件，同时为已经获得德国科研协会(Deutsche Forschungs Gemeinschaft，DFG)资助的科研项目提供额外的项目经费，从而实现在扩招的同时提升高校的科研水平与教学质量的发展目标，探索出一种新的发展模式。②

2008 年 10 月 1 日，1976 年出台的《高等学校总纲法》正式失效，联邦政府放弃了制定总纲法的职能，此后主要负责协调教育援助(如奖学金) 、科研资助、高校

① Bogumil，J. &R. G. Heinze. Einleitung[M]//Bogumil，J. &R. G. Heinze (Hrsg.). Neue Steuerung von Hochs-chulen. Eine Zwischenbilanz. Berlin：edition sigma，2009.

② 孙进.《高等教育协定 2020》评述——德国面向 21 世纪的高等教育扩张政策[J]. 河北师范大学学报(教育科学版)，2012(10)：47-51.

录取和毕业等事务。高等教育的管理权限正式重新归于各州政府。[①]同时，大学依据州的大学法或高等教育法来制定大学的章程，大学的人事、财政管理、预算和经济、学费征收以及健康医疗属于国家事务，但由大学统一的管理机构与学术事务负责实施，州政府对此进行业务监督。[②]

2. 加强宏观调控

联邦政府通过调整高校的内部管理模式，解决传统内部管理模式下高校的执行和决策能力受限制的问题。同时，成立有校外人士参与的高校理事会(Hochschulrat)，作为高校的咨询或决策机构，将相关的权力交给高校理事会、校长和院长两级管理层。联邦政府通过高等学校法、总体预算、目标协定和绩效拨款等方式进行宏观调控。

3. 强化高等教育评估

德国联邦政府通过建立高等教育质量保障体系，加强对高等教育的评估(如研究生教育中进行的合格认证和水平评估等)，实现对高校教育质量的监管。建立的相关制度：如高等教育认证制度。

传统上，德国在高等教育质量保证上更多体现了政府主导，如由各州政府文教部审核和批准大学制定的考试规章和学业规章，对高校各个专业的课程结构、考试规定和学习期限等进行控制，以此保证专业课程的开设质量。20 世纪后期，新公共管理改革中政府进一步扩大了高校自主权，政府对高校的管理转向以调控为主。在这一背景下，德国在 20 世纪 90 年代中期引入了系统的教学评估，之后又在博洛尼亚进程中引入了高等教育认证制度。[③]

(1) 组织结构

高等教育认证体系中，在联邦政府的主导下成立各州文教部长联席会议(Standing conference of the ministers of education and cultural affairs of the federal state，Kulturs Minister Konferenz ，KMK)，由各州负责基础教育、高等教育和文化事务的部长及参议员组成。KMK 负责认证制度的设计，同时为国家认证委员会(Accreditation Council)提供资金支持，它代表着各州与联邦政府之间的共同利益。国家认证委员会是 KMK 所资助的认证中介机构的从业审核部门，它代表联邦政府对开展学习项目认证的中介机构进行资质审核，颁发从业执照，并负责执行各州文教部长联席会议所做出的决定，及把相关决定传达给具体的认证中介机构。国家认证委员会由 18 位委员组成，包括 4 名高校代表，4 名联邦政府的代表，5 名来自职业领域的代表(其中 1 人来自主管职务和工资法的政府部委代表)，

---

① Lanzendorf，U. &P. Pasternack. Hochschulpolitik im Ländervergleich [M]//Bogumil，J. &R. G. Heinze (Hrsg.). Neue Steuerung von Hochschulen. Eine Zwischen-bilanz. Berlin：edition sigma，2009.

② 张国有. 大学章程. [M]. 第二卷. 北京：北京大学出版社，2011：217.

③ MITTAG S. Qualitätssicherung in Hochschulen. Eine Untersuchung zu den Folgen der Evaluation von Studium und Lehre[M]. Münster：Waxmann，206：1，10.

2 名国际专家，2 名学生，1 名认证中介机构的代表（仅有咨询权）。他们由德国文教部长联席会议和高校校长联合会负责任命，任期为 4 年。[①] 这种人员结构让所有的利益相关者都能参与其中，体现了民主性，保证了各利益相关者的权益。

（2）工作机制

国家认证委员会是最高的认证机关，《德国专业认证基金会设立法》规定了其工作目标、任务、组织结构和程序等。认证中介机构则按照《专业认证和体系认证的规范》及与认证委员会签订的专门协定中规定的标准开展具体认证工作。在各州的《高等学校法》中则规定了接受评估和认证等质量保证是高校必须履行的义务。德国高等教育认证的机构主要包括认证委员会和认证中介机构。认证委员会的管理与决策范围主要包括：①制定中介机构认证标准及实施。②确定学士和硕士专业的参照框架。③确定对学士和硕士专业的认证标准。④确定评估与认证的关系。⑤保证让学生参与认证委员会、认证中介机构和评估小组。⑥对认证中介机构进行批评性监督。认证委员会负责评价认证中介机构是否保持和遵守事先制定好的标准，支持、督察以及协调认证中介机构的工作。[②]

（3）运作模式

目前，获得国家认证委员会认可的国内外评估中介机构有 11 家。学习项目认证与质量保障委员会（AQAS），认证、认可和质量保证协会（ACQUIN），标准学习项目质量认证与保障委员会（AKAST），工程、计算机信息科学、自然科学与数学学位项目认证委员会（ASIIN），国际商业管理认证基金会（FIBAA），健康与社会科学学习项目认证中心（AHPGS），瑞士高等教育认证与质量保障中心（OAQ），奥地利质量保障委员会（AQA），奥地利质量认证与保障中心（AQ Austria），巴登-符腾堡州评估委员会（evalag），汉诺威评估与认证中心（ZEvA）。从组织框架上看，虽然认证中介机构处在一个类似于市场的环境当中，但在宏观政策、认证标准、认证流程、资金支持等方面依然受制于联邦政府（如图 3-5 所示）。[③]

3.5.2　社会评价

德国研究生教育通过第三方参与认证和评估的方式，因社会多方参与和监督，促进了教育质量的提升。如硕士学习项目认证和研究生院的选优评估，前者在保证教育质量底线的基础上，促进教育质量的提升；而后者则通过选拔和经费资助，

① AKKREDITIERUNGSRAT. Gesetz zur Errichtungeiner Stiftung "Stiftung zur Akkreditierung von Studieng ngen in Deutschland[EB/OL]. [2017-10-17]. http://www.akkreditierungsrat.de/fileadmin/Seiteninhalte/AR/Beschluesse/ASG_Stiftungsgesetz.pdf.

② SCHADE A. Paradigmenwechsel bei der Qualitätssicherung in Deutschland: Mehr Autonomic, mehr Vielfalt[M]//SCHWARZ S, WESTERHEIJDEN D F, REHBURG M. Akkreditierung im Hochschulraum Europa. Bielefeld: UVW, 2005: 59.

③ "研究生教育评估制度研究及体系构建"课题组. 国外研究生教育评估制度研究[M]. 上海：华东师范大学出版社，2015：207.

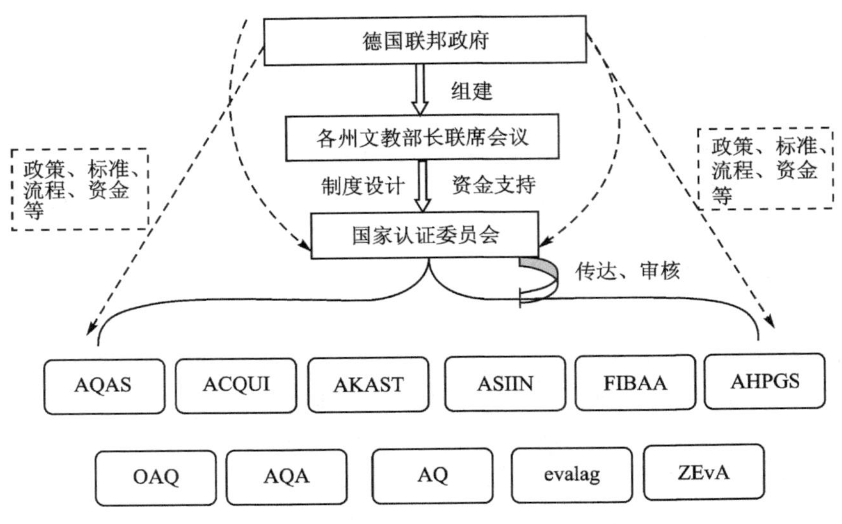

图 3-5　德国认证、评估机构作用图

促进博士生教育高质量的竞争性发展。

在认证和评估过程中，无论是合格认证还是水平评估，具体工作都由相对独立的第三方机构负责开展。不过，联邦政府和州政府的角色地位也不容忽视，如硕士学习项目认证中的中介机构必须通过国家认证委员会的资质认可，方可开展具体认证工作；国家认证委员会及其所属的基金会成员中联邦政府人员比重较大(分别为 4/18,6/11)。另外，在卓越战略的研究生院评选中，德国科研协会虽然是一个独立的学术经费管理机构，但它 75%的经费来源于联邦和州政府，其主要职责是选择有发展潜力的项目、团队和个人，并用政府提供的经费支持其发展。

1. 硕士学习项目认证

在德国，硕士学位教育单位必须接受认证中介组织的认证，认证通过后由国家认证委员会授予在一定时期内开展学位教育的资质，期满后再次接受认证审核以确定接下来一段时期内的教学资质。① 认证过程中，首先，由参与认证的教育单位根据国家认证委员会(Accreditation Council)提供的认证参考标准撰写自我评估报告，对学习项目的质量目标、学术可行性、考试体系、项目相关的合作、设施、透明度和文档、质量保障与进一步的发展、特殊需要的学习项目、性别公平与机会等内容逐一阐述；其次，由认证中介机构组织一个由多人组成的认证专家小组，通过分析自我评估报告、实地调研和访谈来开展外部认证工作，并给出一份专家报告。认

① “研究生教育评估制度研究及体系构建”课题组. 国外研究生教育评估制度研究[M]. 上海：华东师范大学出版社，2015：9.

证中介机构根据专家报告和高等教育机构的反馈做出最后的认证决定。如在认证的最后一步，德国认证、认可和质量保证协会（ACQUIN，学习项目认证的中介机构之一）将对该学习项目做出认证决定，决定包括四种：无条件认可、有条件认可、暂停学习项目、终止学习项目。[①]

2. 研究生院的选优评估

研究生教育中的水平评估，如卓越战略的研究生院选优评估。“卓越战略”是由德国科研协会（DFG）组织开展的“联邦与各州促进德国高校科学与研究的卓越战略”的简称，该战略是进入21世纪后，德国为最优秀的机构和项目提供专项资金支持，以促进精英高等教育发展的战略。卓越战略中的研究生院项目旨在为年轻的科学研究者提供高水平的教育，评估内容涉及研究生教育制度、课程与教学、教师、学生和硬件条件保障等，选拔资助的过程相当于研究生院的选优评估。

研究生院选优评估程序。首先，由研究生院提出申请，申请材料为根据德国科研协会（DFG）提供的参照标准撰写的自我评估报告。自评报告需要说明以下问题：①基本信息。简要总结研究生院的学术目标和博士生培养的重点及方向。②学术概况。对研究生院的整体学术状况进行说明，其中包括研究生院学术研究的重点，近几年在相关领域的重要进展，研究当中多学科的组成情况以及多学科方法的运用等。③研究训练。从招生到培养的八个方面对博士生培养过程进行详细说明：博士生的招收流程，博士生在研究生院当中的地位，以及他们与研究环境的融洽状况；训练方法与相关概念；描述研究生院的监督和指导战略，同时说明完成博士学位的合理时间规划；介绍博士生培养的完成情况；研究生院对大学整体战略的促进作用，以及对青年学者早期学术生涯发展的帮助；研究生院与国内外的合作情况，以及针对国际学生的特殊培养方式；说明研究生院在性别平等方面所做的努力；介绍与博士生培养相关的一些额外的方法和活动。④组织结构。研究生院的组织管理结构、决策程序、绩效分配机制等与组织发展相关的内容。⑤资源概况，研究生院所有资源的来源方向及现有的工作场所、基础设施等。⑥其他附录说明。[②]其次，德国科研协会在对研究生院递交的申请进行分析的基础上，重点考察研究生院是否达到德国国内一流的水平，能否体现德国博士生教育的发展实力，并具有国际竞争力。通过选拔和经费资助，促进博士生教育的高质量的竞争性发展。

3.5.3　高校自律

1. 改革内部管理模式

传统上，德国高等教育管理体制的特征是两头重、中间轻，处于中间的高校管

① “研究生教育评估制度研究及体系构建”课题组．国外研究生教育评估制度研究[M]．上海：华东师范大学出版社，2015：211.

② “研究生教育评估制度研究及体系构建”课题组．国外研究生教育评估制度研究[M]．上海：华东师范大学出版社，2015：6-10.

理者（校长和院长）对上对下均没有实质性的权力和可供施加影响的资源，执行和决策能力受到限制。

为了解决这一问题，新公共管理改革调整了高校的内部管理模式，一是引入绩效拨款和目标协定等管理工具，加强校长和院长两级的管理权力；二是削弱传统的学术自主管理权限；三是加强社会对高校的外部监督，成立了有校外人士参与的高校的咨询或决策机构——高校理事会（Hochschulrat）。通过改革，政府将相关的权力交给了高校理事会、校长和院长两级管理层。① 高校内部管理也由传统的学术自主管理模式转向管理主义模式，学术自主管理委员会的权限被削弱，校长和院长层面的管理权力得到加强。②

2. 完善内部管理制度

（1）建立论文全院教授集体把关制度

德国大学从上到下均享有一系列自治权，如各学院拥有学位授予权，也可以制定各自的条例，如《博士培养条例》（*Promotionsordnung*）中的论文全院教授集体把关制度，以及主修和辅修考试专业的规定等。在对博士论文的评审中规定，博士论文在提交到学院后，由院长委托一名教授或多名教授进行审阅（如柏林大学规定由两名教授进行评审）。评审通过后院长将博士论文和评阅意见交给院内所有教授（全院的教授多达50余人，少则可能有20～30人）。全院的教授都必须对论文评分和投票，而不是由答辩委员会来决定。多名教授参与投票，这对博士论文的质量提出了较高的要求，保障了博士论文的质量。通过以上一系列的制度，确保了研究生选拔和教育质量。如教授集体把关的做法避免了“师徒制”模式下导师个人评判可能会出现的偏差；而主修和辅修考试专业的规定则避免了博士生“只专不博”的可能性等。③

（2）加强自我评估

在德国高等教育评估中，无论是硕士学习项目合格认证，还是研究生院的水平评估，都是建立在高校自我评估的基础之上，借助第三方中介机构的外部评估要求和标准，从招生到培养的方方面面，如招生流程、培养目标、教学计划、教学过程、教学结果的提升和质量文化的塑造等，构建一个全方位的教学质量保障体系，促进高等教育质量的提升，提高高校的国际竞争力。

---

① B M Kehm, Lanzendorf U. Ein Neues Governance-Regime für die Hochschulen-mehr Markt und weniger Selb-ststeuerung[M]//Teichler, U. & R. Tippelt (Hrsg.) . Hochschullandschaft im Wandel. Weinheim und Basel: Beltz Verlag, 2005.

② 孙进. 政府放权与高校自治——德国高等教育管理的新公共管理改革[J]. 现代大学教育，2014(2)：36-43.

③ 陈洪捷. 德国哲学博士“博”在哪里？——基于20世纪初哲学院《博士培养条例》的分析[J]. 学位与研究生教育，2013(3)：74-77.

3.6　德国研究生选拔的特点及对我国研究生选拔的启迪

3.6.1　德国研究生选拔的特点

德国研究生选拔随着高等教育的发展变化而逐步发展完善，满足了不同历史时期德国对研究生教育的需求。选拔方式和内容逐步实现了多元化、国际化，组织更有序、更规范。研究生的数量不断增大，教育质量不断提高，促进了高等教育的发展和国际化进程。

1. 高校和导师自主权较大

在德国，联邦政府逐步减少了对高校的干预，赋予了高校更多的办学自主权。这体现在对相关制度和法律如《高等学校总纲法》的多次修订及制定《高等学校法》等上，逐步扩大高校自主权，提升高校内部的决策与执行能力。同时，导师在研究生选拔和培养上拥有较大的自主权，充分发挥了导师的专业优势，提升了导师培养学生的能力。

2. 选拔程序简便

德国没有统一的研究生入学考试，采取申请考核选拔的方式，操作流程简便，不仅节约了资源，也提高了选拔的效率。

3. 选拔方式多元化

传统的"师徒制"模式与"结构化"模式相互补充，既保持了传统特色，又与时代接轨，丰富了考核选拔方式和内容，满足了不同申请者的需求，使选拔更多元、透明、客观。

4. 注重学生的国际流动

德国作为世界受欢迎的留学目的国之一，充分利用自身独特的文化魅力和国家整体实力，制定了吸引留学生的一系列国际化政策，如多样化的海外招生宣传、引入与国际接轨的三级学位制度、开设英文授课专业和合作办学项目、免学费等；同时，提供多元资助、全方位的生活融入服务和放宽留学生就业与居留限制等政策，吸引了更多的外国学生选择留学德国，促进了德国学生的国际流动，提升了德国研究生教育的国际影响力。①

3.6.2　对我国研究生选拔的启迪

1. 建立健全高等教育法律法规，逐步扩大高校办学自主权

进一步建立和完善我国高等教育法律法规，逐步放权，去行政化，赋予高校更

① 孙进，宁海芹. 德国作为留学目的地国之魅力溯源——兼析德国吸引留学生的国际化政策[J]. 比较教育研究，2015(12)：1-8.

多的办学自主权，让高校能充分发挥自身在人才选拔、人才培养和科学研究等方面的优势，办有自身特色的高校，促进我国高等教育的发展。

2. 尊重学术权威，扩大导师自主权

崇尚科学，尊重学术。扩大导师在研究生选拔和培养中的自主权，充分调动导师的积极性和自主性，激发导师工作热情，更好地将专业研究与人才培养融合，提升研究生招生和培养质量。

3. 多元化选拔学生，促进学生国际流动

不断提升高校自身的独特魅力和整体实力，制定吸引学生的一系列国际国内政策，丰富选拔方式，引入与国际接轨的招生体制与方式，吸引更多的外国留学生，促进学生的国际交流与合作，推动高校“双一流”建设。

4. 加强监督，建立第三方考评机制

引入第三方中介机构直接参与高等教育招生选拔与质量监督，建立第三方考评机制，让其充分利用好独立于高等教育机构之外的身份，更加公平、公正地实施政府相关政策，促进高等教育高效运转，促进教育公平，提升高等教育质量。

5. 与时俱进，促进国际化发展

兼容并包，海纳百川。逐步提升高校国际化办学水平和能力，提升自身吸引力和国际影响力。积极推进研究生教育与国际接轨。拓宽学生的视野，吸引国际学生，提升人才培养水平和质量，提升高校国际化发展水平和国际影响力。

第4章　俄罗斯研究生选拔制度研究

俄罗斯的研究生教育体系是世界上历史最悠久的研究生教育体系之一，现代俄罗斯的研究生教育体系是在苏联的基础上建立的，既保留了苏联的优点，又创立了自己的特色。研究生招生制度是国家为招收研究生而制定的各种方针、政策和有关的规定、办法及其所形成的规程体系的总称。① 研究生选拔是教育的重要环节，生源质量的好坏直接关系到研究生教育的质量。招生制度的科学与否，是保证入学新生质量的关键，直接影响研究生教育的效率。在俄罗斯研究生教育发展历程中，研究生选拔制度发挥了重要作用，为国家选拔了大批优秀人才，为政治、经济、文化等各项事业的发展提供了智力支持和人才保障，值得我们进行全面而深入的研究。

4.1　俄罗斯高等教育制度概述

研究俄罗斯的研究生招生制度，首先应对俄罗斯的教育制度有一个全面的了解，如俄罗斯的国民教育体系、学位制度及研究生教育发展状况等，这是深入研究和理解俄罗斯研究生招生制度的前提和基础。

4.1.1　俄罗斯国民教育体系

20多年以来，为调整教育领域出现的各种新关系，划分教育领域不同主体的权责，保障教育系统的良性运行和发展，俄罗斯对教育法先后进行了数十次的补充修订。2013年9月1日，新生效的《俄罗斯联邦教育法》(简称"新《教育法》")对俄罗斯的国民教育体系进行了调整，由原来的普通教育和职业教育两大类调整为普通教育、职业教育、补充教育和职业培训四大类，如表4－1所列。

表4－1　俄罗斯的国民教育体系(自2013年以来)

类　别		组成部分
1	普通教育	学前教育
		初等普通教育
		基础普通教育
		中等普通教育

① 秦惠民．学位与研究生教育大辞典[M]．北京：北京理工大学出版社，1994：327.

续表 4-1

类别		组成部分
2	职业教育	中等职业教育
		高等教育(培养学士)
		高等教育(培养专家[①]和硕士)
		高等教育(高水平人才培养——培养副博士和博士)
3	补充教育	儿童补充教育
		成人补充教育
		补充职业教育
4	职业培训	各类形式的职业培训

资料来源：Федеральный закон от 29. 12. 2012 N 273 — ФЗ "Об образованиив Российской Федерации".(2013 年版《俄罗斯联邦教育法》)

研究生教育属于职业教育的范畴。1996 版的《俄罗斯联邦教育法》(以下简称《教育法》)中,职业教育包括:初等职业教育、中等职业教育、高等职业教育和大学后职业教育。新《教育法》取消了"初等职业教育"层级,将其归入"中等职业教育"范围内。中等职业教育成为人人皆可享受的普及教育,新《教育法》第 6 条"联邦教育国家权力的权能"第 2 款规定:"联邦国家机关拥有保证联邦国家教育组织提供人人都可享受的免费的普通和中等职业教育的权利。"原来的"高等职业教育"(培养学士、专家和硕士)和"大学后职业教育"(培养副博士和博士)在新《教育法》中被统一改为"高等教育"。

4.1.2 俄罗斯高等教育学位制度

学位制度是指一个国家或大学为授予学位,保证学位授予质量以及对学位授予工作实施有效管理所制定的有关法令、规程、实施条例或准则的总称。[②] 沙俄时期的学位制度是在借鉴德国和法国学位制度的基础上发展起来的学士、硕士、博士三级学位结构。苏联初期废除了沙俄的学位制度,于 1934 年建立副博士和博士两级学位结构,一直沿用到苏联解体。苏联解体后,俄罗斯联邦为了与世界高等教育体系接轨,融入欧洲教育一体化进程,培养不同层次、不同类型人才以适应多样化的社会需求,于 1992 年建立了学士、硕士、副博士和博士四级学位制度。俄罗斯高校目前实行的是双轨制的学位制度:一轨是学士—硕士—副博士—博士;另一轨是专家—副博士—博士(与苏联时期相同),俄罗斯允许高校自主决定在新旧两种体制间做出选择。俄罗斯高等教育学制如表 4-2 所列。

① "专家"是苏联时期保留下来的制度,完成专家学位课程一般需要 5~7 年时间,在我国认定为本科学历。

② 秦惠民. 学位与研究生教育大辞典[M]. 北京:北京理工大学出版社,1994:4.

表4-2　俄罗斯高等教育学位制度

<table>
<tr><td>学位结构1</td><td>学士</td><td>硕士</td><td rowspan="2">副博士</td><td rowspan="2">博士</td></tr>
<tr><td>学位结构2</td><td colspan="2">专家</td></tr>
<tr><td rowspan="2">学制</td><td>4年</td><td>2～3年</td><td rowspan="2">3～4年</td><td rowspan="2">3年</td></tr>
<tr><td colspan="2">专家的学制是5～7年,在我国认定为本科学历</td></tr>
<tr><td>教学形式</td><td colspan="3">面授、面授(夜校)加函授、函授</td><td>面授</td></tr>
<tr><td>对应我国学历</td><td>本科</td><td>硕士</td><td>博士</td><td></td></tr>
</table>

学士学位教育学制4年,毕业合格颁发《高等教育毕业证》,并授予“学士学位”。硕士学位教育是在学士学位教育的基础上再接受至少两年的专业培养(包括科研或教学实习),标准学制为2～3年,毕业合格授予“硕士学位”。专家是在中等普通教育(或中等职业教育)的基础上学习5～7年,毕业合格者不授予学位,只颁发专家证书。根据2007年10月俄罗斯国家杜马通过的232号联邦法规定,硕士的培养只能在学士的基础上进行,而专家的培养只能是连续的(不能通过学士进行)。法律甚至禁止缩短期限完成硕士和专家教育大纲。[1] 学士—硕士和专家学习年限基本相同,其区别在于:学士和硕士按培养方向培养,专家按专业培养。[2] 专家授予专业资格,重视专深专业理论知识的掌握和实践能力的培养,培养高级专门人才,如医生、教师、工程师等;而学士和硕士授予学位,重视所选学科方向宽泛基础理论知识和专业理论知识的掌握、科研创新能力的培养,培养专业面宽的通才,如文学硕士、理学硕士、哲学硕士等,专业资格带有职业性,学位则带有学术性。学士、硕士和专家的教学形式都分为三种,面授、面授(夜校)加函授、函授。

副博士和博士教育学制一般各3年,毕业合格者分别授予科学副博士和科学博士学位。获“硕士学位”或“专家资格”的高校毕业生可报考攻读副博士学位,在我国认定为博士学位。

值得注意的是,俄罗斯没有将硕士教育(应将俄罗斯的 магистр 称为硕士生,而不是硕士研究生)归为研究生教育层次,而是归为本科生层次。这是因为俄罗斯历来重视高层次专门人才的培养,以要求严、质量高闻名于世,而硕士教育脱胎于苏联的高等教育体系,与专家的培养体制比较而言,在培养方法和学制等方面没有太大差别,俄罗斯国内普遍认为硕士学位同专家资格是对等的,因此将其归为本科

① 姜炳军. 俄罗斯研究生教育的传统与变革[M]. 北京:北京师范大学出版社,2012:36.

② 2007年颁布的《第三代联邦高等职业教育国家教育标准》(Макет ФГОС ВПО)确定了俄罗斯高等教育的培养方向目录和专业目录,该标准同时实施两种目录分类,即培养方向目录和专业目录。培养方向目录为科学教育活动和科学研究活动培养人才而制定的,它是根据科学工作者的专业目录制定的,能保证各层次教育大纲的衔接性;专业目录是根据中等职业教育专业目录,为要求具有高等教育学历、应用性强的职业活动领域培养人才而制定的。具体内容见第121～122页。

生教育层次。按照国际教育分类标准（Международная стандартная классификация образования）和 OECD 教育分类标准，俄罗斯硕士学位与欧美国家的硕士学位是对等的。我国也将俄罗斯的硕士学位认定为国内硕士学位水平。[①]因此，为了便于同各国研究生教育进行比较，本书中的“俄罗斯研究生”涉及硕士（магистр）、科学副博士（кандидат наук）和科学博士（доктор наук）三个层次。

4.1.3 俄罗斯研究生教育概况

俄罗斯的硕士培养机构是高等学校，从办学主体看，俄罗斯的高等学校有国立的、地方的和私立的三种。高等学校类型不同，经费来源也不同。国立高校主要靠国家财政拨款；地方高校主要靠地方财政拨款；私立高校主要由办学主体自行筹款，其中相当一部分来自学生的学费。2014 年，俄罗斯的硕士生招生规模为 11.9 万人，其中国立和地方高校招收 11.3 万人，私立高校招收 0.6 万人。[②] 2013—2014 学年，俄罗斯共有高等学校 969 个，其中国立高校 578 个，私立高校 391 个。这些高校在俄罗斯国内的分布情况如图 4－1 所示：中央联邦区 377 个，西北联邦区 107 个，南部联邦区 76 个，北高加索联邦区 55 个，伏尔加沿岸联邦区 143 个，乌拉尔联邦区 67 个，西伯利亚联邦区 105 个，远东联邦区 39 个。其中中央联邦区和伏尔加沿岸联邦区两区的高等学校数量占据了全国高等学校总数的 53.66%，可见俄罗斯国内高等学校在地域分布上并不平衡。

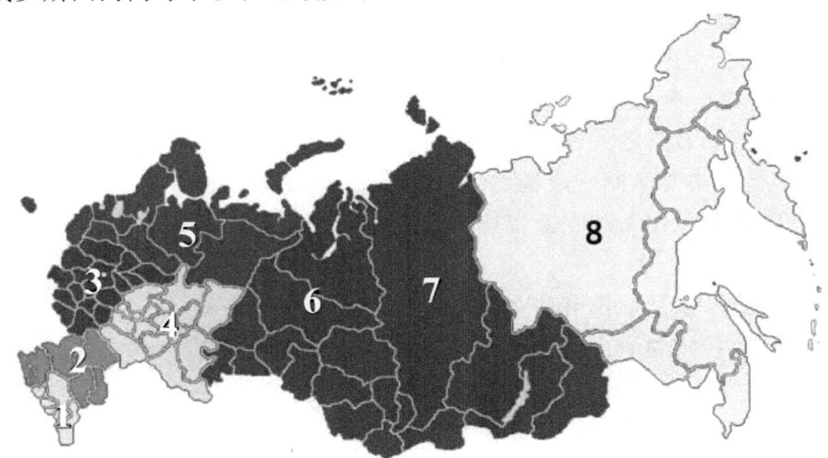

1.北高加索联邦区(55个) 2.南部联邦区(76个) 3.中央联邦区(377个) 4.伏尔加沿岸联邦区(143个)
5.西北联邦区(107个) 6.乌拉尔联邦区(67个) 7.西伯利亚联邦区(105个) 8.远东联邦区(39个)

（数据来源：Образование в Российской Федерации：2014，402）

图 4－1 2014 年俄罗斯国内高等学校分布情况

① 姜炳军. 俄罗斯研究生教育的传统与变革[M]. 北京：北京师范大学出版社，2012：42.

② Образование в Российской Федерации：2014，150.

俄罗斯副博士和博士培养单位共有高等院校、科研机构和补充职业教育组织三种类型，其中补充职业教育组织是2009年之后新增加的研究生培养单位。2013年，俄罗斯共有副博士培养单位1 557家，其中高等院校724家，科研机构818家，补充职业教育组织15家。2013年俄罗斯副博士生招生规模为38 971人，其中科研机构4 166人，高等院校34 643人，补充职业教育组织162人。高等院校的数量虽然少于科研机构，但其培养的副博士数量远远超过科研机构（详见图4－2、图4－3）。

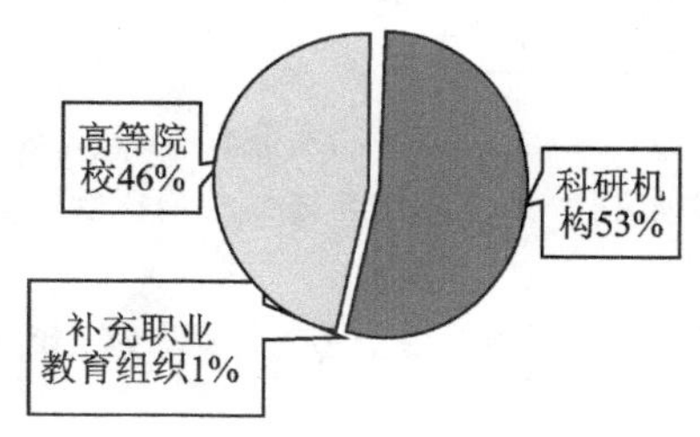

（数据来源：Образование в Российской Федерации：2014,416）

图4－2　2013年俄罗斯副博士培养单位数量占比

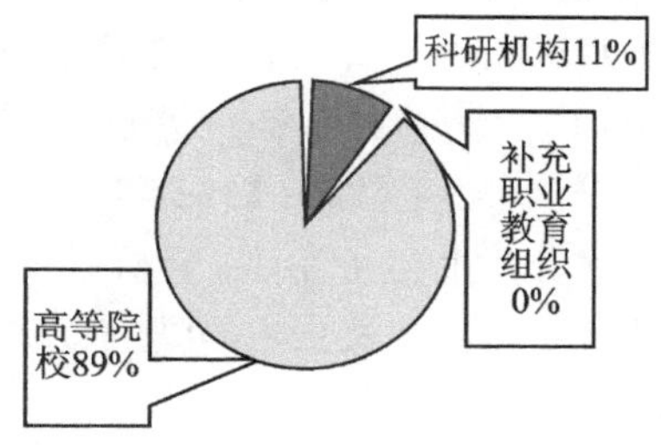

（数据来源：Образование в Российской Федерации：2014,416）

图4－3　2013年俄罗斯副博士招生规模

2013年，俄罗斯共有博士培养单位585家，其中高等院校398家，科研机构184家，补充职业教育组织3家。2013年俄罗斯博士生招生规模为1 582人，其中科研机构110人，高等院校1 471人，补充职业教育组织仅1人。在博士的培养上，科研机构的数量和其培养的博士毕业生数量都少于高等院校（详见图4－4、图4－5）。

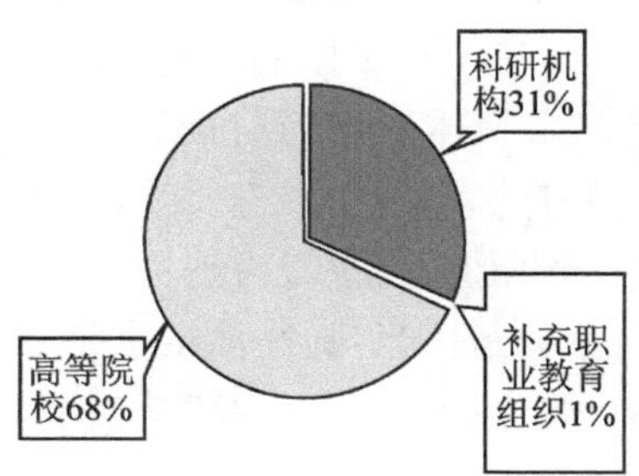

（数据来源：Образование в Российской Федерации：2014,428）

图4－4　2013年俄罗斯博士培养单位数量占比

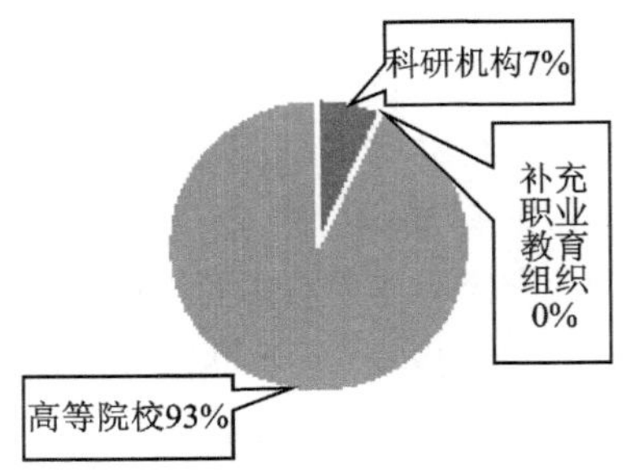

数据来源：Образование в Российской Федерации：2014,428)

图 4-5　2013 年俄罗斯博士生招生规模

4.2　俄罗斯研究生选拔制度的历史演进

学界习惯上将俄罗斯的历史分为三个时期：十月革命前的俄国史、十月革命后的苏联史和苏联解体后的新俄史。教育的产生与发展离不开社会政治、经济、科技和文化的发展，因此俄罗斯的研究生教育根据社会形态的变化也可以分为三个阶段：沙俄时期的研究生教育（1547—1917 年），苏联时期的研究生教育（1918—1991 年），苏联解体后的俄罗斯研究生教育（1992 年至今）。本节按照时间发展的顺序，梳理俄罗斯各个时期的研究生招生制度，分析制度变化的影响因素、存在的问题及解决途径，并对各时期的研究生选拔特点进行总结归纳，为我国的研究生招生考试制度改革提供借鉴。

4.2.1　沙俄时期的研究生选拔制度(1547—1917 年)

17 世纪末，西欧一些国家已经走上了发展资本主义的道路。封建农奴制生产关系占绝对统治地位的俄国为了改变落后的面貌，开始学习西欧先进的科学技术，大力发展文化教育事业。1724 年，彼得一世颁布了建立俄国国家科学院的命令。科学院附属有一所大学和一所文科中学，尽管彼得一世在 1724 年批准的最初方案中没有规定进入大学和中学的任何等级限制，但是 1747 年《科学院章程》规定，纳税等级①不得进入科学院大学，这体现出当时国民教育的总趋势——每个等级应该接受与它的地位和义务相符的教育。② 招生难一直是科学院大学整个办学期间最困难的问题，有几年甚至既没有新生也没有毕业生，其原因在于贵族们不愿将自己的孩子送入大学，而是将他们送去当兵，军队的官衔在当时具有很大的吸引力。

18 世纪中期俄国实行“加速帝国科学发展”新实验。1755 年 1 月 12 日，沙皇

① 当时俄国的社会结构分为四个主要等级：贵族、僧侣、城市居民和农村居民。贵族享有纳税豁免权，僧侣中的修士、修女以及各级主教、司祭、助祭也不纳税，所以真正的纳税等级只包括城市居民和农村居民。

② 石月．试论俄国 1804 年大学章程[D]．长春：吉林大学，2007：6.

伊丽莎白·彼得罗夫娜签署了建立莫斯科大学的命令。仿照德国的学位管理体制，俄国建立了本国的学位管理体制：在哲学系、医学系和法律系设立博士学位，而在自由艺术系仅设立硕士学位。[①] 罗蒙诺索夫明确主张莫斯科大学要废除等级制，招收学员应不分阶级出身，甚至过去的农奴亦可入大学，但条件是必须得到地主发给的解放证书。1755 年的大学章程提出招生不分阶级，需要通过入学考试才能进入大学。1760 年莫斯科大学共有 30 名大学生和 18 名中学生[②]，1787 年分别为 82 人和 1 101 人。学生数量与同期的西欧大学相比，存在相当大的差距。

18 世纪俄国科学院和莫斯科大学的建立，标志着教学和科研相结合的大学办学思想的萌芽，为俄国走资本主义道路提供了智力支持和干部保证。[③] 这一时期是俄国研究生教育的启蒙阶段，大学的作用主要是培养师资，出现了学位的雏形。但是这一时期，高等教育并没有真正同中等教育分开。由于缺乏自治权，也没有形成现代意义上的教学体制。

1804 年沙俄颁布了俄国历史上第一个《大学章程》[④]，规定"大学培养研究生以充实大学教师队伍为宗旨"，并将大学学位分为三级：学士、硕士和博士，俄罗斯研究生教育正式拉开帷幕。为了培养出本国的高等教育教师，章程规定建立大学附属师范学院。被授予学士学位的大学毕业生可以进入师范学院，每年招收的公费学士人数不超过 12 人。师范学院的优秀毕业生能够被推荐参加硕士学位考试，通过学位考试者将留校培养，作为教授候选人。按照编制，每年有 12 名学生可以留校以期获得博士学位。[⑤] 师范学院的硕士可以在大学为学士讲课，因此师范学院其实是教学单位和硕士班、博士班的共同体。[⑥]

由于当时国内学者、教师和受过良好教育的官员明显不足，所以最初大学入学考试很容易，大学附属中学的毕业生甚至可以直接升入大学。[⑦] 为了吸引贵族子

---

① 罗炳之. 外国教育史[M]. 南京：江苏人民教育出版社，1962：297.

② 莫斯科大学设有哲学系、法律系、医学系三个系以及十一个教研室。所有大学生必须在哲学系接受三年教育，为以后选择专业奠定语文、俄语、拉丁语、希腊语和新式语言、历史、地理、神话学、数学、物理和逻辑方面的学识基础。哲学系是预科系，起到中学的作用，因为国民教育的各级学校是同时起步招生的，学生在进入大学之前并不能得到中学水平的相应教育，导致大学必须开设专门课程（预科系课程）。在预科系学习的学生即为中学生。想继续学习"高深科学"的大学生，必须通过相应考试后方可在医学系和法律系进行专门学习，或者留在哲学系以便更深入地研究哲学系讲授的任一门学科，完成学业后可获得相应的硕士或博士学位。

③ 谢雪峰. 彼得一世与 18 世纪俄罗斯高等教育改革[J]. 高等教育研究，2002(2)：105-106.

④ 1804 年 11 月 5 日亚历山大一世签署了《批准诏书》和莫大章程及喀山大学章程文本，1805 年 1 月 17 日又批准了哈尔科夫大学章程文本。规定了大学的管理机构、人员构成、系结构、建立大学附属师范学院、大学的印刷和书刊检查、大学辅助机构等内容。

⑤ Савин М В. 200 лет первому университетскому уставу в России. Университетское управление: практика и анализ, 2004, 3: 20.

⑥ 关慧颖. 19 世纪的俄国大学及大学章程研究[D]. 长春：吉林大学，2014：43.

⑦ 随着中学教育的发展，到 19 世纪 30 年代，大学开始根据专门的计划通过入学考试来挑选学生。

弟进入大学，1804 年《大学章程》还将学位与官阶挂钩，获得博士学位的毕业生有权成为世袭贵族。各学位授予有严格的时间序列，学士学位获得者一年后方可参加硕士资格考试，再过一年可以参加博士资格考试。那些没有在大学里学习但在其他地方学得知识的人，也可以通过考试获得相应学位。1844—1859 年俄国六所大学①共培养了 76 名博士和 259 名硕士。②

封建农奴制严重阻碍了资本主义生产关系的发展，沙皇专制统治受到严重威胁。1861 年 3 月 3 日，亚历山大二世颁布法令，宣布废除农奴制，进行自上而下的改革，俄国开始逐步向资本主义社会过渡。这种变革也反映在教育系统中。1863 年，俄国创办领取教授奖学金学院，目的是鼓励有志于从事教育或科研活动的大学毕业生留校或去国内其他大学或出国深造以取得硕士和博士学位，每位奖学金获得者由一位教师负责指导。这便是十月革命后苏联政府创办的研究生部的雏形。③ 1863—1874 年，俄国共培养博士 572 人，硕士 280 人。④ 1884 年又颁布《大学章程》，将学位层次结构减为两级：硕士和博士。大学本科毕业生不再授予学位。⑤

20 世纪初俄国社会的政治、经济、文化急剧发展，大学也进入快速发展时期。1915 年共有 105 所高校，学生 12.74 万人；1917 年共有高校 124 所，其中国立高校 65 所，私立高校 59 所，学生 13.58 万人。1904—1913 年俄国大学通过学位论文答辩的数量如表 4-3 所列。

表 4-3　1904—1913 年俄国大学通过学位论文答辩的数量

年　份	博士论文数	硕士论文数
1904	52	29
1905	27	27
1906	35	46
1907	44	34
1908	45	24
1909	49	39
1910	61	40

① 1802 年亚历山大一世设立国民教育部，在全俄设立了六个学区，每个学区有一所大学具体负责本学区的教育教学工作和教育行政管理工作。

② Савелвев А Я，Момот А И и др. ВЫсшее образование в России：Очерк истории до 1917 года. М：НИИ ВО，1995：с. 83.

③ 符明娟，迟恩莲. 国外研究生教育[M]. 北京：人民教育出版社，1992：2.

④ Савелвев А Я，Момот А И и др. ВЫсшее образование в России：Очерк истории до 1917 года. М：НИИ ВО，1995：с. 83.

⑤ 郭玉贵. 美国和苏联学位制度比较研究——兼论中国学位制度[M]. 上海：复旦大学出版社，1991：32.

续表 4-3

年　份	博士论文数	硕士论文数
1911	51	32
1912	65	37
1913	62	37
总计	491	345

数据来源：А. Я. Савелвев， А. И. Момот и др. ВЫсшее образование в России： Очерк истории до 1917 года. М：НИИ ВО，1995 ：с. 131.

沙俄时期的研究生教育发展缓慢，与同时期的欧洲大学相比，无论是在毕业生数量还是在教授数量上都存在不小差距。这是因为沙俄政府一方面希望通过高等学校培养科技人才，促进政权巩固，另一方面又担心大学的自由思想推翻其统治，所以既小心地扩大高等教育规模，又对大学采取高压政策。表面上大学招生面向各个阶层，实际上由于阶级和金钱的限制，工农子弟很难享受高等教育，男女在享受高等教育的权利方面也极不平等。[①] 1914 年，在俄国仅有的 8 所综合大学的学生中，贵族和官吏的子女占 38.3%，僧侣和资产阶级的子女占 43.2%，上层富农的子女占 14%，而广大工人、农民、劳动知识分子的子女仅占 4.5%。[②] 这一时期高等教育基本上是为特权和富有阶级服务的。

4.2.2　苏联时期的研究生选拔制度(1918—1991 年)

十月社会主义革命的胜利推翻了资产阶级统治，战后，为了实现社会主义工业化，国家急需发展科学技术，迫切需要专业化人才。1925 年教育委员部通过了《高等学校和科研机构培养科学工作人员的条例》，明确规定将研究生部设在拥有高水平科学导师和雄厚科研实力的高等学校和科研机构内部，以培养高层次专门人才。在研究生部学习的学生即为研究生，学制三年。研究生部的设立标志着苏联研究生教育的正式开始。

1926 年，教育委员部批准建立研究生推荐制度，即研究生招生的阶级挑选原则[③]。工农出身的大学生享有优先进入研究生部的权利。1925—1930 年全苏共招收 3 812 名研究生，可见苏联研究生教育已经形成规模。研究生招生贯彻阶级挑选原则

① 1863 年的大学章程不承认女性接受高等教育的权利，直到 19 世纪 70 年代，莫斯科、彼得堡、喀山、基辅等地才开设了女子专修班，这是女性进入高等教育领域的开始。19 世纪末，女生数量约占大学生总数的 4%。一直到 1916 年，沙俄政府才允许高校招收女生。

② Геворкян Е Н， Правкина И А，санов Д А У. ПриёмввузыРоссии. Какэтобылоичтобудет. Саратовскийуниверситет. 2008. С. 9.

③ 1935 年 12 月苏联中央执行委员会和人民委员会通过的《关于高等学校和中等技术学校招生的决议》正式决定废除高校招生的阶级挑选原则，取消限制非劳动子女进入高等学校的规定。

和向工农开门政策，使得苏联研究生的成分发生很大变化：1930 年研究生中工农占 46.1%，职员占 43.8%，其他占 10.1%，研究生中党团员占 48.4%。①

"一五"期间(1928—1932 年)，高等学校形成了以工科教育为主的高等教育体系，全国高校由 148 所增加到 832 所，学生数由 16.9 万人增加到 50.4 万人。1930 年教育委员会成立研究生预备部，招收没有受过完全高等教育但有实践经验的人，学满一年后不经考试优先被研究生部录取。1933 年全国研究生已发展到 1.48 万人。②

1934 年《关于学位和学衔的决议》(以下简称《决议》)的颁布标志着苏联学位和学衔制度的正式确立。《决议》规定，苏联设立科学副博士和科学博士两级学位，③在高等学校设教授、副教授、助教学衔，在科研机构设院士、高级研究员和初级研究员。从此，在苏联研究生教育中建立起副博士学位制度，这一学位学衔制度一直保留至苏联解体。

在研究生规模快速增长的情况下，为了保证研究生教育的质量，苏联政府开始调整研究生教育，只招收具有高等教育程度的人，并且实行入学考试。1938 年研究生数量减至 8 300 人，比 1933 年减少 44.6%。④ 1939 年，苏联教育委员部通过了《函授研究生部条例》，规定函授研究生与全日制研究生享有同等权利，学制四年。同年 3 月 31 日，教育委员部又颁布《研究生部条例》(以下简称《条例》)，形成了苏联研究生教育的基本模式，使得苏联研究生教育进一步规范化、制度化。该《条例》规定，研究生部是国家培养科学干部和科学教育干部的主要形式，研究生部设在拥有高水平师资和雄厚科研实力的高等学校和科研机构内。采取竞试入学的办法，修业年限 3 年，实行导师负责制。1939 年，苏联设有研究生部的高等学校有 228 所，科研机构 267 所，分布于全国的 63 个城市、10 个加盟共和国。1937—1940 年共授予博士学位 2 703 名，授予副博士学位 12 553 名，平均每年授予学位近 4 000 人。⑤ 1941 年全国研究生数量为 1.7 万，比 1938 年增加了一倍。⑥

苏联研究生教育在第二次世界大战中遭到严重破坏，许多研究生奔赴战场，在校研究生人数急剧减少。1943 年全国研究生数量下降至 3 700 人，与 1940 年相比，缩减了 3.7 倍。⑦ 1948 年 5 月 22 日，苏联部长会议颁布《关于通过研究生部培养科学干部和教育干部的决议》，规定可选派正在撰写学位论文的高等学校和普通学校的教师到高校或科研机构工作一年，以便完成副博士论文。调派期间保留原职原薪，毕业后返回原单位工作。这种培养副博士的形式在其后的 1950 年 11 月 17 日苏联部

① 符明娟，迟恩莲．国外研究生教育[M]．北京：人民教育出版社，1992:4.

② 符明娟，迟恩莲．国外研究生教育[M]．北京：人民教育出版社，1992:5.

③ 本科生不设学位，只颁发专家证书，学制超过美英等国的本科。

④ 符明娟，迟恩莲．国外研究生教育[M]．北京：人民教育出版社，1992:9.

⑤ 郭玉贵．美国和苏联学位制度比较研究——兼论中国学位制度[M]．上海：复旦大学出版社，1991:35.

⑥ 符明娟，迟恩莲．国外研究生教育[M]．北京：人民教育出版社，1992:10.

⑦ 符明娟，迟恩莲．国外研究生教育[M]．北京：人民教育出版社，1992:11.

长会议批准的《高等学校和科研机构研究生条例》中正式确立为一年制研究生部。这种形式深受人们欢迎，成为大、中学教师和科研人员获得副博士学位的重要形式之一。1955 年研究生数量达到 3.08 万人。

1956 年 8 月 20 日，苏共中央和苏联部长会议颁布《关于改善科学干部和科学教育干部的培养和评定工作的措施》(以下简称《措施》)。《措施》规定，研究生部招收在所报考专业方面从事两年实际工作并显示出科研工作能力的考生，应届毕业生只限于紧缺的基础理论专业和少数其他专业，并须由校、系务委员会推荐才允许报考。在此情况下，研究生人数有所减少，1958 年降至 2.31 万人，比 1955 年的 3.08 万人下降 25%。

赫鲁晓夫执政时期(1953—1964 年)，是苏联的科学技术飞速发展时期，也是高等教育大发展的时期。定向研究生部、科学研究员制度、直接招收有科研工作才能的大学生进入研究生部等一系列措施①促进了研究生总数的飞速增长。1960—1969 年，研究生总数从 3.68 万人增至 9.95 万人，增加了 1.7 倍，年均增长率达 19%。②

20 世纪 70 年代起，在经济发展速度趋缓的形势下，高等教育的发展速度大为减缓，高等学校全日制研究生数量急剧减少③。出现这种状况的主要原因是奖学金数额少、高校物质技术装备落后、拨款制度不完善等。鉴于此，苏共中央和苏联部长会议在 1979 年 6 月 29 日颁布《关于进一步发展高等院校和提高专门人才的培养质量的决议》，指出必须优先发展全日制研究生部和采取补充措施以改善高等学校工作人员，包括研究生的物质供应和生活居住条件。20 世纪 80 年代，研究生教育规模处于稳定阶段，研究生人数始终保持在 9 万余人。苏联解体前，研究生数量有所下降，1991 年为 61 148 人。苏联时期研究生数量变化情况见图 4 - 6。

在社会主义政治和计划经济体制下，苏联的研究生招生制度体现出明显的计划性和阶级性：政府主导，自上而下，根据国家需要和具体国情制定招生政策，并在实施中不断调整和完善。苏联时期特别重视研究生招生质量，有严格的招生程序，竞试选拔，择优录取，重视考生的实践经验和科研能力，对提高研究生培养质量起到了重要

① 苏联高教部 1957 年 6 月 10 日颁布《研究生部条例》推出建立定向研究生部的措施，为没有条件就地培养研究生的地区与单位培养高层次专门人才，毕业后返回原单位工作。从 1959 年开始招生到 1961 年，全国研究生中定向研究生已占总数的 20%。1961 年 6 月 13 日，苏共中央和部长会议通过决议，决定建立科学研究员制度，计划每年选拔 1 000 名副博士调任高级或初级研究员，以便准备博士论文，年限不超过两年，年龄一般在 45 岁以下。1967 年 11 月 16 日，苏共中央和部长会议通过《关于改进科学干部和科学教育干部培养工作的决议》，规定允许高等学校和科研机构把在学习期间表现有科研工作才能的大学生，直接招入研究生部学习；加强对研究生培养工作的监督和指导；加强对研究生培养单位的资格审查；强调论文选题和论文内容的价值等。

② 符明娟，迟恩莲. 国外研究生教育[M]. 北京：人民教育出版社，1992：12.

③ 1970—1978 年，苏联研究生中的脱产学习者人数为：1970 年 55 024 人，1975 年 41 875 人，1978 年 38 747 人；高校研究生中的脱产学习者人数为：1970 年 36 299 人，1975 年 28 805 人，1978 年 27 603 人。资料来源：[苏]日利佐夫. 苏联、保加利亚、民主德国高等教育与科技革命[M]. 徐长瑞，译. 北京：教育科学出版社，1984：92.

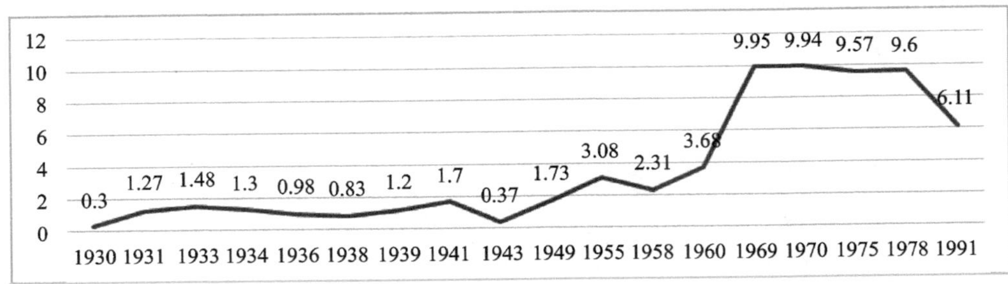

数据来源：Наука России в цифрах：1995[M]. Краткий стат. сб. ЦИСН. М.，1996. 19-20.

图 4－6　苏联时期研究生数量变化情况（单位：万人）

作用。

4.2.3　苏联解体初期的研究生选拔制度（1992—2010 年）

苏联解体后，拥有苏联约 60％教育资源的俄罗斯成为其教育遗产的主要继承者。随着高等教育国际化竞争日趋激烈和世界各国高等教育多样化、多层次化的发展，苏联时期单一的副博士和博士两级学位体制已不能满足科技进步对多层次人才的需求，也不利于国际交流合作。1992 年 3 月，俄罗斯联邦科学部高等学校委员会颁布《关于俄罗斯联邦高等教育多层次结构的决议》，同年 4 月，又颁布了《俄罗斯高等教育多层次结构暂行条例》（以下简称《条例》），将高等职业教育结构①分为不完全高等职业教育、基础高等职业教育和完全高等职业教育三个层次②，设立了学士、硕士、副博士、博士四级学位制度。同时，《条例》还规定了新增加的学士和硕士学位与原有的专家同时并存。

2003 年，俄罗斯加入博洛尼亚进程（Bologna Process）③，关于高等教育人才培养层次结构问题在国内引起了激烈争论。2007 年 10 月和 12 月国家杜马通过两项法案：232 号联邦法《关于对俄联邦个别法令进行修订》（其中规定了高等职业教育的层级）和 309 号联邦法《关于对俄联邦个别法令中国家教育标准概念和结构的修订》，至

① 1992 年《俄罗斯联邦教育法》将俄罗斯教育结构分为普通教育和职业教育两大部分。职业教育部分包括：初等职业教育、中等职业教育、高等职业教育和大学后职业教育。中学后教育统称为高等职业教育，大学后职业教育则相当于原来的研究生教育，包括副博士和博士教育。

② 不完全高等职业教育学制 2 年，结业者授予不完全高等教育毕业证书，不授予学位。基础高等职业教育学制一般为 4(2＋2)年，结业者授予学士学位。完全高等职业教育有两种形式：在中等职业教育的基础上学习 5～6 年，毕业合格获得专家证书；或在基础高等职业教育的基础上学习 2 年，毕业合格者授予硕士学位。

③ 博洛尼亚进程(Bologna Process)是 29 个欧洲国家于 1999 年在意大利博洛尼亚提出的欧洲高等教育改革计划，该计划的目标是整合欧盟的高教资源，打通教育体制。“博洛尼亚进程”的发起者和参与国家希望，到 2010 年，欧洲“博洛尼亚进程”签约国中的任何一个国家的大学毕业生的毕业证书和成绩，都将获得其他签约国家的承认，大学毕业生可以毫无障碍地在其他欧洲国家申请学习硕士阶段的课程或者寻找就业机会，实现欧洲高教和科技一体化，建成欧洲高等教育区，为欧洲一体化进程做出了贡献。

此，俄罗斯终于建立起双轨制的学位制度[①]。

硕士学位恢复以来，硕士生数量不断增加，1999 年已经超过 14 000 人，176 所大学开设了硕士生部[②]。起步初期硕士生教育规模虽然偏小，与专家的比例大致是1∶90，但硕士生的数量是逐年增加的。1996—2003 年俄罗斯硕士毕业生数量见表 4－4。

表 4－4　1996—2003 年俄罗斯硕士毕业生数量

（单位：人）

年　份	1996	1997	1998	1999	2000	2001	2002	2003
毕业生总数	2 356	2 693	4 513	6 579	8 427	9 418	9 379	9 669
国立高校	1 672	2 529	4 275	6 324	8 202	9 185	9 233	9 627
非国立高校	684	164	238	255	225	233	146	42

数据来源：Образование в Российской Федерации. Статистический ежегодник. М. : ГУВШЭ，2005：с. 271.

苏联解体后，社会经济的动荡对俄罗斯教育产生了巨大冲击，副博士生培养数量急剧下降。1992—1994 年，副博士生在校人数由 59 314 人下降至 53 541 人，降幅 10.8％。

苏联时期规定，报考研究生部的人员必须满足下列两项条件之一：①具有高等教育程度，并拥有相关研究方向两年以上工作经验；②应届毕业生报考研究生部，必须经过高等学校委员会的推荐，方可参加竞试。苏联解体后，俄罗斯研究生的招生条件中取消了苏联时期对报考者工作经验的限制，凡是获“硕士学位”或“专家资格”的高等院校毕业生均可报考研究生部攻读副博士学位。在博士学位方面，苏联时期要想获得博士学位，申请者必须取得一定的学术成就，因此申请者往往是 50 岁甚至是 50 岁以上年龄的人，因为有了相当的学术成果积累，才可能经申请获得博士学位。苏联解体后，具有副博士学位者通过 3 年的博士研究生学习，提交合格的学位论文并通过答辩即可获得博士学位。在这种政策的影响下，伴随着俄罗斯社会经济危机阴影的消退，以及新的大学开办和新的研究生部开设，1994 年起，研究生数量开始快速攀升，到 2010 年，全国研究生数量与 1994 年相比增长了 92％。1991—2010 年俄罗斯副博士和博士人数变化情况如图 4－7 所示。

在副博士生和博士生招生上改变苏联时期重视考生实践经验的做法，开始招收应届毕业生，这使得俄罗斯研究生的年龄明显趋于年轻化。2000 年，26 岁以下的副博士生人数占在读副博士生总人数的 70.8％，到 2009 年，这一比例已经上升为 72.7％（1994 年仅为 49.6％），副博士生平均年龄也由 2000 年的 26.6 岁降至 25.9 岁。与此同时，也出现了答辩通过人数少（2003 年只有 22.5％的应届研究生

① 详见第 4.1.2。

② 1992 年只有 4 所大学开设了硕士生部，1993 年 12 所，1998 年 115 所，硕士生达 12 878 人，2000 年已达 182 所。

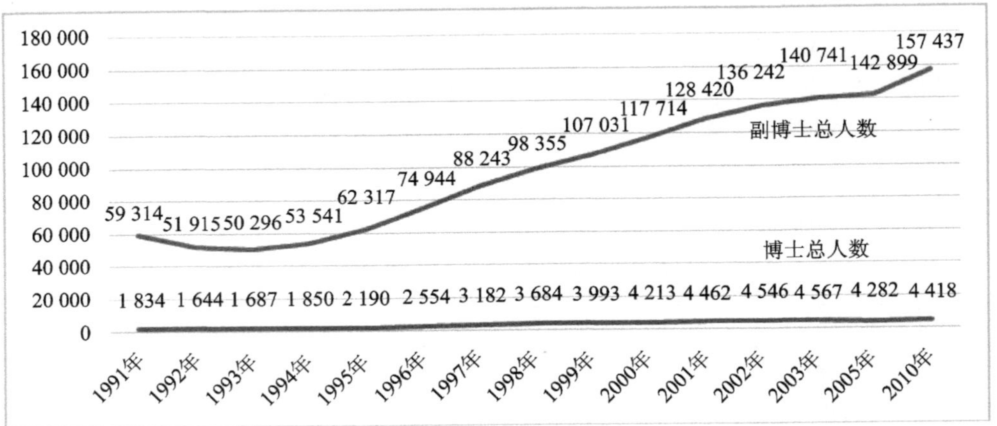

资料来源：Образование в Российской Федерации. Статистический ежегодник. M. ：ГУВШЭ，2005：с. 285，307；Индикаторы образования：2017，155；Образование в РФ_2014：427.

图 4-7 1991—2010 年俄罗斯副博士和博士生人数变化情况（单位：人）

毕业生通过论文答辩）、毕业后从事科研工作的人数比例低[①]等混乱状态，扩大招生使得研究生教育质量出现了一定程度的下滑。

4.3 俄罗斯研究生选拔制度

俄罗斯现行的高等学校招生政策是根据 2013 年 9 月 1 日正式实施的《俄罗斯联邦教育法》制定的。学士和专家招生实行全国统一考试，硕士、副博士及博士的招生则是由招生机构自主制定和批准每年的录取规则，但不得与俄罗斯联邦法律、俄罗斯联邦教育和科学部制定的录取程序及大学章程内规定的录取规则相抵触。

4.3.1 招生机构与招生规模

“硕士”（Магистр）一词来自拉丁语 magister，其本意是师傅、能手，即有某一领域行家的意思。这一术语准确反映了“硕士”的应有之义。硕士生部一般只在具有科学流派，具有研究生培养资质，具有现代化科研设备和能够获得现代技术手段支持的高校开设。硕士生部的目标是培养科学和科学教育工作者，能够在科研和科学生产机构组织从事职业活动或在中学、中等专业学校和高校从事科学教育活

① 根据在俄罗斯 23 个城市对 140 所高校和 60 个科研机构中的 1 200 位副博士生进行的调查显示，2005 年在读副博士生中有意毕业后从事研究员职业的占 17%（2000 年该指标为 22%），有 33%表示愿意从事教学工作（2000 年为 34%）；14%的副博士生准备从事学位论文专业方向的专业技术工作（但不愿当研究员和高校教师），5%的人员不准备从事与学位论文专长相关的职业（2000 年为 6%），还有 30%的副博士生不知道毕业后将从事什么工作（2000 年为 20%）。

动，能够在研究生部进一步接受教育。① 俄罗斯硕士生的招生机构只有高等学校。

2009 年俄罗斯各高等教育组织（培养学士、专家、硕士）共有学生 7 418 847 人，其中学士 561 089 人，占总人数的 7.56%；专家 6 779 936 人，占总人数的 91.39%；硕士 77 822 人，占总人数的 1.05%。到 2015 年，这一比重变为：学士就读人数占高等教育总人数的 74.08%，专家占 18.98%，硕士占 6.94%。2009—2015 年俄罗斯接受高等教育（培养学士、专家、硕士）人数及招生人数变化情况如图 4－8、图 4－9 所示。

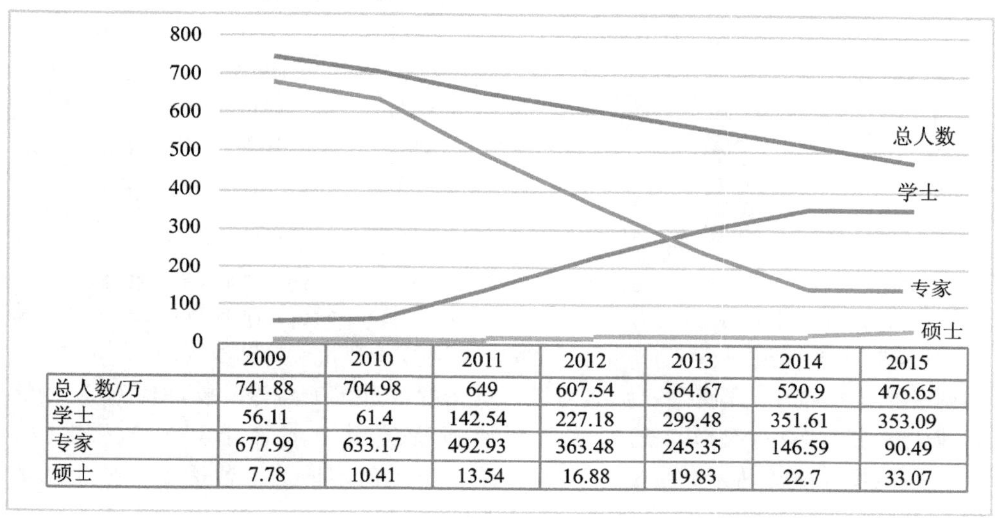

	2009	2010	2011	2012	2013	2014	2015
总人数/万	741.88	704.98	649	607.54	564.67	520.9	476.65
学士	56.11	61.4	142.54	227.18	299.48	351.61	353.09
专家	677.99	633.17	492.93	363.48	245.35	146.59	90.49
硕士	7.78	10.41	13.54	16.88	19.83	22.7	33.07

数据来源：Индикаторы　образования：2017，144.

图 4－8　俄罗斯接受高等教育（培养学士、专家、硕士）人数变化情况

由图 4－8 可以看出，近年来俄罗斯接受高等教育（培养学士、专家、硕士）总人数一直呈下降趋势，但这种趋势不会持续太久，因为 2015 年起招生人数已经开始回升，如图 4－9 所示。学士就读总人数在经过一段持续大幅增长的阶段后开始趋于稳定，招生人数自 2013 年起开始下降；专家就读人数持续快速下降，但每年的招生规模已经基本趋于稳定；硕士就读人数和招生人数都在小幅稳步增长。总体来看，虽然 2013 年选择传统专家培养方式的学生人数与学士学生人数相等（见图 4－8），但是结合二者近年来的招生规模（见图 4－9），可以预计将来选择学士培养方式的学生数量将达到专家的 6～7 倍。短期上，采取专家和学士-硕士两级学位制度并行的双轨制后，俄罗斯学生在高等教育阶段（培养学士、专家、硕士）的修业年限与传统的专家模式相比，普遍缩短了，即并不是所有的学士毕业后都会选择继续读硕士，而学士的学制短于专家。但 2015 年，陡然上升的硕士生招生规模暗示了其巨大的增长空间。

① 姜炳军. 俄罗斯研究生教育的传统与变革[M]. 北京：北京师范大学出版社，2012：37.

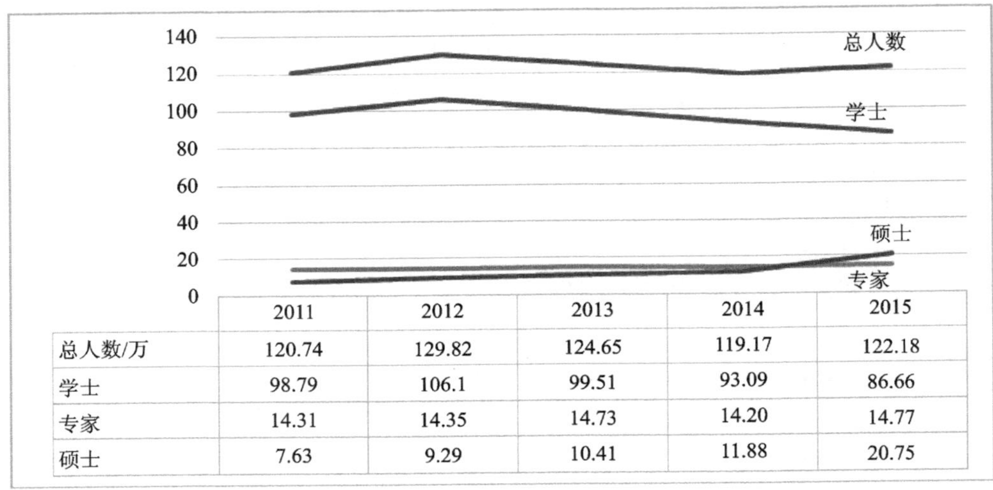

	2011	2012	2013	2014	2015
总人数/万	120.74	129.82	124.65	119.17	122.18
学士	98.79	106.1	99.51	93.09	86.66
专家	14.31	14.35	14.73	14.20	14.77
硕士	7.63	9.29	10.41	11.88	20.75

数据来源：Индикаторы образования：2017，150.

图 4－9　2011—2015 年俄罗斯高等教育（培养学士、专家、硕士）招生人数变化情况

副博士研究生招生机构有高等院校、科研机构和补充职业教育组织三种。其中，补充职业教育组织自 2009 年起开始招收副博士研究生，起步较晚，数量较少。前两种招生机构中，开设研究生部的科研机构的数量多于高等院校，但高等院校的副博士研究生在读人数却远远多于科研机构的副博士研究生在读人数（如图 4－10、图 4－11 所示）。2015 年，高等院校招收的副博士生数达到了招生总数的 89％。

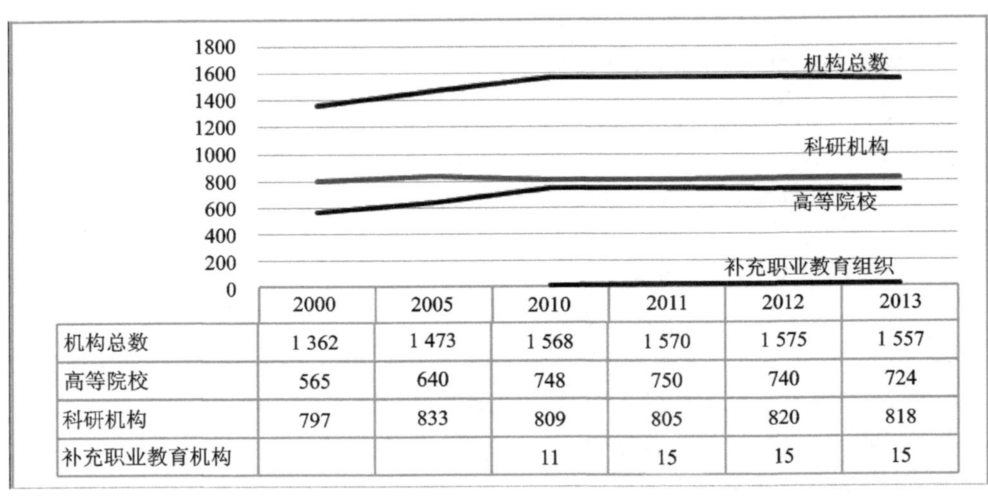

	2000	2005	2010	2011	2012	2013
机构总数	1 362	1 473	1 568	1 570	1 575	1 557
高等院校	565	640	748	750	740	724
科研机构	797	833	809	805	820	818
补充职业教育机构			11	15	15	15

数据来源：Образование в РФ_2014：415.

图 4－10　副博士生培养机构数量变化情况

苏联解体后至 2010 年，研究生招生规模持续扩大，研究生教育质量出现了一

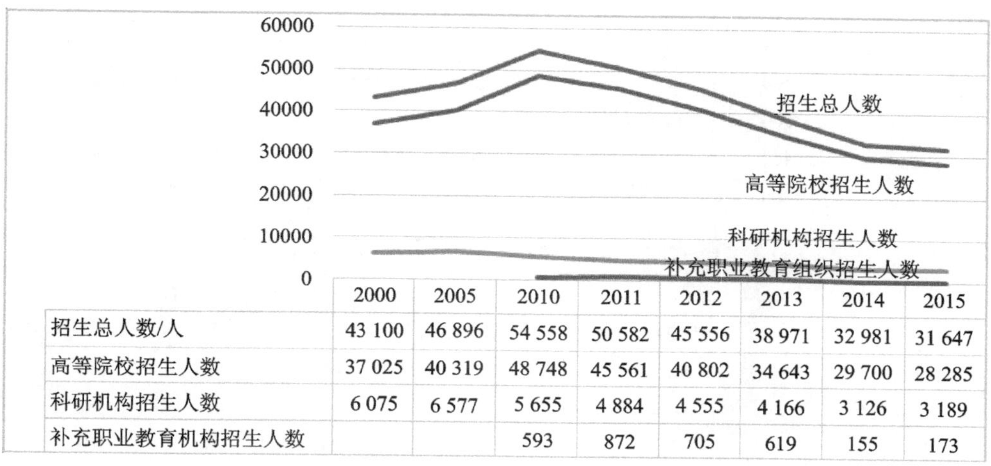

	2000	2005	2010	2011	2012	2013	2014	2015
招生总人数/人	43 100	46 896	54 558	50 582	45 556	38 971	32 981	31 647
高等院校招生人数	37 025	40 319	48 748	45 561	40 802	34 643	29 700	28 285
科研机构招生人数	6 075	6 577	5 655	4 884	4 555	4 166	3 126	3 189
补充职业教育机构招生人数			593	872	705	619	155	173

数据来源：Индикаторы　образования：2017，155.

图 4－11　副博士生招生人数变化情况

定程度的下滑。在此情形下，俄罗斯教育部开始全面整顿研究生培养体系，采取了包括限制研究生招生规模、提高在读研究生的奖助学金、取消社会反响差的学校培养研究生的权利等一系列措施，吸引研究生毕业后留在国内从事科研工作。此外，俄罗斯也是世界上人口减少速度最快的国家之一，适龄青年的减少严重影响了高等学校的生存和发展。从图 4－11 中可以看出，自 2011 年起，副博士招生总人数开始持续快速下降。到 2015 年，降速有所放缓，招生规模与 2010 年相比下降了 42%，与 20 世纪末基本持平。

2007 年，副博士生中女生数量占总人数的 43%，到 2015 年，这一比例上升至 48%，几乎为总人数的二分之一。2015 年在读的副博士生年龄集中在 23～26 岁，又以 24 岁人数为最多。26 岁及以下的副博士生人数占总人数的 61%，比 2007 年的 75%降低了 14 个百分点。按照俄罗斯的学制进行推算，可以得出的结论是：招生机构有越来越重视报考者的工作经验和科研成果的倾向，因为在读副博士生的平均年龄有提升的趋势，但目前录取的副博士生大部分还是应届毕业生。

博士生的培养单位与副博士生一样，也分为高等院校、科研机构和补充职业教育组织三类。与副博士生培养单位中科研机构数量多于高等院校的情况不同，在博士生的培养上，高等院校无论是在机构数量还是在培养人数上都多于科研机构。近年来，同样受人口因素的影响，博士生招生人数持续小幅下滑（如图 4－12、图 4－13 所示）。

2013 年，在读博士生中女生数量为 2 200 人，占总人数的 48%；2000 年，这一比例为 38%。在年龄上，2013 年在读博士生中，年龄小于或等于 34 岁的人数占总人数的 31%；年龄在 35～39 岁的人数占总人数的 29%；年龄在 40～49 岁的人数占总人数的 25%。

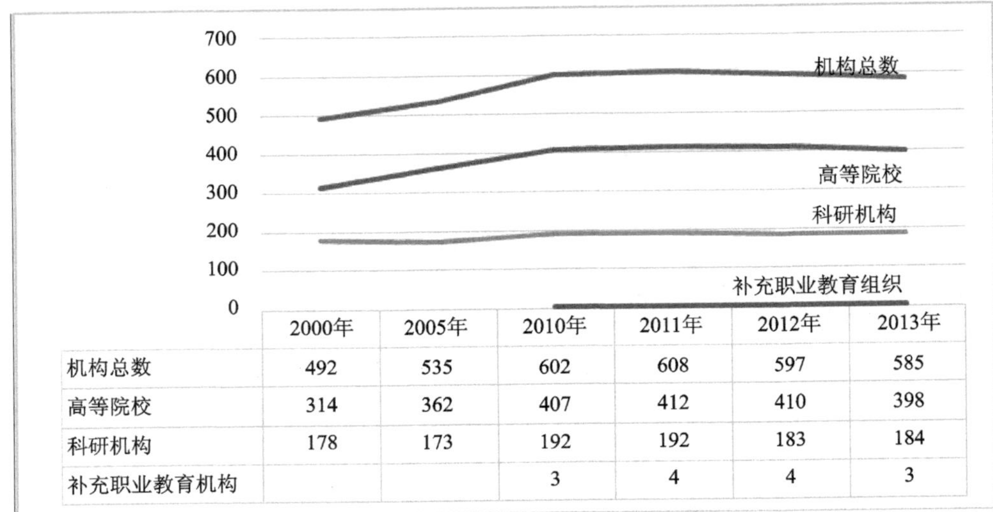

	2000年	2005年	2010年	2011年	2012年	2013年
机构总数	492	535	602	608	597	585
高等院校	314	362	407	412	410	398
科研机构	178	173	192	192	183	184
补充职业教育机构			3	4	4	3

数据来源：Образование в РФ_2014：427.

图 4－12　博士生培养机构数量变化情况

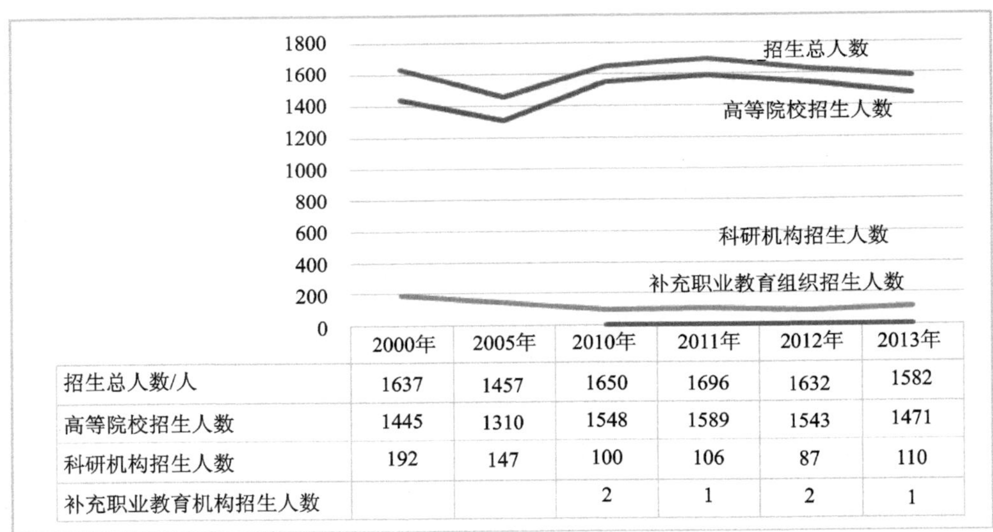

	2000年	2005年	2010年	2011年	2012年	2013年
招生总人数/人	1637	1457	1650	1696	1632	1582
高等院校招生人数	1445	1310	1548	1589	1543	1471
科研机构招生人数	192	147	100	106	87	110
补充职业教育机构招生人数			2	1	2	1

数据来源：Образование в РФ_2014：427.

图 4－13　博士生招生人数变化情况

4.3.2　报考要求与录取方向

目前，俄罗斯国内的硕士、副博士及博士招生是由招生机构自主制定和批准每年的录取规则，不实行全国统一考试，因此本节主要是结合俄罗斯各大学官方网站发布的 2017 年及 2018 年硕士、副博士、博士招生简章，对俄罗斯现行的研究生招生制度进行介绍。

在学历方面，报考硕士学位的申请者必须获得学士学位，报考副博士的人员必须具有硕士学位或专家资格，报考博士的人员必须取得副博士学位，或在国外取得同等学历，应届毕业生与在职人员均可报考。

对考生年龄一般不作限制。1992 年之前，要求报考面授制①副博士的考生小于 35 岁，报考函授制副博士的小于 45 岁，报考博士的小于 45 岁。1998 年颁布的《俄罗斯联邦大学后职业教育系统中科学干部和科学教育干部培养条例》已经取消了年龄限制，但由于各招生单位的招生简章是自行制定的，个别院校会沿袭苏联时期的传统，仍然限制报考者的年龄。

博士学位是俄罗斯学位体系的最高层级，招生单位一般要求申请者有在俄罗斯教育部最高学位评定委员会指定的核心期刊上发表的学术论文，并提交拟录取教研室两位有博士学位的人员对这些学术论文的评语。在实践经验方面一般不作限制，但 2018 年，莫斯科大学要求报考博士学位的申请者从事教学科研工作不少于 5 年；在所申请学科领域工作经历不少于 1 年。

录取方向的选择上，学士、硕士和专家的录取依据是俄罗斯高等教育培养方向目录和专业目录。该目录是《第三代联邦高等职业教育国家标准》(МакетФГОСВПО)（简称《高教标准》）的重要组成部分，是制定《高教标准》的基础。每一个培养方向和专业，都有与之相对应的教育标准。《高教标准》与培养方向目录和专业目录有机联系在一起，决定了教育标准的多样性，能够灵活应对劳动力市场不断变化的人才需求。1994 年俄罗斯首次公布了按学士、硕士培养方向培养和按专家专业培养的目录，其中学士、硕士培养方向 89 个，培养专家的专业 420 个。2007 年 5 月俄罗斯教育与科学部公布了第三代高等教育培养方向目录和专业目录，分为 28 个学科门类（详见表 4－5），涵盖学士、硕士和专家三个层次。俄罗斯学士和硕士按培养方向宽口径培养，专家则按专业精深培养。新目录的制定既考虑了博洛尼亚进程框架下俄罗斯需要履行的国际义务，也兼顾了国家高等教育系统的独立特性。

表 4－5 俄罗斯新一代高等教育培养方向目录和专业目录及其教育标准数量(2007 年后)

序 号	学科门类	培养方向及其教育标准数量		专业及其教育标准数量
		学士	硕士	专家
1	物理-数学科学和基础信息学	9	9	2
2	自然科学	9	10	2
3	人文科学	30	28	7

① 即我国的全日制研究生。俄罗斯研究生的三种教学形式分别是：面授、面授（夜校）加函授、函授，参见表 4－2 所列。

续表 4-5

序　号	学科门类	培养方向及其教育标准数量		专业及其教育标准数量
		学士	硕士	专家
4	社会科学	3	3	—
5	教育和教育学	5	4	1
6	医疗保健	1	1	8
7	文化和艺术	22	19	22
8	经济与管理	5	7	1
9	信息安全	1	1	5
10	服务领域	5	5	—
11	农业和渔业	9	8	1
12	大地测量学与土地规划管理	2	2	1
13	地质、勘探及矿产资源开发	1	1	4
14	能源、能源机械制造和电工技术	7	7	4
15	冶金、机械制造和材料加工	8	8	1
16	航空和火箭-宇航技术	9	9	11
17	武器和装备体系	—	—	2
18	海洋技术	3	3	5
19	交通运输	3	3	5
20	仪器制造和光学技术	5	5	1
21	电子技术、无线电和通信技术	4	4	2
22	自动化与控制	9	11	1
23	信息学与计算机技术	5	5	—
24	化学和生物科技	3	3	2
25	森林资源的再生产与加工	3	3	—
26	食品和消费品技术	8	9	—
27	建筑学和建设	5	5	3
28	生命安全、环境工程和环境保护	3	3	1
总计	28	177	176	92

数据来源：根据俄罗斯教育与科学部官方网站高等教育标准网页资料整理而成。

副博士和博士的录取依据是俄罗斯联邦教育和科学部于 2009 年 2 月 25 日颁布的新《科学干部和科学教育干部专业目录》①，包含 17 个可以授予学位的学科门

① 新目录是与 2001 年 1 月 31 日颁布的《科学干部和科学教育干部专业目录》相对而言，旧目录包含 23 个学科门类，在新目录中调整为 17 个。“科学干部和科学教育干部”包含副博士和博士。

类。被授予学位者，在学位名称前要注明所属学科：如语文学副博士/博士、农学副博士/博士等。学科门类的设置见表 4－6 所列。

表 4－6　科学干部和科学教育干部专业目录(2009 年后)

序　号	学科名称	一级学科/个	二级学科/个
1	物理数学	4	37
2	化学	1	17
3	生物学	3	29
4	技术学	21	144
5	农学	4	21
6	历史及考古学	1	7
7	语文学	2	16
8	哲学	1	9
9	文艺学	3	12
10	心理学	1	10
11	经济学	1	6
12	教育学	1	6
13	社会学	1	6
14	法学	1	11
15	政治学	1	6
16	医学	4	50
17	地球科学	1	36
	总　计	51	423

资料来源：根据 2009 年 2 月 25 日颁布的新《科学干部和科学教育干部专业目录》整理而成。

2018 年，莫斯科大学共有 38 个院系 90 个培养方向招收硕士生，计划招收 4 352 人，其中公费生 2 556 人，占总人数的 58.7%；自费生 1 796 人，占总人数的 41.3%。硕士、副博士和博士都有公费生和自费生之分。公费生指的是招生机构每年按照俄罗斯联邦教育部批准的控制名额录取的，由俄罗斯联邦政府预算内经费支付费用的研究生，俄罗斯本国和外国、无国籍人士均可报考；自费生也称为“合同制自费研究生”，是指招生机构在教学能力许可的范围内，根据与上级主管机关协商的规模，在预算外录取的，在签订支付培养费用合同基础上招收的研究生。招生指标由院系提出上报学校，由学校审核决定院系的招生数。对于自费生，招生机构有权根据专业方向要求增加考试科目。招生机构依据相关法规成立的招生委员会，下设竞争性考试招生委员会和学科考试委员会，负责录取的组织，包括增加科目考试的组织、竞争和录取工作。

目前，自费副博士生多集中在经济类、法律类和技术类等市场经济体制下社会急需的专业。这项制度自 2002 年起推行，2009 年，通过有偿学习形式攻读副博士学位的人数已经占据了研究生总人数的 32.28%，而 2003 年仅为 13.8%。博士生中，自费生的规模很小，且多集中在经济、教育、医学等学科。

表 4 - 7 是 2000—2015 年各学科副博士生毕业人数变化情况。

表 4 - 7　2000—2015 年各学科副博士生毕业人数变化情况

序　号	年　份	2000	2005	2010	2011	2012	2013	2014	2015
	各学科总人数	24 828	33 561	33 763	33 082	35 162	34 733	28 273	25 826
1	物理数学	1 933	1 843	1 771	1 910	2 106	2 609	1 669	1 230
2	化学	725	823	878	806	935	919	694	497
3	生物学	1 354	1 616	1 680	1 750	1 763	1 740	1 371	1 235
4	技术学	6 279	7 480	7 761	7 547	8 491	8 738	7 282	6 723
5	农学	1 047	1 212	1 078	1 074	1 188	1 212	1 024	1 006
6	历史及考古学	892	1 219	1 093	1 003	1 074	1 072	932	855
7	语文学	1 320	1 724	1 573	1 509	1 516	1 556	1 323	1 248
8	哲学	607	729	670	669	719	675	555	492
9	文艺学	438	635	521	431	569	558	549	304
10	心理学	483	694	770	735	854	718	621	544
11	经济学	3 807	6 009	5 887	5 507	5 800	5 479	4 040	3 839
12	教育学	1 414	2 159	2 179	2 084	2 202	2 095	1 800	1 580
13	社会学	391	634	548	633	634	571	460	423
14	法学	979	2 222	2 554	2 494	2 309	2 270	1 737	1 461
15	政治学	199	360	466	497	456	458	393	392
16	医学	1 730	2 707	2 789	2 865	2 671	2 883	2 429	2 611
17	地球科学	971	1 160	1 159	1 111	1 422	1 299	1 103	1 104
18	其他	259	335	377	457	453	421	291	282

数据来源：Индикаторы　образования：2017，157.

从表中可以看出，与 2000 年相比，2015 年，毕业总人数降幅最大的几个学科分别是物理数学（36%）、化学（31%）和文艺学（31%），涨幅最大的分别是政治学（97%）、医学（51%）和法学（49%），其余学科毕业人数基本保持不变。过去的 15 年可以分为两个阶段，其中 2000—2010 年是第一个阶段，各学科毕业人数呈现明显的上升趋势，文科类的心理学录取人数增长了 54.19%，政治学增长了 123.60%，法学增长了 84.36%；与此同时，理工科类的物理数学增长了 17.03%，化学增长了 17.44%，生物学增长了 25.35%。理工科类的副博士研究生数量增长速度慢于文科类。针对这一趋势，2008 年，俄罗斯教育科学部将文科类的公费副博士生录取数量缩减了 10%。2011—2015 年是第二个阶段,各学科毕业人数开始逐渐下降,基本恢复到 2000 年的水平。

4.3.3 申报材料与录取程序

2018 年参加莫斯科大学硕士生招生的考生在报名时需要提交以下材料:

- 身份证和国籍证明原件或复印件。本人需亲自提交证明其身份、国籍等证件的原件。

- 学历证书(原件或复印件)。

- 2 张 2 寸照片。

- 如需提供特殊的入学考试条件,需要提交残疾证明。对于从小患有残疾的群体、一二级残疾、战争残疾或在服兵役期间导致的残疾,需提供医疗评估机构出具的鉴定结论,证明这些伤残不影响他们在相应的教育组织学习。

报考副博士学位的考生除上述资料外,还需提供:

- 专家或硕士毕业论文的原件或复印件。

- 所发表论文、研究报告、发明专利的清单,如果没有的话可以提交所选专业的学习计划。

报考博士学位的考生还需提供:

- 个人简历及博士论文的详细计划。

- 科学成果清单,这些成果需发表在经过同行评议的科学出版物上;和(或)有效的发明专利证书、专利模型、样品,有国家注册证书的计算机程序、数据库、集成电路设计,这些内容均需所申请院系盖章。

以上申请材料如果不是俄文的话,必须翻译成俄文。

考生还需要在官网上下载入学申请表,并附上电子签名,发送至邮箱:abiturient@rector.msu.ru。招生委员会在接到考生邮寄的资料后,寄一封回执,并附上接收到的资料清单和收信老师的签名及印章,以示收到了考生来信。邮寄地址错误、电子邮件无法打开的申请资料都会被拒绝。

文件的接受日期是 2018 年 6 月 20 日至 7 月 20 日,电子版资料发送到各院系的招生委员会[①]信箱,纸质版资料需要快递给各院系招生委员会,官网上给出了邮寄地址。身份证和国籍证明原件需要本人亲自提交,超过规定的接收时间或者文件不符合规定,会把文件退还给申请者。

按照惯例,奥林匹克竞赛获胜者在报考硕士时有优惠条件,根据其获奖的等级(如国际奥林匹克竞赛、全俄奥林匹克竞赛、第一名、第二名等)以及获奖的学科(如物理、数学),在报考相应科目时,可以获得免试入学、加分等优惠条件。具体的优

① 各高校负责研究生招生工作(包括开展入学测试、组织录取工作及其他招生活动)的是招生委员会。招生委员会主席一般由大学校长担任,委员会成员和招生委员会分支机构的成员由校长委任。

惠政策会在 2018 年 6 月 1 日之前公布。

资料审核通过的申请者可参加各专业的入学测试。学校的官网上给出了考试大纲和往年的考试题目供考生参考。各院系考试都安排在 7—8 月进行，错过考试时间的人可向学校申请重新安排考试时间，但不可考两次，考试成绩当年有效。

考生可以申请多个学校，参加多场入学考试。如 2017 年圣彼得堡大学地质学专业的硕士生招生考试时间是 7 月 31 日，莫斯科大学地质学专业的考试时间是 7 月 21 日，考生可以先参加莫斯科大学的考试，再参加圣彼得堡大学组织的考试。

入学考试结果会在考试结束 3 天之内公布在学校网站上，考生可以在公布成绩的当天和第二天申请查阅自己的试卷。对成绩有疑问的申请者可以向招生委员会提出申诉，招生委员会会予以答复。随后，学校会在官网上公布录取的名单。录取结果公布之后，自费考生需要与学校签订学习合同并递交同意录取意见书，随后学校发放录取通知书，自费考生支付第一学年的学费，9 月 1 日正式开学。

莫斯科大学也有推荐本校应届毕业生免试攻读硕士学位的制度。约 15% 的应届毕业生可获得推荐免试资格。在职人员报考须交个人发表过的文章或对所报考专业领域中某一专业课题的见解。材料由考生所报考专业的教研室进行初评，通过的交院系专家委员会审核，通过者可以被推荐参加考试。

博士学位申请者的材料由大学学术委员会审议，并决定最终的录取名单。被录取的申请者需要和学校签订培养合同，并根据合同撰写博士论文。一般的博士培养期限为 3 年，也可在合同中约定培养期限。合同主要包括以下内容：

- 论文题目；
- 学校可以为博士生提供的研究条件；
- 培养期限；
- 培养方式（公费或自费）；
- 解除合同的理由和依据；
- 在不违反俄罗斯联邦法律条件下的其他条件。

学校每月会给博士生发放津贴，并每年举行听证会，审查博士生的论文撰写情况，博士生导师还需提交其审查意见。博士生撰写的论文需具有创新性、实用价值和科学价值。符合要求的学位论文撰写者才会被授予学位。

4.3.4 考试科目与考试形式

表 4-8 所列为 2018 年莫斯科大学硕士生入学考试的部分清单。硕士生的入学考试科目有专业课和外语（英语、德语、法语）两门。有的专业只考试一门专业课，有的专业需要同时考试专业课和外语。绝大多数专业的外语考试都是考英语，有的专业如心理学，可在英语、德语和法语中任选一门外语进行考试。考试形式有笔试，也有听力和口试。硕士生的学习形式有面授、面授（夜校）加函授、函授三种。国立和地方高校的学生学习形式以面授为主，私立高校以函授为主。

表 4－8　2018 年莫斯科大学硕士生入学测试的部分清单

培养方向及学习形式		公费名额	自费名额	入学测试科目及形式
力学与数学系				
01.04.01	数学(全日制)	5	8	数学(笔试)(1)
01.04.03	力学与数学建模(全日制)	8	8	数学(笔试)(1)
02.04.01	数学与计算机科学(全日制)	12	14	数学(笔试)(1)
物理系				
03.04.02	物理学(全日制)	285	30	物理(笔试、口试)(1)
经济学系				
38.04.01	经济方向			
	基本经济理论和数学方法(全日制)	40	5	基本经济理论和数学方法：(笔试)(1) 英语(笔试)(2)
	经济政策(全日制)	45	5	经济政策(笔试)(1) 英语(笔试)(2)
	世界经济(全日制)	30	5	世界经济(笔试)(1) 英语(笔试)(2)
38.04.02	管理方向			
	营销(全日制)	15	30	营销(笔试)(1) 英语(笔试)(2)
	企业和项目管理(全日制)	15	30	企业和项目管理(笔试)(1) 英语(笔试)(2)
	创新管理(全日制)	15	20	创新管理(笔试)(1) 英语(笔试)(2)
38.04.08	金融与信贷方向			
	国际企业报告和审核(全日制)	15	10	国际企业报告和审核(笔试)(1) 英语(笔试)(2)
	金融市场和机构(全日制)	15	20	金融市场和机构(笔试)(1) 英语(笔试)(2)
	金融分析师(全日制)	15	20	金融分析师(笔试)(1) 英语(笔试)(2)
商学院				
38.04.02	管理(全日制)		60	管理(笔试)(1) 英语(笔试、口试)(2)

续表 4-8

培养方向及学习形式		公费名额	自费名额	入学测试科目及形式
心理学系				
37.04.01	心理学			
	全日制	15	20	心理学(笔试)(1) 英语,法语,德语(笔试)(2)
	面授加函授		60	

数据来源:根据莫斯科大学官网上的数据整理而成。

每一门考试的满分都是100分,考试委员会根据考试成绩择优录取。2018年莫斯科大学专业课考试的最低分数线是40分。有的学校也可免试外语。2016年俄罗斯国立高等经济学院发布的通知显示,雅思6.5分或托福PBT577分以上可以免试应用社会心理学专业的外语考试,不同专业要求的外语证书等级不同,但都可免试外语。取得相应等级的法语、德语语言证书也可以免试。[①]

2017年莫斯科大学副博士生招生考试时间表和相关信息都张贴在相关院系的官网上。错过第一次考试时间的考生,可以为其提供第二次考试机会。2017年,莫斯科大学共有26个院系24个专业招收副博士生(如表4-9所列),有些专业几个院系同时招收,但是每个考生只可以报考一个院系。分数采用五分制,最低三分。

表4-9 莫斯科大学2017年副博士生招生专业及招生院系

代 码	招收专业	招收院系
01.06.01	数学和力学	数学和力学系
02.06.01	计算机和信息科学	数学和力学系
03.06.01	物理学和天文学	物理系
		基础物理化学工程系
04.06.01	化学科学	化学工程系
		材料科学系
		基础物理化学工程系
05.06.01	地球科学	地质系
		地理系
06.06.01	生物科学	生物学系
		土壤学系
		生物信息学与生物工程系

① Магистр вступительные экзамены[EB/OL].[2017-06-30]. https://ma.hse.ru/certificate 2016.

续表4-9

代　码	招收专业	招收院系
09.06.01	信息学和计算机技术	数学和力学系
10.06.01	信息安全	数学和力学系
30.06.01	基础医学	基础医学系
31.06.01	临床医学	基础医学系
33.06.01	制药	基础医学系
35.06.01	农学	土壤学系
37.06.01	心理学	心理学系
38.06.01	经济学	公共管理学系
		经济学系
39.06.01	科学社会学	公共管理学系
		社会学系
40.06.01	法理学	公共管理学系
41.06.01	政治学	政治学系
		世界政治学系
		全球进程系
		公共管理学系
		历史系
42.06.01	媒体和信息图书馆	新闻系
44.06.01	教育学	文学系
		外语系
45.06.01	语言学和文学批评	文学系
		外语系
46.06.01	历史和考古学	公共管理系
		历史系
47.06.01	哲学、道德和宗教信仰	哲学系
50.06.01	文艺学	历史系
		艺术系
51.06.01	文化学	外语系

数据来源：根据莫斯科大学官网上的数据整理而成。

入学考试一律使用俄语。各招生单位的副博士生入学考试内容都是依据国家高等教育标准制定的，基本相同，分为哲学、外语和专业课三项。俄罗斯副博士入学考试分为“自主招生考试”、“完全免试”以及“部分免试”三种类型。“自主招生考试”由招生单位自行组织，所有具有考试资格的副博士学位报考者均需参加；“完全免试"和"部分免试"针对的是提前通过全部和部分副博士资格考试的人员。[①] 此外,硕士毕业考试的外语和哲学成绩可作为副博士研究生部的入学考试成绩。

入学考试由招考单位自行组织的招生考试委员会实施,其成员包括本专业的教授、副教授或科学博士、科学副博士,外语科目还可由不具有学历的但掌握相关外语的高技能教师参加。考试形式是笔试、口试或二者相结合。哲学考试有考试范围,各招生单位的哲学教研室会在考前一周内向报考者提供一份由 40～50 个试题组成的考题供考生复习,考试时考官从中抽取任意一个问题让考生口述作答。外语考试分为笔试和口试,笔试主要是考查与专业有关的外语原文的翻译和概述,口试也是用外语交谈学位论文研究课题。专业课考试形式一般是口试和提交专业专题报告,目的在于考查报考者的科研能力。

外地考生在入学考试期间可以提供住宿。入学考试结束后,由副博士研究生部招生委员会综合各门考试情况择优录取。如果考分相同,则要参考报考者的高等教育文凭、发表文章数量、报考者参加科研活动的情况等,选出更适合的报考者。"预算内"副博士研究生的录取工作在 10 月 1 日之前结束;"计划外"的副博士研究生申请材料全年都可接收。未考取"预算内"指标的副博士研究生可按照"计划外"的方式进行学习。

副博士培养方式也分为面授、面授(夜校)加函授、函授三种。面授(脱产)形式修业年限一般为 3 年,也有些专业需要 4 年,如莫斯科大学的数学与力学系。充足的学习时间可以使研究生把精力完全集中于所选的研究方向上;函授(不脱产)形式因为要兼顾工作,修业年限比面授增加一年。研究生的论文选题通常是与自己所在机关、团体、企业的重大问题相关的课题,以便于研究生把科学研究与探索同自己的实际工作结合起来。苏联时期函授研究生比例占一半以上,而现阶段副博士研究生培养以面授为主。2013 年俄罗斯共有在读副博士 132 002 人,其中以面授形式学习的有 82 254 人,占总人数的 62%。

博士研究生部的培养形式只有面授一种,学制 3 年。以面授形式在博士研究生部进行学习的博士生不经入学考试,其录取由高等学校的校长或科研机构和组织的领导人审核报考人提交的材料,并根据相应专业教研室(实验室)的结论和高等学校学术委员会及科研机构和组织的科技委员会的决定,发布是否录取的命令。被录取的人员,依据俄罗斯联邦劳动法应该辞去所担任的职务。

① 副博士资格考试是获得副博士学位必须通过的考试,考试科目包括:哲学、外语和与学位论文题目相符的专业课。副博士资格考试通常每年举办两次,每次考期 1～2 个月,可以以口试或笔试的形式进行,考试成绩分为优秀、良好、及格和不及格四个等级,只有通过副博士资格考试的人员才有资格撰写副博士论文。

除了通过研究生部和博士研究生部[①]培养副博士和博士外，还有两种在俄罗斯使用广泛的、独特的获取科学副博士和科学博士学位的方式："学位申请"和"调任研究员制度"。

"学位申请生"指的是：具有硕士学位或专家资格，委托拥有研究生部（高等军事院校研究生部）和（或）博士研究生部的组织或机构负责，不经过研究生部（高等军事院校研究生部）的学习，准备科学副博士学位论文的人员；或具有科学副博士学位，准备科学博士学位论文的人员。学位申请生不仅可以申请委托进行博士和副博士学位论文的研究和答辩，也可以申请委托进行副博士资格考试。

具有硕士学位或专家资格的副博士学位申请生、具有副博士学位的博士学位申请生，向设有研究生部或博士研究生部的高等学校校长或科研机构领导人递交注册申请书并附上学位或资格证书、学位论文详细计划，高等学校校长或科研机构的领导人根据申请者与拟议中的学术咨询者进行谈话的结果和相应教研室（实验室）的结论，发布允许学位申请生注册的命令。准备通过副博士资格考试的学位申请生注册期限不超过 2 年；准备副博士学位论文的学位申请生注册期限不超过 3 年；准备博士学位论文的学位申请生注册期限不超过 4 年。学位申请生无须参加课程学习，但需要接受导师的定期指导，定期汇报个人计划的执行情况，并每年接受其所在教研室（实验室）的考核。没有按期完成个人计划的申请生会被除名。

调任研究员制度指的是：具有副博士学位的高等学校工作人员可以改任为期 2 年的研究员职务，以备撰写博士学位论文。希望调任研究员职务的副博士向高等学校校长递交调任申请并附上已发表的科研成果清单和拟撰写的博士论文详细计划，高等学校校长根据相应教研室的结论审核提交的材料，确定是否将其调任研究员职务。除本校外，调任研究员还可申请到其他高校或科研机构作科学研究。调任一年后须向所在高校的学术委员会提交论文工作进展汇报，学术委员会根据汇报情况决定是否延长其研究员职务至下一年。副博士人员在调任研究员职务期间务必完成博士论文的撰写工作，并将论文交给教研室以便获得相应的结论。

目前，俄罗斯国内通过面授制博士研究生部培养的博士数量一般只占博士学位获得者总数的 10%左右，大部分博士学位都是通过"学位申请"和"调任研究员制度"这两种方式获得的。[②]

4.4　俄罗斯研究生选拔中的行为主体

作为社会系统网络中的一个重要节点，大学不可避免地与周围的其他组织或

① 《俄罗斯联邦教育法》将研究生界定为："具有高等教育学历，在研究生部学习并准备科学副博士学位论文的人员。"因此"研究生部"仅指培养科学副博士（不包括科学博士）的教育组织，"博士研究生部"指的是培养科学博士的教育组织。

② 姜炳军．俄罗斯研究生教育的传统与变革[M]．北京：北京师范大学出版社，2012：33.

个人发生千丝万缕的联系。大学与社会间存在的所有联系都是以社会责任(即社会寄希望于大学履行其在人才培养、科学研究、社会服务等诸方面的义务)为纽带而建立起来的。[①] 研究生选拔制度即是大学履行社会责任的一个重要环节。利益相关者理论是探讨大学社会责任问题的一个适切的研究视角。利益相关者理论认为:任何一个企业的发展都离不开各种利益相关者的投入或参与,因此,企业应该站在一个更高的角度考虑其与所有利益相关者、与整个社会的关系,并且承担相应的社会责任。同理,大学作为一个利益相关者组织,其社会责任的内容即在于积极回应不同利益相关者的利益需求,构建利益相关者参与的多中心的大学治理模式,充分发挥各相关利益主体在大学治理中的独特作用。

以一个利益相关组织的形式对高等教育进行分析,可知大学内部利益相关者包含教师、学生以及学校行政人员,而外部利益相关者是以政府、社区及市民为主构成的。通过研究利益相关者在研究生选拔制度中的相互作用,有助于进一步完善研究生选拔制度。

4.4.1 考　生

招生考试作为国家选拔人才的重要手段,也是个人实现人生理想的重要途径。根据考生的实际需求,在招生考试中其享有的权利包括:

选择学校。考生可以通过参加“校园开放日”或者从学校网站上了解学校章程、从事教育活动许可证、国家委托证明、教育大纲及机构细则、开展教育活动的其他文件、考生的权利和义务等基本信息,还可以了解该校招生委员会公布的与考试相关的信息,包括:高校自主制定的招生条例;高校招生的专业目录和录取条件;公费招生名额和自费招生名额;入学考试科目清单、考试形式、考试时间表和地点;每门考试的最低录取分数线;提供给考生的优惠政策信息;接受入学申请材料的时间、地点和方式等。考生可以根据这些信息,结合自己的实际情况和兴趣爱好选择学校与专业(如图 4-14、图 4-15 所示)。

为提高自己被录取的概率,考生可以向多个学校递交入学申请。在我国硕士生招生的保研、调剂阶段和实行申请-考核制的博士生招生中,考生同样可以申请多个学校,但前提是不同学校之间的考试日程没有冲突。俄罗斯硕士生和副博士生招生考试中,如果考生因报考科目集中在一天而未能参加考试的,或因突发疾病以及其他正当理由不能参加或未能完成考试的,可以另行选择其他时间考试。这样做虽然增加了学校的负担,但考生的权利得到了更加充分的保障。不过,申请多个学校就意味着需要准备多场入学考试,会分散考生的精力,对于想考取公费名额的考生来说同时申请数个学校并不实际。

在学习方式上,有定向和非定向两种可供考生选择。定向招生是在规定名额

① 尹晓敏. 大学社会责任研究——以利益相关者理论为视角[J]. 辽宁教育研究,2008(2):6-10.

图 4－14　莫斯科大学官方网站首页的招生专栏

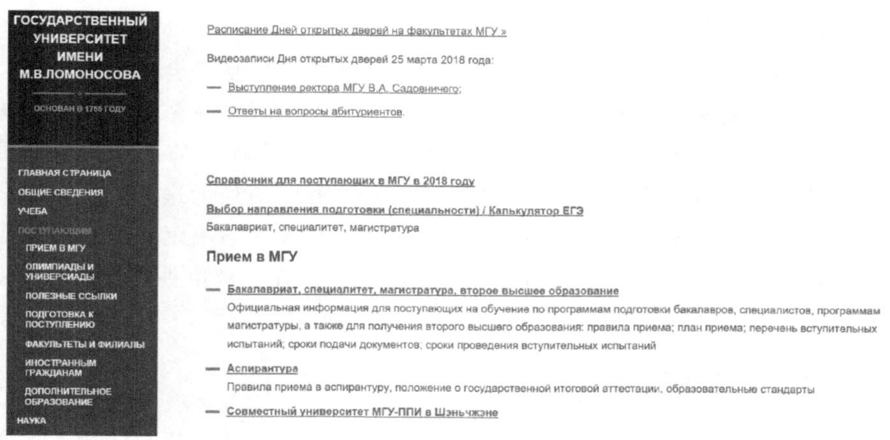

图 4－15　莫斯科大学官方网站的招生信息列表(部分)

内，在高校与联邦国家机关、联邦主体国家权力机关、地方自治管理机关、国家(市政)机构、国有企业，及有联邦、联邦主体或市政机构参股的国有公司或经济团体签署定向招生合同的基础上进行的。签署定向招生合同之前，这些机关、团体与考生签署了定向培养协议①。定向生分两类，一类为预算内定向培养②，占用俄罗斯教育部审批的预算内录取计划名额；第二类为合同制定向培养，由派遣机构支付奖学

① Часть 3 статьи 56 федерального закона.

② 属于公费生，后文的"合同制定向培养"属于自费生。参见第 123 页。

金和学习费用。[①] 高校可以自行划分定向招生名额，或者按照定向招生委托机构的要求规定名额。对于已经工作的在职人员，还可通过学位申请和调任研究员的方式攻读副博士或博士学位[②]。

如果考生存在身体缺陷，可以在入学材料中提出申请，要求学校在考试过程中提供必要的辅助和照顾，如保证本人无障碍出入教室、厕所和其他场所，以及在上述这些场所停留；要求高校委派工作人员或者外来人员作为助手，对本人进行必要的辅助(落座、移动、读出及抄写考题、向监考老师提问)等。盲人、弱视者、聋哑和听力障碍考生、上肢运动机能受损或者没有上肢的考生，可以要求高校提供凸点式试卷、字体放大装置、声音放大装置等，甚至可以要求运用远程技术为本人安排入学考试。相应的，在考试时间上也会得到不超过 1.5 小时的延长照顾。对于外地考生，在考试期间，可以向高校申请提供临时住宿，价格一般都很优惠，这也是人性化关怀的体现。除此之外，考生在入学考试中享有的优惠条件还包括：硕士毕业考试成绩可以作为副博士入学考试成绩，取得相应等级的语言证书(如雅思、托福)可以免试外语，在一定竞赛中获得的奖项可以成为入学考试的加分依据……这些优惠条件从一定程度上减轻了备考者的负担，同时对于招生单位来说，既起到了考察能力的目的，又减少了工作量，非常经济灵活。

入学考试结束之后，考生可以通过高校官方网站和信息平台了解入学考试的成绩。如果考生对于考试程序或者考试成绩存在疑问，可以在公布成绩的当天或第二个工作日向申诉委员会递交本人认为的违反考试程序及质疑考试成绩的诉求。对于违反考试规定程序的诉求，也可以在入学考试的当天递交。考生有权要求参加诉求的审议过程，但变更考试成绩或者保留原成绩的决定最终还是由申诉委员会做出。审议结束后，考生可以查看审议笔录，并在了解申诉委员会的决定后签署自己的名字。

4.4.2 研究生导师

俄罗斯研究生的培养采用导师带学生的形式，一名导师所指导的硕士生数量不超过 5 人，副博士生和博士生数量也不超过 5 人。导师在研究生招生、培养的各个环节都发挥着重要作用。

在招生阶段，导师主要起到“把关人”的作用。导师会在举行副博士入学考试之前与考生进行谈话，然后向研究生招生委员会递交谈话的记录和导师意见。这称为“招生预选制”，即由导师对考生进行初次筛选。招生委员会在综合考虑导师和学术委员会(科技委员会)的意见，以及考生提交的资料的基础之上，决定是否允许考生参加入学考试。实行招生预选制有助于提高研究生生源的质量，有助于选

---

① 王森. 对俄罗斯研究生教育若干概念的再认识[J]. 比较教育研究，2012(4)：57-62.

② 参见 4.3.4 小节。

拔科研能力强、学术水平高的人选。导师的鉴定结论在招生筛选中起着十分重要的作用。此外，导师还要参与对应学科研究生入学考试方案的制定。

研究生培养是研究生教育的中心环节，是实现研究生教育培养目标、保证研究生教育质量的关键所在。在培养阶段，导师需要和学生一起完成科研工作，帮助学生完成其学位论文并提交答辩。可以说，研究生的培养质量在很大程度上取决于导师的指导水平。

硕士生的培养体制由课程学习和科研活动两部分组成。课程学习部分按照硕士生培养大纲和高等教育国家标准进行，需要开设哲学、学科历史课程和专业课。硕士生导师参与课程方案的设计，确定其专业课内容并指导课程内容的实施。科研部分在导师指导下完成独立创作的学位论文和个人研究计划。

副博士的培养过程同硕士基本相同，分为课程学习、教育训练、科研活动三部分。副博士生需要在第一学年按时通过副博士资格考试。高等学校校长（副校长）或科研机构领导人（副职领导人）组建副博士资格考试委员会，副博士生导师一般也是委员会成员。科研部分同样要在导师指导下完成独立创作的学位论文和个人研究计划。

在培养过程中，研究生导师的职责可以概括为以下几个方面：直接领导学生进行科研训练，帮助其制定个人学习计划及职业规划①（个人计划在导师的参与下制订之后，还要由系学术委员会审核，系主任审批），并对计划的执行进行监督；定期与学生开展面对面交流，为其提供建议；帮助选定、调整学位论文选题，帮助其按照要求完成学位论文写作并参加论文答辩；组织学生的监督和审查工作，督促其遵守研究生内部规章纪律等。导师自身也要不断学习，研究生导师要定期做独立研究项目或参与创新研究项目，在国家级学术期刊或国际权威期刊上发表研究成果；至少每 5 年参加一次国家或国际会议，接受进一步培训。

导师的作用如此重要，所以俄罗斯高校和科研机构对研究生导师的遴选和任命都制定有严格的素质要求、资格条件及遴选模式。

硕士生导师通常在学生入学一个月内就选定，原则上须有博士学位或教授职称，副博士也可指导硕士生，但必须有副教授职称，并且要经过校学术委员会的同意。硕士生导师必须从事硕士生所选方向的科学研究，讲授硕士生的基础课或专业课，甚至要参与硕士生教材或辅导材料的编写，工龄不得少于 3 年。每个导师所带的硕士生不能超过 5 名，一名教授或博士同时最多只能指导两个学科方向的硕士生。硕士生导师应有近 5 年内答辩过的研究生（指副博士及以上的学位攻读者），并且应从事硕士生课题的科学研究。

副博士研究生导师一般在录取研究生的同时直接从高校相关教研室和专业研

---

① 其内容包括课程学习、自学、科研活动（学术报告、学年作业、参加学术会议、论坛、发表论文等）和毕业论文写作等。

究方向的科学博士或教授中任命。副博士研究生可以提议本教研室的学者、本校其他教研室的学者或外单位的学者担任导师。副博士研究生导师一般也要求拥有博士学位或教授职称。在某些情况下,也可以吸收相关专业的具有科学副博士学位和副教授学衔的教师担任副博士研究生的导师或学术顾问。副博士研究生的导师一般都是某学科专题研究领域学术流派的主持人员。所从事的主要研究方向特色突出、优势明显、发展稳定,有较高水平的科研成果、发明创造,所承接的科研课题具有重要的理论意义和实践意义,或出版、发表有高水平的专著、论文,其学术水平在国内本学科本专题研究领域居于前列。

副博士导师的聘任程序为:先由教研室做出导师任命的初步决定,并将此决定提交副博士研究生部,副博士研究生部再将相关的呈文报校长审批。副博士研究生的导师的任命从命令被批准公布起生效。在需要的情况下,教研室可做出更换导师的决定,并按规定的程序报批。更换导师一般应由副博士研究生首先提出。

要求指导副博士研究生的候选者须提交以下文件供学术委员会研究:给大学校长的个人申请书,需指出进行指导的学位论文研究选题;能证明自己学术发展的近 5 年创作的学术著作出版清单(通常为不同出版社出版);能证明自己学术发展的近 5 年的发明。非本校人员还需提供科学博士或副博士学位证书复印件;教授、副教授或高级研究员学衔证书复印件;证明在大学曾经从事指导工作的文件(包括指导毕业设计),年限不少于 2 年。[①]

4.4.3 招生管理者

俄罗斯研究生招生的管理者主要包括国家和研究生培养单位(高等学校和科研机构)两个层面。管理者在研究生招生的过程中,通过制定规则、把控过程和处理纠纷,提高研究生招生的质量和效率。良好的生源质量和高效率的招生工作对提高教育组织的声誉、节约财政预算等都具有重要的意义。

国家层面的研究生招生管理是由联邦议会、政府以及联邦(中央)高等教育管理机关共同行使管理权。

俄罗斯联邦会议(ФедералЬное Собрание Российской Федерации)是俄罗斯联邦的代表与立法机关。在研究生招生方面的管理权限主要是:提出法律草案,通过有关研究生招生领域的联邦法,根据法律对其进行修改和补充;批准联邦预算中的有关项目并监督其实施等。

俄罗斯联邦政府(ПравителЬство Российской Федерации)是俄罗斯联邦的执行权力机关。在研究生招生方面的管理权限主要是:实施研究生招生的财政预算;确定高等学校办学资格审定、评估和国家认可的程序;签订和实施研究生教育的政府间协议;确定研究生教育国家教育标准的制定、批准和实施办法;确定研究生教

① 李申申,王森,等.中俄博士研究生教育比较[M].北京:人民出版社,2014:296.

育专业目录等。

俄联邦教育与科学部(Министерством образования и науки Российской Федерации)在研究生招生方面的管理权限是:批准相应联邦部分的国家研究生教育标准;确定高校研究生、博士生总的招生名额和招生结构;根据高等院校和科研机构的申请发布设立研究生部、博士研究生部的命令,并对其工作进行指导和监督。

俄联邦科学院(Академия наук Российской Федерации)也是研究生招生工作的领导机构和决策机构。科学院主席团和科技委员会审批其所属科学院所研究生部的设置和撤销,参与研究生招生名额(包括公费名额:免试录取名额、特殊权利名额、定向录取名额、普通竞试录取名额,以及自费名额等)和招生结构(包括招生专业结构、层次结构、区域结构等)的分配。

研究生培养单位(高等学校和科研机构)层面,国立或地方高等学校由选举产生的代表机关——校学术委员会(Ученый совет)实行总的领导,校长负责对高等院校实行直接管理。校长由全体大会(Об щее собрание)以无记名投票的形式选举产生,并经上级教育机关批准,担任校学术委员会主席,任期 5 年;校学术委员会由校长、副校长、系主任以及由校全体大会选举产生的教师和学生代表组成,任期不超过 5 年。校长和学术委员会在研究生招生中负责审批具有副博士学位的教学人员调任研究员职务,以备撰写博士学位论文并定期审查调任研究员的研究工作进展情况;协调分配研究生教育经费;任命研究生招生委员会的成员和副博士资格考试委员会的成员;委任指导博士研究生的学术咨询者等。[①]

研究生部是培养研究生的教学行政管理机构,是高等教育领域内部培养科研和科学教育高级专门人才的基本组织形式。研究生部设在拥有国家委任证书的高等学校,拥有从事研究生教育活动权的许可证,并拥有高水平科研和科学教育人员的科学研究机构和组织里。研究生部负责研究生的招生管理和培养管理工作。副博士研究生部组建以高等学校校长(副校长)或科研机构的领导人为主席的招生委员会,审核研究生报考材料,成立入学考试委员会和副博士资格考试委员会,组织入学考试和资格考试,审核副博士研究生个人学习和研究计划,负责校外学位申请生在研究生部的注册和管理,为副博士研究生分配学术指导老师等。申诉委员会负责在考试结束后组织诉求审议会来处理考生质疑,包括对考试成绩、是否遵守规定考试程序等的质疑,并给出审议结果。

博士研究生部负责博士研究生的招生和为博士研究生配备导师,定期对博士研究生进行考核,受理校外博士学位申请生的注册并进行指导和定期考核等。

教研室和实验室是培养研究生的最基本单位。研究生在教研室(实验室)和导师的指导下进行课程教学、科研训练、教育训练、通过副博士资格考试、撰写学位论

① 姜炳军. 俄罗斯研究生教育的传统与变革[M]. 北京:北京师范大学出版社,2012:89.

文并定期向其汇报个人计划的执行情况。[①]

4.5 俄罗斯研究生选拔的质量保障体系

制定科学的研究生选拔制度，是保证入学新生质量的关键，直接影响研究生教育的效率。通过前几节的介绍，我们已经对俄罗斯研究生选拔制度有了大致的了解。但是，即使是再优质的生源，如果没有良好教育质量的加持，就不能培养出满足社会需求的高质量人才，大学也就不能履行其所肩负的社会责任。俄罗斯参与欧洲为创建高等教育一体化空间而推行的博洛尼亚进程，是俄罗斯推行高等教育国际化的显著标志。教育国际化是各国教育的发展方向，高校开展国际交流合作，也对高校教育质量提出了更高要求。俄罗斯对高等教育质量极为重视，在努力借鉴和学习欧洲及国际上通行的高等教育质量保障体系的基础之上，逐步形成了国内较为完善的高等教育质量保障体系。

俄罗斯高等教育质量保障体系由外部保障与高校内部保障构成。内部保障主要是以高校为主体开展自我评估，高校的内部评估报告和数据是外部评估的重要条件与依据；外部保障主要是由政府教育主管部门或独立的评估机构及其他有权力对高等教育质量进行评估的组织对高校进行自上而下、由外及里的教育质量评估。俄罗斯高校的外部质量保障，主要是联邦政府通过制定《高等教育国家标准》、推行高校综合评估以及对评估机构进行监察来实现的。外部质量保障是俄罗斯高等教育质量保障体系建设的核心，是近年来俄罗斯联邦政府完善高等教育质量保障体系的重点。[②]

4.5.1 政府教育主管部门对高等教育质量的管控

1. 制定《高等职业教育国家标准》[③]

苏联解体后，俄罗斯的高等教育受到巨大冲击，教育质量严重下滑。为了重塑高等教育声誉，构建统一的教育空间，1992 年，俄罗斯制定了《高等职业教育国家标准》（以下简称《高教标准》），为高等教育的质量管理和监控提供法律依据。随后在 2000 年和 2007 年，《高教标准》又进行了两次修订，虽然每次都有不少变化，但是标准的整体框架保持了相对的稳定性和连续性。标准主要分为两个层面：一是联邦政府层面对整个高等职业教育总体的规范和要求，包括高等职业教育的体系、层次、修业年限，学生的学业负担以及毕业生应达到的标准等，具体见表 4－10 所列。

① 姜炳军．俄罗斯研究生教育的传统与变革[M]．北京：北京师范大学出版社，2012：89.

② 孙明娟．俄罗斯高等教育质量保障体系探析[J]．中国高等教育，2016(10)：60-62.

③ 《高等职业教育国家标准》适用于学士、硕士和专家三个层次。2014 年 7 月 30 日批准的《俄罗斯联邦高等教育－高水平人才培养的国家标准》适用于副博士和博士（参考表 4－1 俄罗斯国民教育体系中对高等教育的划分）。

表 4－10　俄罗斯《高教标准》总要求

序　号	内　容	说　明
1	高等教育的结构	划分高等教育的层次，规定修业年限，授予证书资格等
2	基本教育大纲的总要求及其实现的条件	规定基本教育大纲必须包含的必修科目、最低限度必修内容及学生自选科目和选修科目
3	学生学习负担的一般标准及要求	规定了各种学习形式的最高学分、师生互动时间和放假时间等
4	高等学校在教育内容上的学术自由	规定了高等学校在标准的基础上可以独立自主地研究和运用基本教育大纲及其实施办法以及现行法律、高等教育组织标准条例所规定的其他权利
5	对高等教育培养方向目录和专业目录的总要求	规定了高等教育的目录，应当包含科学、技术、文化最重要和最有前途的各个领域，每个专业都应具有社会和个人意义
6	专业最低限度内容和毕业生培养水平	规定了具体专业之最低限度内容和毕业生培养水平的国家要求，标准按每个培养方向(专业)分别制定
7	国家监督准则	规定了标准实施的监督准则、监督机构和违反标准的惩罚措施

第二个层面是各专业标准，规定了各培养方向(专业)的具体要求，包括培养方向(专业)的特点、对基本教育大纲掌握程度的要求等，具体见表 4－11。

表 4－11　俄罗斯《高教标准》专业要求

序　号	内　容	说　明
1	适用范围	规定了该标准适用的范围，包括层次、类别等
2	使用缩写	相关术语代码
3	培养方向(专业)特点	掌握基础教育大纲的任务量、期限以及毕业生资格
4	职业活动特点	职业活动的范围、对象和任务
5	对基本教育大纲掌握程度的要求	将“对基本教育大纲掌握程度的要求”体现为“对能力的要求”，并将这种能力划分为一般文化能力和职业能力
6	对基本教育大纲结构的要求	规定了该专业课程类别、学分范围以及每类课程所应培养学生的能力指标
7	对基本教育大纲实现条件的要求	对高校基础教育大纲的教学过程、教学方法、学习材料、科研技术以及教学人员提出了相关要求
8	对基本教育大纲掌握质量的评估	指出高校有责任确保学生的培养质量，学校应该制定能够有效评估学生知识水平和学习技能的方法，以监测和保障用人单位参与制定的学生培养计划，同时应该确保教师的能力水平，使其能够按照用人单位和学校制定的标准进行定期的自我检查与评估

2. 推行高校综合评估

为提升高校的教育质量，加强对高等教育质量的管理，俄罗斯教育部于1999年开始推行高校综合评估模式，即由教育部对所有(国立与非国立)高校实施许可、评定与国家鉴定。其中，许可是指由经教育部许可的评审委员会确认高校提供的教育条件与国家和地方在“基建标准和法规、卫生标准、师生保健、教学场地与设备、教师资质与人员编制”方面的相符程度；评定是由国家督导司确认高校毕业生的培养质量、培养水平和培养内容与高等教育国家标准的符合程度；国家鉴定是由鉴定委员会依法确认不同类型和类别(大学、专业大学、学院①)高校的国家地位，并依据鉴定结果赋予高校一定的权限(高校只有通过国家鉴定，才有权向其毕业生发放经国家认可的毕业证书，并被纳入国家预算拨款名单和享受其他优惠政策。《俄罗斯联邦教育法》规定，教育机构必须参加国家认证，以确定学校的地位与拨款)。② 许可主要检验硬件条件，通过许可的高校才能获得办学许可证，并进入评定程序，因此许可只是保障教育质量的一般条件；评定主要检验办学效果，通过评定的高校才可以进入国家鉴定程序。评定要根据高校的申请，每5年进行一次，由国家评定机构或其授权的国家权力机关、教育管理机关和地方自治机关协同重点教育机构、社会各界共同进行。高校只有在连续三年内一半以上学生都获得总结性评定的良好成绩才能通过评定。国家鉴定的结果有效期也是5年。许可、评定与国家鉴定这三个环节既互相独立又层层递进，形成了俄罗斯高等教育质量外部评估与保障体系的主要框架。

此外，俄罗斯教育部还通过规范高校排名的方式来激励高校提升自身的教育质量。所谓高校排名，是指按照一定的评价指标体系对高校进行评分，并按照分数高低对高校进行排名。评价指标体系主要包括师资结构、物质信息基础(教学实验基地、教学仪器、图书资源等)、人才培养质量、科研成果的认证与应用等，与高校综合评估的内容基本一致。从1990年起，俄罗斯教育部开始研制高校排名方法，并从2000年开始施行。

4.5.2 第三方机构对高等教育质量的评估

开展教育评估是保障高校教育质量的重要途径。俄罗斯非常重视教育评估，将其列为历次教育发展目标纲要的重要组成部分，对普通教育、职业教育、补充教育等各个教育层次的工作目标和计划措施都做了详细的规定。俄罗斯教育发展目

---

① 大学培养方向广泛、高水平的工作人员，科研及教育-科学工作人员，并为其组织重新培训和进修，进行广泛的基础和应用科学研究，是自身活动领域的主要科学和方法中心；专业大学顾名思义，主要为一定科学和教育-科学活动领域培养高水平的工作人员，为其组织重新培训和进修，并优先进行某一学科或文化领域的基础和应用科学研究；学院为一定职业活动领域培养高水平的工作人员，为其组织重新培训和进修，同时进行基础和应用科学研究。

② 孙明娟. 俄罗斯高等教育质量保障体系探析[J]. 中国高等教育，2016(10)：60-62.

标纲要每五年更新一次，在 2015 年颁布的最新的五年纲要——《俄罗斯联邦 2016—2020 年教育发展目标纲要》中，有关教育评估的要求如下[①]：

应创造条件提高俄罗斯教育的国际竞争力。为此，需要创建针对教育和教育成果的必要的评价体系，并采取以下措施：

① 通过区域试点项目，发展独立的普通教育评估机制；

② 通过扶持独立认证和教学质量评估发展职业教育和高等教育质量评估机制；

③ 在俄罗斯教育质量评估体系中推广国际先进的评估方法和教育质量研究成果；

④ 支持在教育质量发展与监察方面的创新；

⑤ 加强与教育发展相关的法律法规、数据信息、专家评价方面的监管。

第①和第②条措施都提到了“独立教育质量评估”。独立教育质量评估不同于政府对高校的综合评估，由独立第三方机构实施，是俄罗斯高等教育外部评估的重要组成部分。多年来，俄罗斯一直在努力探索独立第三方高等教育质量评估与保障机制的构建。为保障教育评估的客观性和真实性，以及与国际接轨，2013 年出台的《俄罗斯联邦教育法》中专门加入了对教育质量进行独立评估的条款：第 95 条“教育质量的独立评估”对独立教育质量评估机构的运作作了规定，提出“独立教育质量评估应在国际教育比较研究的框架内实施”。这标志着俄罗斯向教育评估法制化和国际化迈出了重要的一步。[②]

独立评估机构的资格通常是由权力部门以权威方式认定的，因此其评估结果具有公信力和权威性。目前俄罗斯拥有俄罗斯国家公共认证中心（NCPN）等数家独立教育评估机构，可以独立开展教育评估活动。虽然社会评估与认证的结论对政府部门的最终认证不产生影响，但可以成为重要参考[③]。2015 年，俄罗斯国家公共认证中心（NCPN）邀请中国教育部高等教育教学评估中心（HEEC），采用“中国标准、中国专家、中国方法、中国技术”，分三批分别对阿尔泰国立大学、波罗的海联邦大学、下诺夫哥罗德国立大学的 8 个专业开展国际联合认证。这些专业均为所在高校的优势专业，全部入选“创新俄罗斯最佳专业计划”；3 所大学的科研创新及人才培养水平均居俄罗斯国内高校前列。[④]

---

① Правительства Российской Федерации от 23 мая 2015 г. №497 Москва. О Федеральной целевой программе развития образования на 2016-2020 годы. http://government.ru/media/files/uSB6wfRbuDS4STDe6SpGjaAEpM89lzUF.pdf.

② 王森. 俄罗斯联邦《教育法》中教育法律规范的新变化[J]. 外国中小学教育，2013(12)：1-7，19.

③ 曹一红. 俄罗斯高等教育质量外部评估体系探究[J]. 俄罗斯学刊，2016(4):83-88.

④ 蔡继乐. 高教质量“中国标准”走向国际舞台 教育部评估中心首次对俄罗斯大学开展质量评估[N]. 中国教育报，2015-10-08(01).

4.5.3 对高等教育质量评估机构的监察

随着高等教育质量保障活动的开展，评估和认证活动领域的不断扩大，高等教育质量评估与认证机构本身的质量问题越来越为公众所关注。如果评估机构本身缺乏合理合法性，那么其评估结果就毫无意义。打消公众疑虑的有效手段就是“信息公开”。客观真实的评估结果可以影响政府的教育决策，同时可以起到告知社会、帮助择校、接受监督等作用，充分体现出高等教育质量评估活动的价值，因此对评估结果的公开和利用是整个高等教育外部评估过程的重要环节。2011 年俄罗斯颁布的《教育活动认可条例》明确指出，经教育评估机构认可的信息需上传其官网，向社会各界公开。这种做法不仅保证了信息的透明性、开放性和自由性，同时也起到了检验评估机构的水平与威信的作用。

上一节中提到的《俄罗斯联邦 2016—2020 年教育发展目标纲要》第二部分“目标任务与措施策略”中对教育评估提出的第 4、第 5 点要求——“支持在教育质量发展与监察方面的创新”和“加强与教育发展相关的法律法规、数据信息、专家评价方面的监管”，都提到了对高等教育质量评估机构的监察。俄联邦教育与科学督察署是俄罗斯国内专门对教育评估机构的活动进行监察的部门，其成立初衷就是为保障评估活动的准确性与客观性。俄联邦教育与科学督察署将高校活动基本指标、各类评估结果和有关资料录入国家统一的指标信息数据库中，公众可自行查询、比较这些信息，并对高校进行监督。目前，该数据库已经囊括了俄罗斯绝大多数高校的相关数据与信息。俄罗斯教育与科学部组织由区域代表组成的委员会，对高校的监测结果进行讨论和评价，并在此基础上做出决定，最终对高校做出“低效高校”或者“有效高校”的评判。

如果一所高校被认定为“低效高校”或具备低效特征，监测部门就会发出预警信号，并对学校展开相应督促与检查，通过预警和干预，让高校摸清症结，针对得分较低的指标努力改进，提升和保证教学质量。俄联邦教育与科学督察署谢尔盖·克拉克佐夫署长在接受访问时表示：监测是建立在客观数据的基础之上的，数据都是统计确认过的。我们的任务就是要努力使评价体系独立，就算结果不理想，但它们至少是客观的。[①]

4.5.4 高等学校内部的质量保障体系

在俄罗斯，高等学校内部质量保障主要是高校通过构建内部质量保障与管理体系、强化教学质量与学生学业成绩评价等措施实现的。

1. 构建高校内部质量保障体系

俄罗斯的高等学校在建设内部质量保障体系时，首先要根据国家的教育标准

---

① 曹一红. 俄罗斯高等教育质量外部评估体系探究[J]. 俄罗斯学刊，2016(4)：83-88.

开展工作，保障工作的建设应以国家的最新要求作为出发点，工作的开展必须要符合国家在教育方面的质量鉴定最低标准，符合高校认可、评定与国家鉴定的要求。同时，俄罗斯的高校在进行人才的培养时要重视市场对人才的需求，重视市场对人才的全面化发展需要。当前，俄罗斯高校内部质量保障体系主要是由质量规划、质量保证、质量管理与质量提升等构成的。

2. 强化教学质量

高等教育质量的提升，关键在于高校内部质量保障活动的开展，它与高校的教学质量、学生学业成绩等密切相关。俄罗斯高校不仅关注毕业生质量，更关注其教学质量。良好的教学质量可以实现更好的人才输出。教学质量评估工作一般包括 4 个方面：教师工作的实际质量、学校在教学方面的资金投入、学生自身素质的分析、学校在教学信息方面的搜集和整理情况。以俄罗斯民族贸易学院为例，该学院衡量其教学质量的指标主要包括教学过程的潜力和教学过程参与者的积极性两个方面。其中，教学过程的潜力指标包括教师的潜力、学生的潜力、信息方法的潜力、经费情况；教学过程参与者的积极性指标包括质量管理机构的积极性、教师的积极性、学生的积极性等。

3. 重视学生学业成绩评价

除教学质量评价之外，俄罗斯高校非常重视学生学业成绩评价。以往俄罗斯高校主要是通过日常性检查与总结性评价的方式考察学生的知识、能力以及创新精神等情况，目前开始运用系数排名评价和累积评价两种方式评价学生的学业成绩。其中，系数排名评价是指为了使学生在每个学期都能够进行有规律的学习，任课教师将每门课程内容分成几个单元，在每个单元学习结束时对学生进行中期（系数）考试评价，学生在中期考试所获得的分数累积结果就是学生在该门课程中的排名。系数成绩在很大程度上体现的是学生对知识的学习情况，不能很全面和科学地评价学生的整体素养。为更客观地评价学生的学业成就水平，俄罗斯国立高等经济大学引入累积评价，其总体思想是对学生在每个学期所要完成的学习任务实施总结性评价。该评价要求在每门课程大纲中要明确指出，本学期该门课程要评价的学习内容，以及平时评价在总结性评价中所占的比例，旨在保证期中对学生学业成绩评价的准确性，以及总结性评价与学生日常学习情况的紧密联系。为进一步完善学生学业成绩评价体系，2014 年 7 月，俄罗斯总统普京签署了高等教育质量委托书，要求教育部必须提交在高校中采用独立评价体系评价学生成绩的方案，包括中期鉴定，同时要求建立内部评估体系对教师的活动进行评价。①

俄罗斯高等教育质量保障体系经过不断的发展完善，已经形成了以联邦政府为主导，以《高教标准》为依托和法律依据，外部质量与内部质量保证并重，充分发挥市场、高校与政府的联动作用，并凸显高校综合评估特色的较为完善的体系，为

① 孙明娟. 俄罗斯高等教育质量保障体系探析[J]. 中国高等教育，2016(10)：60-62.

保障研究生选拔的成果发挥了重要作用。

4.6 俄罗斯研究生选拔对我国研究生选拔的启迪

俄罗斯的研究生选拔制度与我国存在不少相似之处，如硕士生和副博士生的录取实行考试制，博士生的录取实行申请-考核制，研究生的培养采用导师带学生的形式等。但也存在以下特点值得我们借鉴：

一是“学位申请生”和“调任研究员制度”是两种在俄罗斯使用广泛的、独特的获取科学副博士和科学博士学位的方式。两者均无须参加课程学习，只需要接受导师的定期指导，定期汇报个人计划的执行情况，并每年接受教研室(实验室)的考核，通过论文答辩后即可获得相应的学位。这两种培养方式重在学位申请者科研能力的考察，在如今的俄罗斯科学和科学教育干部培养系统中发挥着巨大的作用。我国的非全日制研究生录取实行统一考试，在培养过程中安排了课程学习，无形中就弱化了对考生科研能力的考察。

二是硕士生毕业考试成绩可以作为副博士生入学考试的成绩；雅思、托福等外语等级证书可以在入学考试时享受外语免试。这些做法既可以达到考察考生能力的目的，又体现了经济性的原则。

三是在高等教育质量保障体系中，《高教标准》通过为每个培养方向(专业)设置标准，使高校、学生、教师应达到的要求和标准都有了明确的规定，为高等教育质量的提升建立了硬性的要求；教育部推行高校综合评估，通过许可、评定与国家鉴定(每5年进行一次)，明确高校在教育系统中的定位；评估结果公开透明，可以帮助政府做出教育决策，帮助考生选择学校，对高校自身也起到了督促作用。

第 5 章　日本研究生选拔制度研究

日本的研究生教育一直走在亚洲的最前端，其制度的创立和变革给亚洲其他国家的研究生教育树立了参考学习的榜样。日本通过一套完整的研究生教育体系向社会输送了大批优质的人才，为日本经济、科技和社会的发展做出了值得肯定的贡献。日本研究生选拔制度作为研究生教育过程中的一个基础环节，是把控生源质量的一个重要保障，也影响研究生教育的最终结果。因此日本研究生选拔制度是研究日本研究生制度的重要先导。

5.1　日本研究生教育的缘起、发展及现状

根据收集到的资料，笔者将日本研究生教育发展划分成三个阶段：初创期、确立期、变革期。每个时期日本社会所面临的问题和挑战都不同，因此研究生制度在每个时期的发展任务也有所区别。本章根据时间顺序，梳理日本研究生教育发展的三个时期，分析制度变化背后的原因以及影响。

5.1.1　初创期(19 世纪 80 年代到二战结束)

19 世纪 60 年代末，日本在接受西方资本主义工业文明的冲击后，开始明治维新，进行资本主义性质的全盘西化与现代化改革，欧美先进国家成为日本主要的效仿对象。作为"文明开化"[①]的重要一环，日本的近代化高等教育开始发展。在这一时期，日本高等教育的模式很大程度上受欧美近代大学模式的影响。

1886 年日本颁布了《帝国大学令》，同年在东京帝国大学设置了大学院，从此翻开了日本研究生教育的新篇章。[②] 帝国大学由"分科大学"(也就是之后的本科教育)和研究生院(日语(大学院))构成。根据《帝国大学令》的规定，分科大学和研究生院的目的不同，研究生院是进行学术研究的机构，而分科大学则是教授以及运用学术工艺理论的机构。[③]

1887 年日本颁布最早的《学位令》，开始授予博士学位。《学位令》规定：研究

① 文明开化"：来自日语(文明开化)，是指明治时期西方文明传入日本，日本的社会制度、风俗及文化等发生巨大变化趋于西式。

② 李颖. 日本研究生教育发展浅析[J]. 世界教育信息，2007(8)：66-68.

③ 日本文部科学省. 帝国大学の発足と拡充[EB/OL]. http://www.mext.go.jp/b_menu/hakusho/html/others/detail/1317632.htm. 2017-12-28.

生学位分为博士和大博士两种。学位授予有三种途径,即课程博士的学位由文部大臣授予,同等学力由帝国大学评议会授予,大博士由文部大臣推荐、内阁会议授予。当时有博士课程的学科有法学、医学、理学、工学、文学共5个学科。[①]

1898年日本颁布第二个《学位令》,这次的《学位令》取消了大博士学位,并丰富了博士学位的种类,在已有的博士学位种类的基础上增加了药学、林学、兽医学和农学四类博士学位种类。此外在课程博士的基础上增加了论文博士学位的授予。

1920年日本颁布第三个《学位令》,修改学位制度,明确提出学位授予权由文部省转移到大学,进一步规定对同等学力者授予学历的要求。至此战前日本的研究生学位制度基本形成。

这一时期的研究生教育制度尚未完全成型,只设有博士学位。各环节依旧不完善,研究生院并没有独立的教学计划和专设课程,只是附设在学部。研究生主要是在导师的指导下自行确定课题进行研究。

5.1.2 确立期(二战结束至20世纪80年代末)

二战结束后,日本经济逐渐恢复并进入高速发展期,社会对高素质人才的需求也不断提高。为了适应战后的新环境,日本开始学制改革,改变战前原有的学制模式,开始实行“6·3·3·4”新学制。[②] 这次学制改革主要是在美国的主导下进行,因此日本近现代教育体制也难以避免地带有美式色彩。

1947年,日本颁布《学校教育法》,不仅建立了区别于战前的“新制大学”[③],还建立了“新制研究生院”[④],进一步明确研究生教育的目的是教授研究学术理论及应用,探求学术深奥,并为文化发展做贡献。

1949年颁布的《研究生院设置基准》,重新规定了研究生教育的目标、组织形式、课程设置、学生资格等方面。并要求研究生在一般教育与专业基础教育的基础上,研修更精深的知识,并掌握研究能力。

“为使新制大学的研究生院设置工作更加规范,1952年日本‘大学设置审议会’制订《研究生院设置审查基准要点》。该文件在研究生教育的目的、研究科的组织、研究生的入学条件和修业年限、课程结构与学分标准、导师资质、研究生院的管理、学位论文审查与答辩,以及学位申请者的资格审查等方面都做出了较为详细的规

① 李晓佳.日本研究生教育规模扩展研究[D].河北大学,2006(5).

② 小学教育6年,中学教育3年,高中教育3年以及大学教育4年。

③ 新制大学:来自日语“新制大学”,是指1947年后根据《学校教育法》建立的高等教育机关,主要区别于战前建立的“旧制大学”。

④ 新制研究生院:日语是“新制大学院”,主要区别于战前建立的“旧制大学院”。

定,这成为日本战后重构研究生教育制度的重要政策依据。"①

之后,1953 年颁布的《学位规则》,明确规定授予硕士研究生和博士研究生两级学位。"以 1949 年大学基准协会制定的《研究生院设置基准》和 1953 年颁布的《学位规则》为标志,日本重新构建起美国模式的硕士和博士二级学位体系的研究生教育制度。"②

随着科技的发展,研究生教育的重要性普遍得到认同,研究生教育不断发展。日本政府认识到,要通过科学技术竞争确立日本在国际上的地位。因此大力扩充研究生教育,以此作为培养适应经济发展的高科技人才的重要措施。

5.1.3　变革期(20 世纪 90 年代至今)

在这一时期国际环境发生显著变化,科学技术成为一个国家发展的重要动力,为了提高国家的文化实力和竞争力,世界各国也开始加大教育改革的力度。除此之外,日本在泡沫经济破灭后,经济增长速度缓慢甚至长时间出现负增长,不景气期一直持续。在内外兼忧的背景下,为了适应科技发展的需求,提高创新能力,日本也着手进行研究生教育改革。

这次研究生教育改革的两个重点是:进一步扩大研究生教育的规模以及加强专业性人才的培养。在扩大研究生教育规模方面,"1991 年日本大学审议会发布《关于大学院量的调整》,提出到 2000 年研究生人数增加到当时的 2 倍,即达到 20 万人的目标(到 2000 年,日本研究生实际人数为 20.6 万多人,完成了目标);1998 年又发布了《关于 21 世纪大学以及今后改革策略——竞争环境中闪耀个性光芒的大学》,进一步提出到 2010 年研究生人数增加到 30 万人的目标。"③(经粗略统计,日本 2010 年实际研究生人数为 27.1 万人,没有达成目标。近 20 年日本在校研究生数量变化图如图 5-1 所示)

此外,为了培养更多专业性职业人才,2003 年日本国会通过新修订的《学校教育法》,规定在研究生院设置专业学位研究生课程。同年,日本文部科学省颁布《专业学位研究生院设置基准》,规定了设置专业学位的最低标准,日本专业学位研究生制度正式建立。

---

① 李振玉.论东京大学在日本研究生教育改革中的旗舰作用[J].高等教育研究,2009(6):96-103.

② 李振玉.日本第三次教育改革的突破口:研究生教育制度创新的过程分析[J].中国高教研究,2009(1):22-26.

③ 李颖.日本研究生教育发展浅析[J].世界教育信息,2007(8):66-68.

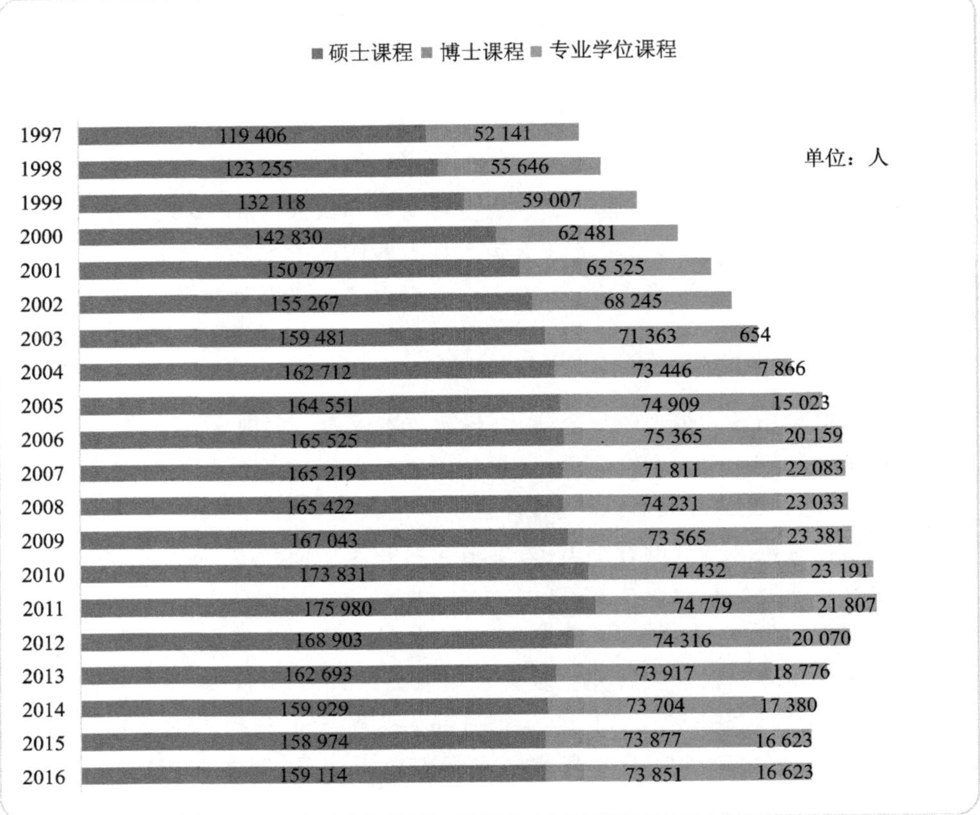

注：

“硕士课程”是指：区分制博士课程（前两年课程）以及5年一贯制博士课程前期（相当于中国直博课程的前两年）。

“博士课程”是指：区分制博士课程（后三年课程），医、齿、药学（4年制课程），医齿兽医学的博士课程及5年一贯制博士课程后期（相当于中国直博课程的后三年），远程通信教育课程不算在内。

图5-1　近20年日本在校研究生数量变化图①

5.2　日本研究生教育现状

5.2.1　日本大学

大学是研究生教育的重要载体之一，承担着研究生教育的重要职责。按照出资人和大学经营者的性质，日本大学可以分为三类：国立大学、公立大学以及私立

① 根据历年文部科学省公布的《学校基本调查》的信息汇总。

大学。国立大学是由国家出资承办，不以盈利为目的，在未过渡为独立的国立大学法人前，隶属于文部科学省，现在作为独立的国立大学法人，几乎所有国立大学都享有自治权。公立大学则是由地方团体（包括公立大学法人）创办的大学，并由地方公共团体的负责人（如省市县长）负责学校的运营。私立大学是由财团或个人出资建设，且以盈利为目的，由出资人负责管理学校的运营。

目前日本学术实力较强、世界影响力较大的高校主要是以东京大学和京都大学为首的旧帝国大学。旧帝国大学是日本在明治维新后创建的象征国家最高荣誉的国立综合性大学，包括在日本本土创建的 7 所大学以及在海外殖民地创建的 2 所大学[①]。二战后，为了消除军国主义，这 9 所帝国大学的名称全部被废除“帝国”二字，改为现称。据不完全统计，东京大学培养了 9 位诺贝尔奖得主、6 位沃尔夫奖得主、1 位菲尔兹奖得主、16 位日本首相，为日本社会培养了一大批学术人才、政界精英，在 2017 年 ARWU 世界大学排名中名列日本第一，世界第 24 位。同排名榜中，京都大学名列日本第二，世界排名第 35 位。大阪大学、东北大学、名古屋大学、北海道大学以及东京工业大学都位列同排名榜前 200 名。

此外，以早稻田大学和庆应大学为首的私立大学在人才培养方面也有着不俗的表现。早稻田大学在日本教育界的领导地位经久不衰，培养了大量活跃于世界各地的研究人员、新闻工作者、商界巨头，并先后培养出包括 8 位内阁总理大臣在内的多位政治家。[②] 灵活的办校理念、优质的校友资源都成为“早庆”等私立学校备受日本国内外学生青睐的原因之一。

5.2.2　日本研究生学位类型

此外，根据《研究生院设置基准》的规定，日本的研究生课程主要分为学术型学位课程和专业型学位课程两大类。

1. 学术型学位课程

根据学位层次的不同，学术型学位分为硕士学位和博士学位两类。

硕士研究生的学制是 2 年，分为一般硕士课程和区分制博士课程[③]的前期课程。获得学位需要修满 30 个学分，并且完成硕士论文，或针对特定课题完成研究成果的审查及考试取得合格。

---

① 旧帝国大学中的 7 所本土帝国大学分别是：东京帝国大学、京都帝国大学、东北帝国大学、九州帝国大学、北海道帝国大学、大阪帝国大学以及名古屋帝国大学；2 所海外殖民地帝国大学分别是：京城帝国大学（首尔大学前身）以及台北帝国大学（国立台湾大学的前身）。二战后，均废除“帝国”二字。

② 早稻田大学简介[EB/OL]. http://www.waseda-china.cn/List.aspx?ArticleCategoryID=266. 2017-11-27.

③ 区分制博士课程类似于我国的硕博连读，分为前期 2 年和后期 3 年两个部分，博士前期课程被视为硕士课程，博士后期课程即一般意义上的博士课程。

博士研究生根据获得学位的途径可以分为课程博士和论文博士，课程博士是指通过博士课程的学习最后通过博士论文审查而获得的博士学位；论文博士是指不接受博士生课程教育，在一定研究成果的基础上通过博士论文审查后获得博士学位。根据学制不同，课程博士则分为区分制博士后期课程以及一贯制博士课程（相当于我国的直博）。区分制博士后期课程的标准修业年限是 3 年，一贯制博士课程的修业年限是 5 年。

目前日本没有等级明确的学科目录，文部省只将硕士和博士按性质粗略地划分为 17 种相关学科（见表 5－1 所列），各相关学科下设不同专业。1991 年后，日本废除了之前的学位称号规范，采取“学位（专业）”的模式来命名学位称号。如九州大学人文科学研究生院虽下设人文基础、历史空间、语言・文学三个专业方向，但结业后所获得的都是“硕士（文学）”学位或“博士（文学）”学位。加之日本的大学有独立命名专业的权利，所以日本的硕士及博士学位的称号也更加丰富。

表 5－1　日本硕士、博士学科分类①

学位种类	学科分类
硕士、博士	文学相关、教育学・保育学相关、法学相关、经济学相关、社会学・社会福祉学相关、理学相关、工学相关、农学相关、兽医学相关、医学相关、齿学相关、药学相关、家政相关、美术相关、音乐相关、体育相关、保健卫生学相关

2. 专业学位课程

日本传统的研究生院一直以学术型研究生的培养为重，“随着国际化进展、社会对人才的要求不断提高，特别是在司法、商务及医疗领域中，需要培养兼备高深知识和判断能力的专业人才”②，在这一背景下，作为对研究生教育的补充，2003 年日本开始实行专业学位研究生（日语“専門職大学院”）制度。

日本专业学位研究生目前同样没有等级分明的学科目录，文部省按学科性质将其大致划分为 18 类（如表 5－2 所列）。此外笔者根据文部科学省官方网站提供的资料，进一步归纳整理日本已经开设的招生方向和授予的学位名称（如表 5－3 所列）。

① 学位の種類及び分野の変更等に関する基準[EB/OL]. http://www.mext.go.jp/b_menu/hakusho/nc/k20030331001/k20030331001.html. 2017-12-10.

② 江虹. 日本专业学位研究生院：模式、作用及意义解析. 上海商学院学报，2009 年第 10 卷第 3 期。

表 5-2 日本专业学位研究生学科分类[①]

学位种类	学科分类
专业学位	文学相关、教育学·保育学相关、法学相关(除司法人士培养相关之外)、司法人士培养相关、经济学相关、社会学·社会福祉学相关、理学相关、工学相关、农学相关、兽医学相关、医学相关、齿学相关、药学相关、家政相关、美术相关、音乐相关、体育相关、保健卫生学相关

表 5-3 日本专业学位硕士授予学位一览

商业、MOT 类	经营管理硕士(专业学位)、国际经营硕士(专业学位)、经营硕士(专业学位)、技术经营硕士(专业职位)、系统安全硕士(专业职位)、经营学硕士(专业职位)、经营管理硕士(专业学位)、医疗经营管理硕士(专业学位)、事业构想硕士(专业学位)、经营情报硕士(专业学位)、工商管理硕士(专业学位)
会　计	会计硕士(专业学位)、会计学硕士(专业学位)、国际会计硕士(专业学位)、金融硕士(专业学位)、税务金融硕士(专业学位)
公共政策	公共政策学硕士(专业学位)、公共法政策硕士(专业学位)、公共经济硕士(专业学位)、国际行政硕士(专业学位)、公共政策硕士(专业学位)、公共经营硕士(专业学位)
公共卫生	公众卫生学硕士(专业学位)、社会健康医学硕士(专业学位)、医疗经营管理学硕士(专业学位)
知识产权	知识产权硕士(专业学位)
临床心理	临床心理学硕士(专业学位)
法学	法学博士(专业学位)
教职类	教职硕士(专业学位)
其他	核动力硕士(专业学位)、英语教育硕士(专业学位)、日语教育硕士(专业学位)、发信力实践硕士(日语「発信力実践修士」)(专业学位)、信息系统学硕士(专业学位)、创造技术硕士(专业学位)、绿色环境景观管理硕士(专业学位)、助产硕士(专业学位)、学校教育硕士(专业学位)、福利管理硕士(专业学位)、美容产业硕士(专业学位)、时尚创造硕士(专业学位)、时尚管理硕士(专业学位)、信息技术硕士(专业学位)、信息系统硕士(专业学位)、电子信息管理硕士(专业学位)

根据《专业学位研究生设置基准》的规定,以培养法律人才为主要目标而设立的专业研究生学院,被称为法科研究生院(日语“法科大学院”)。法科研究生院的标准修业年限是 3 年,结业后获得法务博士学位(专业学位),虽然被称为“法务博士”,但实际与学术型博士不同,仅是专业学位的一种。而主要以培养幼儿园、小

① 学位の種類及び分野の変更等に関する基準[EB/OL]. http://www.mext.go.jp/b_menu/hakusho/nc/k20030331001/k20030331001.html. 2017-12-10.

学、初高中以及特殊教育学校教师为目标的专业研究生院，被称为教职研究生院（日语“教職大学院”）。教职研究生院的标准修业年限是2年，结业后获得教职硕士（专业学位）（如表5－4所列）。

表5－4 日本学术型硕士课程和专业学位课程对比[①]

	学术学位硕士课程	专业学位课程		
		专业学位研究生院	法科研究生院	教职研究生院
修业年限	2年	2年	3年	2年
毕业条件	修满30学分、完成毕业论文	修满30学分	修满93学分	修满45学分（包括在校实习10学分）
实践型教师	无特殊要求	3成以上	2成以上	4成以上
专职教师	无特殊要求	硕士研究生导师的1.5倍的数量＋导师助教		
具体教学方法	无特殊要求	案例研究、实地考察、双方以及多方的讨论答疑	（1）同左 （2）以小班教学为基础 （法律基础课以50人为基础）	（1）同左 （2）必须进行学校实习及公共科目的学习
学位	硕士	××硕士（专业学位）	法务博士（专业学位）	教职硕士（专业学位）
认证评价	无特殊要求	针对教育课程以及教师组织等教育活动的状况，有每5年接受由文部科学认证的评价机关评价的义务		

注：专业研究生院是指除法科研究生院和教职研究生院之外的专业研究生院。

5.2.3 日本研究生招生单位类型

为提高学术研究能力以及强化优秀研究者的培养机能，日本也在积极地创新研究生教育的组织形式。除传统研究生院（日文称“大学院”）之外还设置了研究生院大学（日文称“独立大学院”）、独立研究科（或专攻）研究生院（日文称“独立研究科大学院”）、联合研究生院（日文称“連合大学院”）、协作研究生院（日文称“連携大学院”）等形式多样的研究生教育组织。

1. 传统研究生院

传统研究生院是由建立在本科院系组织基础上的研究科构成。研究科是研究生教育的基本组织单位，根据学科性质可以划分为若干研究科，如筑波大学共设有

---

① 日本文部科学省「専門職大学院の概要」[EB/OL]. http://www.mext.go.jp/a_menu/koutou/senmon-shoku/__icsFiles/afieldfile/2016/01/06/1236743_1_1.pdf.

人文社会科学研究科、教育研究科、商业科学研究科、数理物质科学研究科、系统情报工学研究科、生命环境科学研究科等9个研究科。每个研究科下又设有若干个专业，如筑波大学人文社会研究科有哲学、历史、文艺、国际公共政策等不同的专业方向。由于研究生的数量较少，所以各专业多以“讲座”的形式授课。讲座由教授或副教授主讲，参加讲座的学生需要不定期发表自己的研究成果或读书总结等，并围绕有关内容参与课堂讨论。

2. 研究生院大学

研究生院大学是没有本科院系组织，专门从事研究生教育的大学。研究生院大学直接下设研究科，研究科下设不同专业。据统计日本现有25所研究生院大学，其中国立大学4所(日文名称为“総合研究大学院大学”、“北陸先端科学技術大学院大学”、“奈良先端科学技術大学院大学”、“政策研究大学院大学”)，公立大学2所(日文名称为“産業技術大学院大学”、“情報科学芸術大学院大学”)以及私立大学19所。

3. 独立研究科(或专攻)研究生院

传统研究生院建立在本科院系组织基础上，存在与研究科相对应的本科院系，独立研究科(或专攻)研究生院则是没有与之对应的本科院系组织。其教师与教育设施构成有以下三种情况：

① 独立研究科(或专攻)研究生院配备专任教师与教育设施，独自承担研究生教育与培养，如日本一桥大学语言研究科；

② 以校内附属研究机构为主，其他相关院系(或研究科)参与，共同承担研究生教育与培养，如东京工业大学综合理工学研究科；

③ 由校外研究机构及校内其他院系(研究科)参与，共同承担研究生教育与培养，如电气通信大学信息系统学研究科。在第②、③两种情况中，研究科内有时也配置一定数量的专门教师，负责研究生的教育与培养。①

4. 联合研究生院

联合研究生院是以数所大学的相关院系为基础，共同进行研究生教育的组织方式。其目的是通过充分发挥各参与大学的实力、优势互补，在一定领域(目前主要集中在农学和兽医学，如岐阜大学的联合农学研究科和联合兽医学研究科)实现高水准的教育研究。联合研究生院的编制形式是以一所核心大学为主干大学，其他大学为参与大学，在参与大学的协助下，主干大学负责处理相关的工作。通过组织必要的老师开设既有讲座和联合讲座来授课，学生通过选择导师，在所选导师的所属大学接受研究指导，学位则由主干大学授予。

① 吴宏元，郑晓齐. 日本研究生教育组织形式及其特征分析[J]. 学位与研究生教育，2006(10)：73-77.

5. 协作研究生院

协作研究生院是指研究生院充分利用具有高研究水准的国立试验研究所或民间研究所的人员，以及设施设备的研究生教育组织方式。在这种组织方式下，通过与政府或企业的合作，研究生的教育内容和形式得到了进一步的发展，促进了研究生与协作研究所的研究员的交流，有利于共同研究的进行，促进了“产学研”相结合。《研究生院设置基准》第13条也认可研究生在研究所等机构接受必要研究指导的行为，这也成为协作研究生院成立的依据。“协作研究生院的实施方法有两种：第一种是大学与协作的研究所就学生的指导方式以及研究员的派遣等内容签订协议，以在协作研究所进行研究指导为主；第二种是研究所定期派遣研究员以客座教授的身份，在签约大学对研究生的学位论文审查、课程安排以及有关教学的内容进行指导。”①

5.2.4 日本研究生招生情况

1. 学校数量、研究科数量(见图5-2、表5-5)

根据日本文部科学省公布的《2016年学校基本调查》的数据，截止到2016年，日本全国777所大学中627所大学开设有研究生课程，其中国立大学86所，公立大学79所，私立大学462所。②

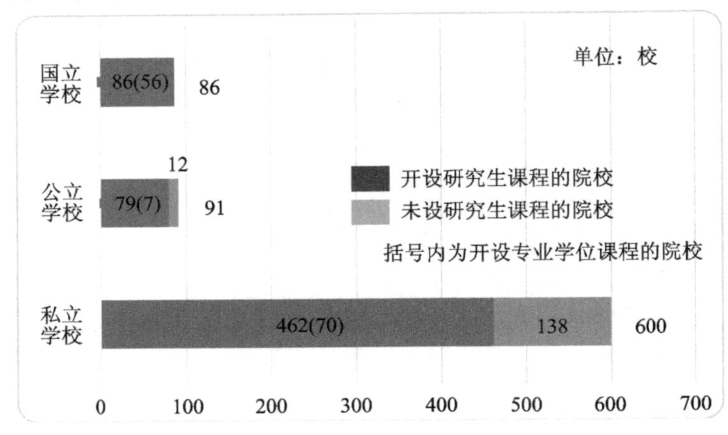

注：图中的数字“86”是指截止到2016年日本共国立大学的数量，
“91”是指2016年日本公立大学的数量，其中“12”所大学并未开设研究生课程。

图5-2 2016年日本研究生院开设情况③

① 吴宏元，郑晓齐. 日本研究生教育组织形式及其特征分析[J]. 学位与研究生教育，2006(10)：73-77.

② 根据出资人的性质进行划分，简而言之国立大学是由国家出资建立，公立大学由地方公共团体出资建立，私立大学则由个人或民间团体出资建立。

③ 文部科学省「学校基本調查－平成28年度結果の概要」[EB/OL]. http://www.mext.go.jp/component/b_menu/other/__icsFiles/afieldfile/2016/12/22/1375035_3.pdf.

研究科是日本研究生教育的基本组织单位，从日本大学所开设的研究科数量可以进一步了解日本研究生教育的规模。

截止到 2016 年，日本共开设 3 190 个研究科，根据不同的学位等级，又可细划分为硕士课程相关研究科 1 703 个，博士课程相关研究科 1 267 个，专业学位课程相关研究科 190 个。而根据学校性质不同，每个学位等级下又有更加细致的划分，具体请参见表 5－5。

表 5－5　2016 年日本大学研究科数量[①]

（所）

区　分	研究科数		
	硕士课程（硕士、一贯制博士前期）	博士课程（博士、一贯制博士后期）	专业学位课程
国立	412	345	87
公立	171	130	9
私立	1 120	792	94
合计	1 703	1 267	190

2. 在校学生数

2016 年度日本在校研究生共计 249 588 人，其中硕士（包括硕士课程、博士前期课程以及一贯制博士课程的前两年）159 114 人，博士（包含博士后期课程以及一贯制博士课程的后三年）73 851 人，专业学位 16 623 人。

3. 入学情况

在研究生课程的入学者中，硕士课程的入学者数量为 72 380 人（男性 50 785 人，女性 21 595 人），较上一年度增加 415 人；博士课程的入学者数量为 14 972 人（男性 10 333 人，女性 4 639 人），较上一年度减少 311 人；专业学位课程的入学者数量为 6 867 人（男性 4 703 人，女性 2 164 人），较上一年度增加 108 人。

4. 学科人数比例

硕士课程中，工学相关专业的学生占总人数比达到 41.1%，位居第一，第二位和第三位分别是社会科学（10.0%）和理学（8.5%）。

博士课程中，医・齿学相关专业的学生人数占总人数比为 28.1%，位居第一，第二位和第三位分别是工学（17.6%）和社会科学（8.3%）。

专业学位课程中，社会科学的人数比例最高，是 74.5%，第二位是教育（12.7%）。

具体的学科人数变化如表 5－6 所列。

① 文部科学省「学校基本調査－平成 28 年度結果の概要」[EB/OL]. http://www.mext.go.jp/component/b_menu/other/__icsFiles/afieldfile/2016/12/22/1375035_3.pdf.

表 5-6 相关学科的学生人数比例变化

%

年份	总计	人文科学	社会科学	理学	工学	农学	医·齿学	药学	家政	教育	艺术	其他
硕士研究生课程的学科人数比例变化												
2012	100	7.4	10.9	8.5	41.8	5.5	1.0	1.3	0.6	6.3	2.6	14.2
2013	100	7.1	10.7	8.5	41.5	5.5	1.0	1.3	0.6	6.4	2.6	14.8
2014	100	7.2	10.4	8.5	41.6	5.5	1.0	1.3	0.6	6.3	2.6	15.0
2015	100	7.1	10.2	8.5	41.8	5.4	1.0	1.3	0.6	6.2	2.6	15.3
2016	100	6.8	10.0	8.5	41.4	5.5	1.0	1.3	0.5	5.8	2.6	16.4
博士研究生的学科人数比例变化												
2012	100	8.7	9.0	7.0	18.5	5.1	27.5	2.2	0.4	3.1	0.9	17.7
2013	100	8.5	8.8	7.0	18.3	5.0	27.7	2.5	0.3	3.0	0.9	18.0
2014	100	8.3	8.7	7.1	18.0	4.9	27.7	2.8	0.3	3.1	0.9	18.0
2015	100	8.1	8.5	7.0	17.9	4.9	27.8	3.2	0.3	3.1	1.0	18.4
2016	100	7.9	8.3	6.8	17.6	4.8	28.1	3.3	0.3	3.1	1.0	18.9
专业学位课程的学科人数比例变化												
2012	100	1.2	81.5	—	1.6	—	0.5	—	—	8.2	—	6.9
2013	100	1.3	79.8	—	1.7	—	0.6	—	—	8.8	—	7.8
2014	100	1.4	78.0	—	1.9	—	0.7	—	—	9.4	—	8.5
2015	100	1.4	76.9	—	2.0	—	0.8	—	—	10.3	—	8.7
2016	100	1.4	74.5	—	2.2	—	0.8	—	—	12.7	—	8.4

5.3 日本研究生的选拔方式

5.3.1 硕士生选拔

1. 考试类别

日本的硕士研究生考试形式主要有三种：一般考试、特别选拔考试和在职研究生考试。考试的形式不同，考试科目和考试内容、难易程度也会有所差异。

(1) 一般考试

主要对象是应届毕业生或往届毕业生，主要有笔试和面试两个环节，除对外语能力的要求之外，不同学校考试内容不同，每科考试的侧重点也不同。

(2) 特别选拔考试

相当于我国的推免考试，主要针对学习成绩优秀的本校以及外校应届生，不同学校对考生资格的规定也有所区别。部分学校的推免考试采取资格审查的方式代替笔试，通过资格审查的考生可以直接进入面试环节。

(3) 在职研究生考试

主要对象是在职人员，不同学校的考试形式有所差异，但考试难度会比前两类略低。部分学校亦采取资格审查的方式代替笔试，通过资格审查的考生可以直接进入面试环节。

2. 考试时间

传统上日本研究生院只在春季入学，在导入双学期制（每年分为春季与秋季两个学期，每个学期都能入学）之后，部分学校增加了秋季入学，这也在一定程度上为在职人员创造了更多的深造机会。根据不同学校的要求，春季入学和秋季入学在申请学校和考试的时间上也有所不同。

以东京大学为例，表 5－7 所列是东京大学自 2015 年开始实施的硕士研究生考试时间的规定。

表 5－7　东京大学硕士研究生考试时间[①]

研究科	申请时间	笔试及面试时间
人文社会学	10 月	1 月、2 月
教育学	7 月	9 月
法学政治学	6 月	8 月、9 月
	11 月	11 月
经济学	7 月	9 月
综合文化	11 月	1 月、2 月
	(6 月)	(7 月、8 月)
	(7 月、11 月)	(8 月、1 月及 2 月)
自然科学	7 月	8 月、9 月
工学	7 月	8 月、9 月
农业生命科学	7 月	8 月
医学(包括专业学位)	7 月	8 月
药学	5 月—6 月	7 月
数理科学	7 月	9 月
新领域创造科学	6 月	8 月
	11 月—12 月	1 月—2 月
信息理工学	6 月—7 月	8 月
	12 月	1 月—2 月

① 東京大学「大学院入学者選抜方法の概要」[EB/OL]. http://www.u-tokyo.ac.jp/stu04/e02_02_j.html. 2017-11-28.

续表 5－7

研究科	申请时间	笔试及面试时间
学科信息	7 月	8 月
	12 月	1 月、2 月

3. 报考流程

日本硕士研究生招生的主要程序是：报考单位发布报名信息—考生提交资料—笔试—面试。

(1) 报考单位发布报名信息

各学校主要通过以下两种形式发布招生简章：直接在官方网站上发布，由考生自行下载；或是由考生向学校提出书面申请后，以邮寄方式将纸质资料寄送至考生处。在招生简章上考生可以了解各院校的申报条件、需要提交的材料、考试日期、考试科目以及导师的研究方向等与考试相关的信息，也可以向学校申请获得往年的试题。

公开和考试相关的信息并提供历年试题充分体现了日本研究生制度在招生环节的透明性和公开性。此外，在无政府参与考生资源配置的情况下，为了获得优秀生源，有的学校还会举办研究生招生说明会，通过与考生现场交流等方式，以期提高竞争力。

(2) 考生提交资料

考生在获取招生简章后，按规定的方式向校方提供所需的文件资料。在笔者对比部分大学的招生简章时发现，部分院校的招生简章中要求考生在准备相关资料之前事先联系拟报考的导师。结合笔者了解到的实际情况，即使在招生简章中没有提及事先联系导师等要求，在考试之前以邮件的形式联系导师，或直接拜访导师所在的教研室，与导师交流硕士阶段的研究计划也是比较常见的。

此外，为了保障学生能够找到与研究方向符合的导师，基本上各院校要求学生提供入学申请和研究计划书，在研究计划书中主要阐明考生在未来读研究生阶段的研究目标和研究方法。除研究计划书之外，还需提供基本的学历证明，在对考生的英语能力有所要求的情况下，部分院校与专业要求考生提供 TOEIC(托业)或 TOEFL(托福)成绩。

(3) 笔　试

基本包括外语考试和专业课考试，两种考试的考查方法以及考查目的不同。

1) 外语考试

同中国的硕士研究生考试一样，在日本招生单位同样对考生的外语能力也有要求。但是日本的研究生招生单位采取的考查方法更多样，也较为灵活。在日本通常有三种考查学生外语能力的方法。第一，由招考单位单独命题。考试的内容一般是让学生翻译与专业相关的外文文章，在考查外语能力的同时也促使学生掌握学科的研究现状与前沿动态，进行最简单的外文文献搜集及相关资料整合。[①]第二，招考单位不单独命题，而是依托外部的考试服务机构命题，如东京大学自然科学研究科（日本语称“理学系”）的招生简章中提出，考生需要在该校统一参加TOEFL－ITP考试。[②] TOEFL－ITP考试即学院托福（TOEFL Institutional Testing Program，TOEFL ITP），又被称为“亚托福”，是由美国教育考试服务中心（ETS）在托福考试的基础之上研究推出的一项英语水平测试，考题由ETS提供。该考试并非公开考试，是考生在同一时间进行统一考试的适用于团体的考试方法。在招生简章中还明确指出，“该考试结果只对该次报考该专业考生有效”。[③] 第三，招考单位不单独进行外语考试，而是要求考生在提交资料环节提供TOEIC（托业）、TOEFL（托福）成绩或是其他语种考试的成绩。

2）专业课

“在专业课考试中，命题者注重考察学生的研究潜力、灵活运用知识的能力，以及考生的个人思维能力、阐述自己观点的能力，而非侧重考察复述权威观点的能力。”[④]考试内容主要侧重于专业基础知识和科学研究的基本方法。

（4）面　试

笔试合格后进入面试环节，面试成绩所占比重较大。通常情况下研究生导师作为面试官，一般会要求学生做简要的自我介绍，然后再由导师随机提问，学生即兴回答。此外，在面试时导师还会针对报名时提交的研究计划书提问，通过这种方式。导师可以了解学生的实际情况，确认考生的研究计划书的真实性。导师都很看重考生在面试中的表现，一方面可以借此了解考生的研究兴趣、研究基础和潜能，另一方面也能了解学生的逻辑思维和语言表达能力，进而直接选出适合自己研究方向的学生。

4. 案例分析——以庆应义塾大学商学院为例

庆应义塾大学，也被称为庆应大学，其前身是1858年福泽谕吉创办的“兰学塾”，是日本历史最悠久的私立综合性高等教育机构，本校于首都圈内设有6所校区和大学医院，以位于东京都中心的三田校区为主校区。本校下设10个本科生院、14个研究生院、10所一贯制学校（小学・初中・高中），在校生大约有4万人，涵盖小学生至研究生。

商学院可以看作是庆应大学的王牌学院，庆应大学在商业人才培养等方面的排名也能体现这一点，在大型跨国公司领导者毕业院校排行榜（2013 Times High-

---

① 周广. 美国、日本、中国三国研究生招生制度比较[J]. 教书育人，2015(3)：78-80.

② 東京大学「大学院理学系研究科修士課程学生募集要項」[EB/OL]. https://www.s.u-tokyo.ac.jp/ja/admission/master/files/H30/H30_master_guidelines.pdf.

③ 東京大学「大学院理学系研究科修士課程学生募集要項」[EB/OL]. https://www.s.u-tokyo.ac.jp/ja/admission/master/files/H30/H30_master_guidelines.pdf.

④ 闫晶晶. 日本国立大学硕士研究生入学考试的特点及启示[J]. 煤炭高等教育，2008(1)：101-103.

er Education)中名列全球第9位,在企业高管人才出身高等教育机构排行榜(2015 Thomson Reuters)中名列全球第14位。[①] 除此之外,根据2016—2017年QS世界大学排名结果,庆应大学的世界排名是216位,是日本排名第二的私立大学;2017—2018年其QS世界大学排名上升至192位,成为日本排名第一的私立大学。

根据庆应大学商学院官网提供的资料[②③],应庆大学商学院主要有四个研究领域:商学、经济产业、经营学以及会计学领域,其研究生院招生工作涵盖全部四个领域。该校2018硕士招生定额共80人(其中包括外国留学生数名以及根据世界银行国际租税留学生制度录取的5名留学生),选拔包括一般考试和推免考试两种形式。拥有推免考试资格的学生可以通过书面审核代替笔试,通过书面审核可直接进入面试。庆应大学对推免考生的资格规定如表5-8所列。

表5-8 庆应大学对推免考生的资格规定[④]

考生类型	资格要求
(1)本大学的推荐考生	应届生,大一到大三期间学习成绩排名在所属学部前20%
(2)从本大学商学部毕业的考生	毕业时间10年以内,且在校期间四年的成绩排名在商学院前20%
(3)有专业知识或经验的考生	拥有学士学位(包括预期毕业),并符合以下要求之一: ①在调查、研究业务领域有3年以上工作经验,并有著书、出版论文者; ②公认的会计师考试合格者,或公认的会计师; ③理税师考试合格者,或理税师; ④司法考试合格者,或律师; ⑤有三年以上工作经验的公务员

考生在确认考试资格后,需要登录指定网址,完成申请书并打印,之后同其他资料一同邮寄到学校。其他需要邮寄的材料有:申请材料清单、入学志愿者调查表、申请书、考试费用缴纳证明书、本科成绩单、本科毕业证等材料;对于托福成绩高于80分且希望在笔试环节免除英语考试的考生,还另需提交托福iBT成绩单(对托福成绩的取得时间有限制)。

一般考试的报考工作是在推免考试录取结束后开始,一般考试的报名时间从6月下旬持续至7月下旬,笔试在9月中旬举行,考试科目分别是英语和专业课。比较特殊的一点是庆应大学在笔试后第二天就公布复试名单并进行复试,而中国

① 庆应大学中文官网[EB/OL]. https://www.keio.ac.jp/zh/[2017-12-23].

② 慶應義塾大学2018(平成30)年度 大学院商学研究科一般入学試験要項[EB/OL]. http://grad.admissions.keio.ac.jp/3946mc000000adz9-att/lmqqag00000014by.pdf.

③ 慶應義塾大学2018(平成30)年度 大学院商学研究科入学試験要項(AO選抜入試)[EB/OL]. http://grad.admissions.keio.ac.jp/3946mc000000coo3-att/lmqqag00000014hn.pdf.

④ 笔者根据庆应大学官网的资料整理而成。

考生在笔试结束到复试名单公布则有一段较长的等待期。

5.3.2 博士生选拔

1. 考试形式

日本博士生选拔形式主要分为一般考试和在职博士考试两种形式，较之硕士研究生考试，博士研究生的考试形式更加灵活。在一般考试中除部分院校采取笔试加面试的选拔方式外，其他院校则选择通过审查考生提交的论文等书面材料替代笔试。特别是以在职博士生为选拔对象的考试，为了减轻考生压力，多数学校选择以论文审查代替笔试，通过研究科教授会议审查的学生可以直接进入面试。

2. 考试时间

同硕士研究生入学考试相同，各招生院校的考试时间各不相同。在部分导入双学期制的院校中，春季入学考试的时间在2月左右，秋季入学考试的时间在8月左右。尚未导入双学期制度的学校只能够春季入学，考试时间往往集中在1月或2月。

3. 报考流程

博士生的报考流程基本同硕士研究生的报考流程，以招生院校发布招生信息为始，在经过考生报名提交材料之后，进行笔试或书面审核确定面试名单，面试结束后确定最终录取名单。

在部分院校的博士招生简章中明确要求学生事先与拟选择的导师联系，学生可以根据招生简章或官方网站提供的信息联系导师。在博士生阶段，个人的研究方向与导师的研究方向是否一致成为双方需要考虑的关键，也影响着最终的考试结果。

此外，招生院校对博士生的研究能力有更加严格的要求，所以在招生过程中，各院校对博士生需要提交的论文都有不同程度的规定。根据京都大学经济学研究科博士招生简章的要求，报考该研究科的一般考生需要提交一篇与报考专业相关的论文和论文概要，而在职博士则需要提供两篇成果，可以是硕士论文、期刊论文和研究报告书等，无法按规定提交论文的，则没有资格参加考试。

4. 案例分析——以京都大学工学系研究科为例[①]

京都大学正式创建于1897年，根据QS世界大学排行榜，2015—2016年京都大学曾超过东京大学成为日本排名第一的大学，世界排名第38位；2016—2017年，京都大学的世界排名上升至37位，成为日本排名第二的大学。据不完全统计，至2014年京都大学已经诞生了9为诺贝尔奖获奖者，2位菲尔兹奖得主，在日本国内拥有较高的学术地位。

① 平成29年度10月期入学京都大学博士後期課程学生募集要項（社会人特別選抜を含む）[EB/OL]. https://www.t.kyoto-u.ac.jp/ja/admissions/graduate/exam1/doctor2017oct/200all. 2017-12-05.

京都大学工学系研究科共包含城市环境工学、建筑学、材料工学、材料化学等17个专业,考试形式主要分为一般考试和在职博士考试两类。一般考生需要提交志愿书、履历书、成绩证明书、毕业证明(或预毕业证明)以及硕士论文等相关资料。参加在职博士考试的考生除需要满足与一般考生相同的条件外,还需满足下列条件:在政府或公司就职,入学后仍能继续工作并受到所属直系上司的推荐,在提交材料环节提交所属上司出具的推荐书以及研究成果。

同一研究科的不同专业对考生的考核方式也有所区别。以材料化学专业为例,考核方式根据考生性质有所区别,一般考试包括笔试和面试两个部分,笔试科目有英语和专业课两科,笔试结束第二天进行面试,面试的内容主要涉及研究成果的发表以及其他面试事项,在职博士生考试则可以省略笔试,直接参加面试。而建筑学专业一概只需参加面试,而不需参加笔试。这就充分体现了日本研究生招生的自由与灵活。

5.3.3 专业学位研究生选拔

除法科研究生院和教职研究生院外,多数日本专业研究生学位的考试形式、考试时间、报考录取等基本与日本硕士、博士研究生选拔类似,笔者不再赘述。

需要注意的是对于报考法科研究生院的考生而言,在参加学校组织的研究生入学考试之前,要先参加法科研究生院适应性考试(日文称法科大学院全国统一适性试验")。法科研究生院适应性考试从2003年开始实施,考试目的是为了准确客观地评价入学者的适应性,该考试对是否学习过法律没有硬性规定,考试内容不仅仅局限于法律有关的知识,还要考察判断能力、思考能力、分析能力和表现能力等完成法律学习的基础能力。[①] 报考法科研究生院的考生还应该向报考院校提交自己的法科研究生院全国统一适应性考试的成绩,招生单位会根据考生的成绩进行筛选。东京大学、京都大学、东北大学等名校对于该项成绩的最低要求是考生排名不能低于考试总排名的倒数15%。

而教职研究生院主要以培养教师为目标,虽然部分院校也招收没有教师资格的应届毕业生和社会人员,但招生对象仍集中于在本科期间已经获得教师资格或具有相关能力的应届毕业生,或是在所在学校或地区发挥重要作用的在职教师。[②] 以横滨国立大学为例,该校根据考生性质将选拔分为两类:一般选拔和在职教师选拔。对于一般选拔对象的要求是:预计取得教师资格(一种)的应届毕业生或是已获取教师资格的非在职教师,且二者要有成为神奈川县教师的强烈意愿。在职教师的选拔要求是:在职教师(包括教育行政机关的职员),有教师资格(一种)并且拥

① 文部科学省「統一適性試験の在り方について」[EB/OL]. http://www.mext.go.jp/a_menu/koutou/houka/__icsFiles/afieldfile/2016/11/07/1379188_01_3.pdf.

② 史玉伟.日本教师教育改革背景下的教职大学院[D].浙江师范大学,2011:18.

有七年以上教师经验及有在两所以上学校的任教经历。除对提交的研究计划等书面材料进行审核外，一般选拔的考生还需要进行笔试和面试两个环节，笔试的主要内容是与目前教育课题有关的小论文，笔试结束后立即进入面试环节。在职教师选拔的考生，在通过书面材料审核后直接进入面试环节。

5.4　日本研究生选拔的特点

5.4.1　学校自主招生

日本政府较少干预具体院校的研究生选拔，学校作为研究生选拔的行为主体之一，在招考过程中享有充分的自主性，这主要体现在招生计划、组织考试、考试命题以及录取标准这几个方面。

1. 招生计划的自主性

“日本的大学具有很大的招生自主权，招生计划由各个学校自行确定。根据文部省公布的《大学设置标准》，大学实行自治。”[①]在确定招生名额方面，各研究科需要综合考虑不同学科的特点、师资以及教学设备等条件，在导师能够充分进行指导的基础上确定招生计划，所以导师的意愿在一定程度上影响最终的招生规模和招生结果。

此外，市场对研究生的需求直接影响招生计划，例如“日本的硕士研究生招生处于一种竞争的环境中，通过市场的需求关系来进行调节。如果某个专业的毕业生就业形势不景气，申请的人数少，符合标准的申请者就相对减少，那么招生定额也会随之减少。反之，招生定额则会相对增加。”[②]

2. 组织考试的自主性

目前，日本的研究生考试不采取国家统考的形式进行，选拔考试由各招生院校自行组织。不同于中国的研究生考试往往固定在某两天，日本的考试则更多的是集中在一个大致的时间段，但具体的笔试与面试时间由各学校的研究科自行决定。招生单位考试时间不完全重合，就增加了考生参加相关院校考试的机会，在一定程度上提高了考生被录取的可能性。

3. 考试命题的自主性

日本研究生考试并非由文部省统一命题，各学校拥有自主命题的权利。考试命题由各研究科的导师共同负责，所以即便是同一专业，学校不同考试命题的内容、风格也可能迥然不同。

4. 录取标准的自主性

日本研究生考试没有统一的录取标准和分数线，各学校的录取标准也不尽相

① 李妮.中日硕士研究生招生制度的比较研究[D].武汉：中南民族大学，2001：20.

② 李妮.中日硕士研究生招生制度的比较研究[D].武汉：中南民族大学，2001：21.

同。在笔者查阅的部分招生单位的招生简章中，只有个别招生单位公布了明确的录取分数线，而其他招生单位并没有对录取标准做出明确的解释。根据笔者所了解的情况，笔试成绩只是决定录取结果的一个参考项，而提交的各种书面材料也构成了重要的考核标准。研究科的教授、副教授等以会议的形式共同进行成绩的评判、论文的审核并确定录取结果。

5.4.2 导师自主选拔

导师作为研究生选拔的另一个主体，无论是在哪种类型的研究生选拔过程中，都扮演着关键性角色。日本的导师拥有较大的自主选拔的权利，在一定意义上可以看作是影响选拔结果的因素之一。

导师发挥自主性主要体现在考试前与考生的交流沟通，通过这种事先的沟通，导师可以进一步了解考生的相关信息，判断考生是否符合自己的招生条件。当导师认为考生已经具备报考自己门下研究生的能力时，会向考生发出比较积极的信号；而导师认为考生目前能力尚且不足时，往往不直接建议学生报考自己的研究生。由此可见，通过与学生的初步交流，导师可以大致控制个人的生源质量，有利于考生资源的优化分配。

尽管如此，导师还需要对考试的公正性以及考试结果负责，因此导师个人的态度并非绝对因素，从命题到对考生的几轮筛选，都要经过研究科导师们的共同商讨。导师间的相互监督、相互制约在一定意义上也是考试公正性的保障。

5.4.3 学生自主报考

不同于我国，日本的各类研究生考试都不以"统考"的形式进行，也不存在学校间的相互调剂。考生可以根据自己的实际情况选择报考多所院校，分别参加各个目标院校的考试，对于部分有经济基础的考生而言，这不啻是一种提高录取可能的途径。

除此之外，作为选拔的主要对象，大部分考生会在考试前主动与目标导师联系。一方面，通过主动发邮件或拜访导师的研究室，考生可以积极地向导师展示自己的学术能力以及研究成果，以此获得导师的认同；另一方面，事前的相互沟通也可以让学生进一步了解导师的研究方向、研究能力以及性格品质等因素，同样有利于学生对导师的选择，优化学生对考试资源的分配。

5.5 日本研究生选拔的质量保障体系

日本研究生选拔不经过统一选考，而是以各院校自主招生的形式进行，在这样的模式下，日本各院校是以什么方式保证选拔质量的呢？除前文已经提到的在正式考试之前通过考生和导师间的互动初步配置考试资源外，日本的教育评估制度成为人才质量保障机制的基石。

日本的教育评估制度根据评估的主体主要分为两个方面：自我评估和认证评估。自我评估是学校对自身教学研究的一种自律，而认证评估则是借由其他机构予以学校的一种他律，自律和他律共同编织出日本研究生教育质量保障的“保险杠”。而国立大学法人评估以国立大学法人为评估对象，评估结果直接影响政府对国立大学法人的教育经费分配。

5.5.1　自我评价制度

根据《学校教育法》第109条第1项的规定，日本的大学有义务对本大学研究生的教育及研究、组织及运营，以及设施设备等内容进行自我调查评估，并有义务向社会公布自我评估的结果。各大学在正确把握现状的基础上，根据自我评估的结果，对优缺点进行总结。每个学校实施自我检查评价的方法不尽相同，但主要的模式是由大学建立一个自我检查委员会，负责制定评估的项目和评估体系，然后组建自我评估委员会，负责评估活动的开展。自我检查评估的项目主要有：教育理念及教育目标、教育活动及教育组织、研究活动及研究组织、教员组织、对学生的支援、国际交流、设备设施、社会贡献等内容。

通过建立自我检查和评估制度，研究生院可以明确教学现状，改变以往研究生教学中“教学向研究倾斜”的倾向，向社会公布自我评估的结果也是提高研究生教育质量的内在动力。此外，有效的自我检查与评估结果也是第三方评估机制有效发挥作用的前提。自我评估制度也存在一些问题，比如：自我评估缺乏统一标准，评估结果不具有可比性；自我评估的单一评估制度缺乏外部约束，会造成一些学校放任自流等。

以京都大学的自我评估为例。京都大学在2015年进行了最新的自我评估，该校的本科院系、研究科、研究所以及共同研究中心等部门，根据2010年至2014年本部门的实际情况进行自我评估。评估的内容主要分为三个方面：教育、研究和教员活动。在教育方面的评估中，主要以学校基本情况、教育内容·方法、学业情况以及升学就业情况为主要评估对象，特别是在学业情况部分加入了学生的问卷调查作为参考。研究方面的评估主要是以研究活动、共同研究以及研究成果为主要对象，其中研究活动评价的主要标准是各研究科、研究所发表的学术论文、著作和在学会中的研究发表情况。教员活动的评估主要围绕教育、研究、社会贡献等方面进行。从京都大学自我评估的过程中可以看出，自我评估是对教学、研究的一次梳理，既可以总结办学过程中的优势，也可以对出现的不足之处进行改正。但是，评估标准的不确定性也需要我们辩证地看待最终的评估结果。

5.5.2　认证评估制度

仅仅依靠自我评估制度是不能长期有效地促进研究生办学机构提高办学质量

的，除自我监督机制之外，还需要有第三方评估机构实施的认证评估制度来进一步完善评估机制。

认证评估制度是指根据日本《学校教育法》第 109 条第 2 项的规定，自 2004 年起，日本全部大学都必须在每 7 年内（专业研究生院是每 5 年内）接受第三方评价机构的认证评估。认证评估的目的是通过向社会公布评估结果，让大学接受社会的评价以及基于评价结果促进大学自身的改进。

认证评估是认证机关带有主体性的行为，所以认证评估机构必须自己制定评估的标准。如果由国家制定评估标准，第三方评估则会变成一种政府行为，为避免国家过度参与学校的教育研究等活动，所以评估标准是以文部科学大臣发布的法令为大体框架，由各个认证评估机关具体制定的。认证评估最基本的内容是教育研究的基本组织、教员组织、教育课程、设施设备以及办公组织这五项。认证评估的方法根据各认证评估机关的性质有所差别，但必须对学校自我调查评价结果进行分析以及对教育研究活动状况进行实地调查。

认证评估一般分为四个阶段：大学实施自我评价并提交自评报告书；评价机构的审查和综合评价；评价机构实施最终评价并向大学通知评价结果；大学根据评价结果进行整改。

根据被评估对象的性质划分，认证评估可以分为以下两类：机构认证评估（日文称“大学機関別評価”）和专业学位研究生院评估（日文称“専門職大学院評価”）。

机构认证评估的主要对象是高等教育机构，主要参照被评估大学（包括一般研究生院）的办学理念和目标，针对该校的教育研究、组织运营以及设备设施等总体情况予以评估。能够对研究生教育质量进行评估的机构主要有大学改革支援与学位授予机构（独立行政法人）、大学基准协会（财团法人）以及高等教育评价机构（财团法人）这三所。大学改革支援与学位授予机构主要评估国立大学和公立大学。私立大学的外部评估主要是由大学基准协会与日本高等教育评价机构承担。①

1. 大学改革支援与学位授予机构（NIAD－QE）的评估

该机构的前身是于 1991 年创建的国家学位授予机构，2000 年改组为大学评价与学位授予机构，2016 年在于国立大学财务与经营中心统合后成为现存的机构。该机构主要负责对四年制大学、高等专门学校和法学研究生院进行评估。

2. 大学基准协会（JUAA）的评估

大学基准协创立于 1947 年，其目的是通过会员的自主努力和相互帮助来提高日本大学的质量，是一个由 46 所公私立大学组成的民间评价机构。该机构于 1996 年开始会员大学间的相互评估，评估标准是大学基准委员会制定的大学标准，运用这些标准对会员大学进行认证评价。2002 年《学校教育法》修改过后，日本全部大学都必须接受认证评估机构的评估，在此背景下该机构于 2004 年 11 月

① 张妍．日本大学评估指标体系的改进及对我国的启示[J]．中国高等教育评估，2006(4)：61-65.

获得政府许可进行认证评估，其评估业务包括：对大学和短期大学进行机构认证评估，以及对法学、经营学、公共管理学和公众卫生学研究生院进行的认证评估。

大学基准协会给出的认证评估结果由三部分组成：评估结果；总评；给大学的建议。评估结果是对大学是否符合大学基准协会制定的大学标准的判定。认证评估的有效期限为 7 年。总评记述了大学理念、目的和教育目标的达成度，大学的自我检查评估体制，分析了大学应该发扬的优点和有待改进的问题。给大学的建议包括应该特别指出的大学做得好的地方(即大学的特色)、劝告(在哪些方面没有达到最低标准，并规定了改正期限)和对如何改进的建议。[①]

3. 日本高等教育评价机构(JIHEE)的评估

日本高等教育评估机构成立于 2004 年，在受到文部大臣的认可后成为认证评估机构，开始对四年制大学、短期大学、专业学位研究生院进行评估。

自 2003 年日本开始开设专门职业研究生院，根据《学校教育法》第 109 条第 3 项、《学校教育法施行令》第 40 条的规定，开设专业学位研究生课程的大学每 5 年内需要接受一次认证评估则。专门职业研究生院的评估要参照该研究生院设置的目的，对专业研究生院的教育课程、教员组织以及其他教育研究活动进行评估。

专门职业研究生院的认证评估机构如表 5－9 所列。

表 5－9　专门职业研究生院的认证评估机构(资料来源：日本文部科学省)

领　域	认证评估机关	认证时间
法律研究生院	日辩连法务研究财团(公益财团法人)	2004 年 8 月
	大学改革支援与学位授予机构(独立行政法人)	2005 年 1 月
	大学基准协会(公益财团法人)	2007 年 2 月
经营(经营管理、技术经营、金融、经营信息)	ABEST21(一般社会法人)	2007 年 10 月
会计	国际会计教育协会(特定非营利活动法人)	2007 年 10 月
经营(经营管理、会计、技术经营、金融)	大学基准协会(公益财团法人)	2008 年 4 月
知识产权	ABEST21(一般社会法人)	2011 年 10 月
	大学基准协会(公益财团法人)	2012 年 3 月
助产	日本助产评估机构(特定非盈利活动法人)	2008 年 4 月
临床心理	日本临床心理师资格认定协会(财团法人)	2009 年 9 月
公共卫生	大学基准协会(公益财团法人)	2011 年 7 月
教师培养(教职研究生院、学校教育)	教员养成评估机构(一般财团法人)	2010 年 3 月

① 张妍. 日本大学评估指标体系的改进及对我国的启示[J]. 中国高等教育评估，2006(4)：61-65.

续表 5-9

领　域	认证评估机关	认证时间
公共政策	大学基准协会(公益财团法人)	2010 年 3 月
信息、创造技术、嵌入技术、核能	日本技术人员教育认定机构(一般社团法人)(JABEE)	2010 年 3 月
时尚产业	日本高等教育评价机构(公益财团法人)	2010 年 3 月
美容产业	专门职业高等教育质量保证机构(一般社团法人)	2012 年 7 月
环境・景观营造	日本造园学会(公益社团法人)	2012 年 7 月

5.5.3 国立大学法人评估制度

国立大学法人评估制度也是日本现存的一种高等教育评价制度,是与机构认证评估并存的一种制度,但不同之处在于该制度只适用于国立大学法人以及大学共同利用机关。该制度创立的背景是国立大学法人化改革,如何对国立大学法人等机构的目标完成情况进行评估,引起社会各界广泛关注,因此国立大学法人评估制度应运而生。①

根据《国立大学法人法》第 35 条(同样适用于《独立行政法人通则法》),国立大学法人以及大学共同利用机关法人,需要接受文部科学省下设的国立大学法人评估委员会的评估。评估的内容是,国立大学法人等机构在中期目标期间(6 年间)对中期目标的达成情况,带有业绩评价的性质。该制度包括年度评估和中期目标实现的评估,即中期评估。该制度主要有以下几点目的:在促进国立大学教育质量继续提高的同时承担对社会说明学校情况的责任;通过评价结果反映中期目标和中期计划的完成情况以及反映中期评价期间学校的运营费交付金等估算结果。

国立大学法人评估制度区别于机构认证评估制度的地方还主要体现在:①评价范围不同。国立大学评估机构只针对教育研究的情况进行评估,而不涉及管理运营等方面。②评价标准不同。中期目标的达成速度以及不同领域的研究业绩水平是各学校自行设定的,后者则是根据认证评估机构所制定的标准实施。

日本国立大学法人评估,从方法上看,保证了评估的科学性和各学校自主改革的空间;从效果来看,逐年减少运营费补助金和增加竞争性研究经费的方法使国立大学法人不得不积极创收。但国立大学法人评估在一定程度上也不可避免地出现弊端:首先,评价标准由各学校设定,这就意味着为了完成目标不影响评价结果,可能会出现学校降低目标难度的倾向。其次,表面上该制度不涉及学校间的横向比较,但最终还是影响运营费交付金的分配,学校的性质及条件都会影响最终运营费

① 顾蕾.日本国立大学法人评估制度评析[J].北京教育(高教),2015(6):51-53.

交付金的分配。①

5.6　日本研究生选拔对我国研究生选拔的启迪

5.6.1　制定完备的法律法规保障研究生教育有法可依

日本出台了《学校教育法》、《大学设置基准》、《研究生院设置基准》和《专门职业研究生设置基准》等一系列法律法规对研究生教育进行管理与约束。各种法律法规是日本研究生教育政策的具体表现,也是日本研究生教育发展和改革连贯性的保障。研究生教育的各个环节,从招生到培养,建立学校、开设专业以及学校的运营等方方面面全部纳入法制化的轨道,有对应的法律依据。反观我国对研究生教育的直接立法较少,主要采取由国务院或是教育部等国家职能机关下达各种规定、通知或意见来指导研究生教育的发展,缺乏在立法上规范研究生教育。因此,我国有必要以法律法规等法律效力层级较高的方式进一步加强对研究生教育发展和改革的规范,真正做到高校在培养研究生以及进行自我管理时有法可依。②

5.6.2　突出招生单位的自主性

日本的研究生培养机构在法律允许的前提和范围内享有充分的自主权,主要体现在没有全国统一招生考试,每个学校的招生人数、考试内容、方式甚至是考试时间都有所区别。日本将招生工作全权下放给学校,由各学校根据实际情况组织。这无疑提高了资源配置的有效性,每个学校所处的层次不同对考生的要求也不同,通过组织自主考试,可以最大程度招收学校所期望的生源。同时对于考生而言,考生根据自己的实际情况可以选择适合自己实力和研究计划的院校,而且日本的研究生考生在考试时间不冲突的情况下可以报考多个院校,这也利于提高考生最终被录取的可能性。而我国目前除推免考试和部分自主命题院校之外,主要实行全国统一考试,由国家统一命题,统一组织考试,统一划定成绩线。这对于招生院校而言降低了招生效率,而对于学生而言,先报名再调剂的形式也降低了最终被录取的概率。因此,赋予学校更多的自主招生、自主命题的权力,对于进一步提高高素质人才资源的分配效率至关重要。

5.6.3　加强研究生教育制度的“弹性化”和“多样化”

“所谓研究生教育制度的‘弹性化’和‘多样化’改革,是指研究生院为打破传统的大学招生和培养制度的框框,在研究生的入学条件、修业年限、培养方式、课程设

① 顾蕾.日本国立大学法人评估制度评析[J].北京教育(高教),2015(6):51-53.

② 赵洪伟.战后日本的高等教育制度改革及其对我国的启示[J].人力资源管理,2010(6):240-241.

置以及研究科（或研究生院）的设置类型上所采取的灵活化政策，以吸纳成人或留学生顺利进入研究生院学习。”[①]通过这些弹性化和多样化的改革，吸引了社会在职人士回归学校，有效地贯彻了日本终身学习体系，创造了利于学习的社会环境。目前在我国的研究生教育中还存在着许多条框，这也为希望提高自身能力却无法达到标准的学生制造了障碍。怎样尽最大可能避免在研究生教育中存在的条框对“终身学习型社会”的影响，也是我国研究生教育所面临的问题。

① 李振玉.日本第三次教育改革的突破口:研究生教育制度创新的过程分析[J].中国高教研究,2009(1):22-26.

后　记

发展是第一要务，人才是第一资源，创新是第一动力。中国如果不走创新驱动发展道路，新旧动能不能顺利转换，就不能真正强大起来。强大起来要靠创新，创新要靠人才。而研究生教育是我国高等教育的重要组成部分，是一个国家获得新知识、发展新技术的重要源泉，担负着高层次人才培养、科学研究、社会服务、文化传承、国际交流的神圣使命，在协同创新建设、创业创新建设、一流大学和一流学科建设、国家治理体系和治理能力现代化建设中具有重要的战略地位。

当今研究生的培养目标，已经从单纯的学术人才培养，转变为学术和实践人才培养并重。在选拔过程中，更加注重对研究生素质能力的考察和培养，包括研究能力、适应能力、可迁移能力、管理能力、个人效能、沟通能力、团队工作能力和职业管理能力等，其中可迁移能力是研究生必须具备的一种重要能力。探索研究生评价与选拔的基本特征和发展规律，对于促进研究生教育发展，丰富和深化考试理论研究，具有重要的理论价值和现实意义。

质量是学位与研究生教育工作的生命线。研究生教育质量的高低，在一定程度上体现着科技创新的水平，影响着国家的创新能力，决定着国家的综合实力。研究生的选拔质量、培养质量和学位质量是保证高层次人才质量的三个重要关口。如何深化改革，真正把好"入门关""培养关""出口关"，一直是研究生教育研究和实践的重要课题。

2013 年启动的研究生教育综合改革，确立了"以服务需求、提高质量为主线"，"更加突出服务经济社会发展，更加突出创新精神和实践能力培养，更加突出科教结合和产学结合，更加突出对外开放"的总体思路。研究生招生选拔，是研究生教育的起点，是确保研究生教育质量的先决条件和重要环节，其选拔模式不仅直接关系到研究生招生质量，而且影响高等教育的培养模式和培养质量；不仅直接关系到拔尖创新人才的培养质量，而且影响到国家科技水平和创新能力；不仅直接关系到利益相关者的权益得失，而且影响到和谐社会的建构和发展，应该加倍关注。

进入新时代，要有新气象，更要有新作为。如何更高质量、更高效率、更加公平、更加公正地选拔考生、评价考生、评价选拔质量，成为国家、社会、考生等共同关注的问题。正如习近平总书记所言：时代是思想之母，实践是理论之源。实践没有止境，创新也就没有止境。世界每时每刻发生变化，研究生教育事业也每时每刻发生变化，研究生教育工作者必须加强理论学习，提高思想认识，注重实践探索，剖析经验、教训，不断推进理论创新和实践创新。

本书就是在此背景下应运而生的。本书由南京大学江莹同志主持的研究课题

“发达国家研究生选拔制度研究”成果汇集而成，该课题系教育部白丽新同志主持的教育部专项研究课题“我国研究生招生制度改革研究”(课题编号:2059999-45)的子课题。

本书的出版不是一蹴而就的。感谢在课题立项、调研、论证、结项等过程中给予帮助的领导和专家；感谢北京航空航天大学出版社的蔡喆、周华玲等老师，她们从2017年10月就关注我们的研究进展，积极鼓励我们将研究成果凝练出版，并在本书出版过程中给予细致入微的指导和帮助；感谢南京大学信息管理学院领导和教授对课题研究的支持与帮助；特别感谢课题组的成员——南京大学博士赵仁铃(撰写第1章)，博士生汤美华(撰写第3章)，硕士生刘沛怡(撰写第2章)、靳帆(撰写第4章)、马虹(撰写第5章)；还要感谢参与课题讨论、资料搜集、核实、翻译等工作的南京大学博士后王世岳、谢菲尔德大学博士生庄梦蝶，日本东京外国语大学硕士生半泽日向子，南京大学硕士生窦天怡、张思嘉、杨明浩等。

今年正值我国研究生恢复招生40周年，本书的出版亦有一定的纪念意义。但由于我们能力有限，写作过程中难免出现一些纰漏，还望各位批评指正。